创新经济学
理论、实证与创新调查

叶静怡 ◎ 主编

INNOVATION ECONOMICS
theory, empirics and survey

北京大学出版社
PEKING UNIVERSITY PRESS

图书在版编目(CIP)数据

创新经济学理论、实证与创新调查 / 叶静怡主编. —北京:北京大学出版社,2020.10
ISBN 978-7-301-31563-7

Ⅰ.①创… Ⅱ.①叶… Ⅲ.①经济学—研究 Ⅳ.①F0

中国版本图书馆 CIP 数据核字(2020)第 155872 号

书　　　名	创新经济学理论、实证与创新调查 CHUANGXIN JINGJIXUE LILUN、SHIZHENG YU CHUANGXIN DIAOCHA
著作责任者	叶静怡　主编
责任编辑	兰　慧
标准书号	ISBN 978-7-301-31563-7
出版发行	北京大学出版社
地　　　址	北京市海淀区成府路 205 号　100871
网　　　址	http://www.pup.cn
微信公众号	北京大学经管书苑(pupembook)
电子信箱	em@pup.cn
电　　　话	邮购部 010-62752015　发行部 010-62750672　编辑部 010-62752926
印　刷　者	天津中印联印务有限公司
经　销　者	新华书店
	730 毫米×1020 毫米　16 开本　19 印张　321 千字
	2020 年 10 月第 1 版　2020 年 10 月第 1 次印刷
定　　　价	65.00 元

未经许可,不得以任何方式复制或抄袭本书之部分或全部内容。
版权所有,侵权必究
举报电话:010-62752024　电子信箱:fd@pup.pku.edu.cn
图书如有印装质量问题,请与出版部联系,电话:010-62756370

全书统稿：

  叶静怡 玄兆辉

各章执笔人：

  第一章：杨 洋

  第二章：陈凤仙

  第三章：刘 雯

  第四章：韩佳伟

  第五章：林 佳

  第六章：杨 洋

  第七章：尹志锋

  第八章：陈向武

  第九章：李晨乐

前　言

　　经过四十多年的改革开放,中国实现了经济跨越式发展,迈入了中高收入国家行列,成为世界上举足轻重的经济大国。中国的科技创新能力也飞速提升,中国正在向迈入创新型国家行列的目标奋进。根据世界知识产权组织(WIPO)的全球创新指数排名,2018年中国在126个经济体中位列第17。从创新投入看,2018年中国科学研究与试验发展(R&D,以下简称"研发")经费占国内生产总值(GDP)的比重达到2.18%,已经超过欧盟27国的平均水平;研发人员数量超过400万人/年,为持续的科技创新奠定了坚实的人力资源基础。从创新产出看,截至2018年9月,中国高被引论文数量达到24 825篇,位列世界第3;国内发明专利授权量达到34.6万件,持续保持世界第1;中国在基于大学质量、发明专利族和论文/专利引用三个测度得出的创新质量排名中,位列第17,在中高收入国家中位列第1,并在不断缩小与高收入国家之间的差距。

　　在取得辉煌成就的同时,中国经济也面临一系列挑战,经济发展过程中深层次的问题显现出来,科技创新方面还存在不少短板。近年来,中国发展不平衡、不充分的问题日益凸显,经济增长过度依赖于大规模投入和资源能源消耗,经济发展方式尚未实现转型,仍较为粗放,发展的质量和效益仍然不高,自主创新能力有待提高,创新对经济社会的支撑作用有待增强。与此同时,在国际上,知识经济方兴未艾,以前沿信息技术、生物技术、新材料技术、新能源技术等为代表的新技术快速崛起,成为塑造现代经济社会形态和国际关系的关键力量;以创新带动经济增长、以科技提升综合国力已经成为世界各国的共识,各国纷纷加大科技投入,力争在全球化过程中占据产业链高端,把握世界科技前沿,这就对中国未来的科技创新提出了更高的要求。

在这一背景下,实施创新驱动战略、加快建设创新型国家成为中国的必然选择。创新成为引领发展的第一动力,不仅是中国建设现代化经济体系的必然要求,也是中国参与国际科技合作与竞争、共建人类命运共同体的必然要求。与这一经济和创新发展潮流相呼应,学术界不仅要依据创新实践调整、更新和发展创新理论,也要不断推动创新理论的发展,以更好地指导、评估和支撑创新实践。近年来,随着科技创新地位的日益突出,有关创新的学术研究大量涌现,创新理论日渐丰富,为我们理解创新提供了丰富的资料。在浩繁的研究文献中,梳理、总结和评述创新理论与实证研究的脉络,有助于把握学术研究前沿,推动创新研究的深入,为国家创新政策的实施提供借鉴,这成为本书写作的出发点。

创新是一个多主体、多层次的复杂过程,不同的学科及研究领域分别借助不同的分析方法和分析工具,从不同的视角与维度对创新主体、创新过程、创新成效、创新影响因素等方面进行了探讨和研究。本书聚焦于经济学和管理学领域内的创新研究,从宏观、中观和微观三个层次对创新研究进行评述。宏观从国家层面入手,关注国家创新体系(National Innovation System,NIS);中观包括区域和产业两个层面,关注区域创新系统(Regional Innovation System,RIS)和产业创新系统(Sectoral Innovation System,SIS)的相关研究;微观从创新主体入手,关注企业和大学在创新中的角色。同时,考虑到企业创新调查和全要素生产率在统计与度量科技进步中的重要价值,以及专利制度设计在鼓励创新中的重要作用,我们单列三章专门讨论企业创新调查、全要素生产率和专利制度设计。本书的具体内容如下:

第一章是"经济增长视角下的创新理论与政策实践——兼论我国改革开放40年来的科技创新政策实践"。本章对创新的代表性理论进行了系统性总结,从新古典主义和演化主义两个视角介绍了科技创新与经济增长的理论模型,同时对我国科技体制改革40年的政策实践进行了理论分析。

第二章是"国家创新体系研究"。国家创新体系是一个系统化的社会工程,构建国家创新体系是实施创新驱动战略的重要组成部分。本章在梳理国家创新体系的概念和发展状况的基础上,分别从参与主体、发展评价和政策研究三个方面,对国家创新体系的相关研究进行评述。

第三章是"区域创新研究"。地理位置是影响创新产出的重要因素,大量研究都把创新活动的开展与多样化的地理环境联系起来。本章关注区域创新主体之间的互动行为、区域知识溢出现象和区域创新效率评价三个方面,对 20 世纪 90 年代以来的研究成果进行梳理概括。

第四章是"产业创新研究:基于系统的视角"。本章从系统和演化的视角来研究产业创新问题,是产业创新研究的新兴领域,在概述产业创新理论发展沿革的基础上,以产业创新系统为核心,评述了国内外产业创新系统的理论模型和实证研究,并从产业创新系统的政策干预和评价指标体系两方面探讨产业创新系统的应用。

第五章是"企业创新理论:源泉与绩效"。企业是创新的主体,提高企业创新效率、增强企业创新能力是创新经济学研究的焦点之一。本章以熊彼特的创新理论为起点,从市场结构和企业规模,技术驱动和需求拉动,公司治理,合作网络,税收补贴和知识产权保护等五个方面,对影响企业创新的因素的相关理论和实证研究进行评述。

第六章是"大学参与创新:角色变迁、成果转化与争议"。研究型大学在知识经济社会中扮演着重要的角色,成为知识的主要源泉。本章总结了大学在创新活动和国家创新体系中的角色变迁,评述了大学对产业创新、经济发展的影响研究,以及影响大学技术转移的因素研究,并梳理了关于大学"企业化"的争论。

第七章是"企业创新调查:演变及其数据利用"。企业创新调查旨在全面监测评价企业创新能力,并探究影响企业创新的核心因素和企业创新作用。本章梳理了世界范围主要的企业创新调查及其动态演变,对基于创新调查的官方及学术研究进行评述,并从学术研究角度对创新调查提出完善方案。

第八章是"科技进步贡献率与全要素生产率:测算方法与统计现状"。采用合适的指标度量技术进步的作用,是政策制定与评价的重要前提。本章在介绍科技进步贡献率和全要素生产率含义的基础上,对全要素生产率的计算方法进行总结,梳理了测算全要素生产率和研究全要素生产率影响因素的文献,并介绍了部分国家和国际组织对全要素生产率的统计现状。

第九章是"专利制度设计及其激励效果研究"。专利制度是鼓励创新、促进技术进步的重要制度安排。本章在对最优专利制度设计理论研究进行综述的基础上,探讨了专利保护对研发投资的激励作用和专利公开对技术知识传播的促进作用,并梳理了专利公开、研发投资激励对专利私人价值的影响研究。

本书的写作源于我们研究团队对中国经济发展历程进行的回顾、思考与展望。我们团队的研究起始于对发展经济学的探索,研究重点在于如何推动中国这一世界第一大发展中国家实现繁荣和可持续发展。随着创新在经济发展中作用的凸显,我们的研究重点逐渐转向创新经济学或二者兼顾,力图把经济学与创新的管理和实践结合起来,这是我们作为经济学人对中国经济变迁做出的积极回应。

同时,本书的写作也得益于国内外学者全面深入的创新研究和各国丰富广泛的创新实践经历,限于篇幅未能一一列出,在此对这些研究表示感谢。本书对创新研究前沿文献的总结和评述将为研究创新理论及实践的学者提供索引式的参考,为创新政策制定者进行创新调查、科技统计和政策选择提供借鉴,希望本书能为后续的创新研究和创新实践提供一定的启迪。

本书的完成得到了中国科学技术发展战略研究院等机构的项目支持。参与本书写作的团队成员有叶静怡(全书统稿)、玄兆辉(全书统稿)、杨洋(第一章和第六章)、陈凤仙(第二章)、刘雯(第三章)、韩佳伟(第四章)、林佳(第五章)、尹志锋(第七章)、陈向武(第八章)、李晨乐(第九章),他们为本书付出了极大的努力,团队的其他成员也为本书的成稿提供了极为有益的建议和帮助。

目 录

第一章　经济增长视角下的创新理论与政策实践
　　——兼论我国改革开放 40 年来的科技创新政策实践　|　1

　1.1　创新与经济增长：新古典主义与演化主义　|　2

　1.2　我国科技体制改革 40 年实践的理论分析　|　19

　1.3　本章小结　|　24

　　参考文献　|　25

第二章　国家创新体系研究　|　28

　2.1　国家创新体系的概念形成及发展　|　29

　2.2　国家创新体系的参与主体及其相互作用　|　35

　2.3　国家创新体系的比较分析　|　39

　2.4　国家创新体系下的创新政策　|　45

　2.5　本章小结　|　52

　　参考文献　|　55

第三章　区域创新研究　|　64

　3.1　导言　|　64

　3.2　区域创新主体间互动　|　66

　3.3　知识溢出的性质、制约因素及效应　|　74

　3.4　区域创新效率评价　|　85

　3.5　本章小结　|　90

　　参考文献　|　91

第四章　产业创新研究：基于系统的视角 | 102

4.1　引言：产业创新与产业创新系统 | 102

4.2　产业创新系统的概念和分类 | 105

4.3　产业创新系统模型和理论发展 | 111

4.4　产业创新系统的实证研究 | 136

4.5　产业创新系统研究的国内应用 | 151

4.6　本章小结 | 156

参考文献 | 158

第五章　企业创新理论：源泉与绩效 | 168

5.1　市场结构、企业规模与企业创新 | 169

5.2　技术驱动、需求拉动与企业创新 | 175

5.3　公司治理与企业创新 | 177

5.4　合作网络 | 182

5.5　税收补贴、知识产权保护与企业创新 | 186

5.6　本章小结 | 190

参考文献 | 191

第六章　大学参与创新：角色变迁、成果转化与争议 | 206

6.1　创新理论演进与大学的角色变迁 | 207

6.2　大学与产业创新和区域发展 | 212

6.3　大学创新活动绩效的影响因素（专利转化视角） | 214

6.4　大学参与创新的争议 | 217

6.5　本章小结 | 220

参考文献 | 221

第七章　企业创新调查：演变及其数据利用 | 226

7.1　主要的企业创新调查 | 226

7.2　企业创新调查的历史演变：以欧盟企业创新调查为例 | 231

7.3　企业创新调查数据的使用 | 241

7.4 本章小结 | 244

参考文献 | 245

第八章　科技进步贡献率与全要素生产率：测算方法与统计现状 | 247

8.1 科技进步贡献率与全要素生产率的含义及演变 | 247

8.2 全要素生产率的计算方法 | 249

8.3 全要素生产率的测算和影响因素研究 | 255

8.4 全要素生产率的统计现状 | 260

8.5 本章小结 | 261

参考文献 | 262

第九章　专利制度设计及其激励效果研究 | 268

9.1 最优专利制度设计理论研究综述 | 269

9.2 专利保护与研发投资激励 | 273

9.3 专利公开与技术知识传播 | 275

9.4 专利公开、研发投资激励与专利私人价值 | 278

9.5 本章小结 | 286

参考文献 | 287

第一章 经济增长视角下的创新理论与政策实践
——兼论我国改革开放 40 年来的科技创新政策实践

人类创新活动尽管可以追溯到远古时代,但对于创新活动行为和规律的认识,各界至今仍未达成一致。这不仅因为创新本身就是一种多样、多维、复杂的活动,具有随时间而演化的特点,还因为从不同视角和范式对其加以探讨,对创新现象和规律的归纳与提炼必然会形成差别,在方法、范畴、体系上各具特色。创新研究林林总总,可分歧归分歧,却大都暗含着一种共同理解——创新活动对人类生存的影响变得比过去任何时代都重要,创新既是企业在激烈市场竞争环境下生存的法宝,也是一国经济长期增长的主要推动力量。在创新与经济增长关系研究中,最具代表性的是新古典主义研究思路和演化主义研究思路。新古典主义研究思路由罗伯特·索洛(Robert Solow)所开创,其最重要的代表作是《对经济增长理论的贡献》(*A Contribution to the Theory of Economic Growth*)(Solow,1956),演化主义研究思路由约瑟夫·熊彼特(Joseph Schumpeter)所开创,其最重要的代表作是《经济发展理论》(*The Theory of Economic Development*)(Schumpeter,1934)。

从全球范围看,科技政策从创新理论和行为研究中分离出来而成为一个独特领域,是以成立于 1965 年的英国萨塞克斯大学科学政策研究中心(Science Policy Research Unit,SPRU)的系列研究成果问世为标志(Fagerberg,2005)的。具体到我国,从事科技政策研究工作的主要分为部委机关内部的政策研究室和大学两类。但随着科技政策咨询需求的提升,中国科技促进发展研究中心(现中国科学技术发展战略研究院)、中国科学院科技政策与管理科学研究所、中国科学院科技战略咨询研究院、中国科学技术协会创新战略研究院等专业性机构相继建立并不断发展壮大。

我国40年的改革与开放发展历程,同时是创新经济学理论和方法的学习、吸收、生产与应用的过程,是科技创新体系不断进步、走向现代化的过程,是科技体制改革和科技政策调整的过程。为更好地理解创新理论研究和政策实践之间的关系,本部分聚焦于经济增长与科技创新的关系,将创新理论和我国的科技创新政策实践相结合,梳理政策实践背后的理论蕴含及理论演进的政策启示,为更好地总结历史、认识当下、启迪未来提供参考。①

1.1 创新与经济增长：新古典主义与演化主义

新古典主义和演化主义,是探究创新和经济增长关系的两种不同范式。按照新古典经济学,创新(原因)无论是内生的还是外生的,都是可以与经济增长(结果)相分离的,经济增长是有序稳定的现象;按照演化经济学,创新与经济增长的因果机制不仅是复杂的,而且会因时因地变化,经济增长永远不会达到均衡状态。虽然有学者将具有演化色彩的熊彼特"创造性毁灭"(creative destruction)的概念引入新古典研究框架,建立起具有动态演化色彩的内生增长理论(Aghion & Howitt, 1992),但由于新古典经济学和演化经济学天生"世界观"的不同,两者对创新和经济增长的研究依然难以融合(Verspagen et al., 2005)。实践中,抛开这两种截然不同的理论体系的理念和观点争论,从政策启示的意义上,两种理论是可以有效互补的。

虽然演化经济学一直未能进入主流经济学的范畴体系,但其影响力不仅丝毫不逊于新古典经济学,而且在科技创新政策研究方面已经远远超过了新古典经济学,其国家创新体系、区域创新系统等概念和理论经常地被用来指导政策实践。

1.1.1 创新与经济增长的新古典主义视角

古典主义经济学家亚当·斯密(Adam Smith)和社会主义经济学家卡尔·马

---

① 在学术层面,创新一般是指将新的想法应用于实践,科技创新则包含科学发现、技术发明和应用实践,因此科技创新比创新内涵更为丰富;广义的技术进步则是指可以带来生产效率提升的所有创新活动。本章不强调三者之间的差别,因此把创新、科技创新和技术进步三个概念混同使用。

克思(Karl Marx),都曾在不同的分析框架下研究过创新(技术)与经济增长问题,在新古典经济学范式下的研究始于20世纪50年代末,很快便成为主流并流行至今(Verspagen et al.,2005)。半个多世纪以来,从技术进步外生增长理论到技术进步内生增长理论,从贸易、金融、市场结构到政治经济、分配和就业,等等,各种切入窗口下的创新与经济增长关系及其影响的理论和模型推陈出新,积累和丰富着学界对这一重大理论问题的智识。学界将新古典创新与经济增长模型分为四类——新古典增长模型、AK模型、产品多样化模型、熊彼特模型(阿格因和豪伊特,2011)。这些模型在不同假设下探讨了技术进步与经济增长的关系,从把技术进步或创新假定为外生于企业投资行为的社会结果,到假定为企业投资的无意识副产品,再到假定为企业为追求利润的策略性投资结果。

1.1.1.1 索洛-斯旺模型

新古典增长模型以Solow(1956)构造的模型为基础。在基础模型中,如果假设生产具有完全的劳动增进型技术进步的特征,则总量生产函数为:

$$Y = (AL)^{1-\alpha} K^{\alpha} \tag{1.1}$$

其中,Y指总产出,A指技术水平,L指劳动力,K指资本,$0<\alpha<1$。此时经济达到稳态的增长率(或者一个国家的长期增长率)为A的增长率,即技术进步率。索洛-斯旺模型对穷国能否赶上富国的解释是,国家间存在条件收敛,这些条件就是技术和基本要素(储蓄率、人口增长率、资本折旧率)。换句话说,只要两个国家的技术水平相同,储蓄率、人口增长率、资本折旧率一样,那么最终两国的人均收入将趋同,也就是说,穷国是有可能赶上富国的。如果要实现两个国家的长期经济增长率趋同,那就必须要求两国的技术进步率相同。

以索洛-斯旺模型为代表的新古典增长模型的基本结论或者政策启示是:(A)短期而言,经济可以由资本的积累而获得暂时性的增长;(B)长期而言,经济增长由技术进步驱动,如果没有技术进步,经济增长将会由于资本的边际收益递减而停止;(C)长期的经济稳态取决于技术进步、储蓄率、资本折旧率和人口增长率;(D)经济距离稳态水平越远,增长速度越快;(E)经济的水平和增长速度存在条件收敛现象,而技术进步是重要条件之一。

索洛-斯旺模型的过人之处,在于洞察到了技术进步是决定一个国家经济水平的核心因素,是决定经济增长速度的唯一因素。但该模型的缺陷是没有解释技术进步的来源,也没有解释技术进步与人口增长、资本积累等因素之间的关系。从政策启示看,将技术进步视为"天上掉下来的"或者"从外部无成本获取的"的假设是一个致命缺陷,它不能为政府在技术进步中的地位和作用提供具体指导。

1.1.1.2 AK 模型

新古典增长模型完全竞争和规模报酬不变的假设意味着经济的所有产出都将用于支付资本和劳动,从而没有剩余的可以用来激励改进技术的资源。为解决这一难题,Arrow(1962)提出了"干中学"(learning by doing)的思路,即技术进步是生产新资本过程中的一种无意识的结果,它虽然来自企业,但对企业而言是纯外部性的。换句话说,技术进步取决于资本总量的生产,但对于每个企业而言,由于其规模较小,所以技术可以看作外生给定的。这样,每个企业仍可按照利润最大化原则支付资本和劳动的报酬,而不必给技术提供任何报酬。

Frankel(1962)提出的基础模型中,假设了干中学带来的技术进步可以不断提升资本的边际产出,从而抵消资本边际收益递减的趋势。在 AK 基础模型的正规表达中:

个体企业的产出为:

$$y_i = A_0 K^\eta (K/N)^\alpha \qquad (1.2)$$

其中,$A_0 K^\eta$ 表示企业面临的技术水平,它取决于整个社会的总资本量 K,η 表示企业间知识的外溢性,N 表示企业数量。

社会总产出为:

$$Y = N \times A_0 K^\eta (K/N)^\alpha = AK^{\alpha+\eta} \qquad (1.3)$$

其中,$A = A_0 N^{1-\alpha}$。

此时,资本的增长率为:

$$g_K = \dot{K}/K = sAK^{\alpha+\eta-1} - \delta \qquad (1.4)$$

其中,s 是储蓄率,δ 是资本折旧率,g_K 同时是产出的增长率。

因此,经济的长期增长率存在三种情形:

(A) $\alpha+\eta<1$,此时 K 存在稳态值,达到稳态值后,经济长期增长率是 0。

(B) $\alpha+\eta=1$,此时,干中学的外部性恰好抵消边际收益递减,经济的长期增长率为定值 $sA-\delta$。

(C) $\alpha+\eta>1$,此时,干中学的外部性足够强,经济增速随着资本累积越来越快,不存在稳态,也被称为"爆炸性增长"(explosive growth)。

从增长率方程可见,AK 模型认为经济的增长率取决于储蓄率 s、资本折旧率 δ、知识的外溢性 η 及企业数量 N 等因素。与新古典增长模型相比,AK 模型更能解释绝大部分国家人均收入的持续性增长,却不易解释国家和区域间经济增长的收敛现象,因为按照其推论,两个国家一旦具有相同的生产函数,那么其差距将永远存在,不存在收敛到同一水平的趋势,虽然 Acemoglu & Ventura(2002)已经通过将国际贸易纳入模型解决了收敛问题,但仍然无法解释众多实际案例。

AK 模型属于第一波内生增长理论的典型代表。从创新的视角看,AK 模型的直接结论是,资本积累和知识外溢是影响经济长期增长的关键。AK 模型的优点在于将技术进步与资本积累相联系,从而实现技术因素的内生化,但其缺点是技术并不是企业主动追求的结果,而是完全源于外部性,这一假设与现实相去甚远。AK 模型在政策方面的启示是,既要提高储蓄率和资本积累率,也要提升知识的外溢性和企业"干中学"的能力,因此促进知识流动尤其是低成本的流动和使用,是科技创新政策的重中之重。

1.1.1.3 产品多样化模型

由于 AK 模型的"干中学"假设不太符合大部分企业尤其是创新型企业的现实,其结论也很难解释国家间经济增长的收敛现象,因此,基于创新的第二波内生增长模型逐渐兴起。其中,第一个分支是 Romer(1990)的产品多样化模型,在这一模型中,创新是通过增加新产品的种类来提高生产率进而获得利润的,因此此类模型也被称为"水平创新模型"或"横向创新模型"。这一模型的关键是将企业的研发成本引入生产函数,并进而将市场环境修订为垄断竞争市场,从而实现了不完全竞争框架下的利润获取,而这一利润正是创新的回报。这也是其与 AK 模型为代表的第一波内生增长理论的关键区别。从而,创新真正成为企业追求的目标,正式随研发投资而内生化于经济增长过程。

产品多样化模型源自新国际贸易理论,强调的是技术外溢效应,其基础模型简化形式可表述为:

$$Y_t = L^{1-\alpha} \int_0^{M_t} x_i^\alpha \mathrm{d}i \tag{1.5}$$

其中，Y_t 表示总产出，M_t 是中间产品种类的度量，x_i 表示中间产品 i 投入的数量。

假设每种中间产品都需要最终产品按照 1∶1 的投入才能生产出来，则用于生产中间产品的最终产品的数量为 $X_t = \int_0^{M_t} x_i \mathrm{d}i$，如果每种中间产品的数量都相同，则 $x_i = x = X_t / M_t$，则有：

$$Y_t = L^{1-\alpha} \int_0^{M_t} (X_t / M_t)^\alpha \mathrm{d}i = M_t^{1-\alpha} L^{1-\alpha} X_t^\alpha = M_t L^{1-\alpha} x^\alpha \tag{1.6}$$

此时，经济增长率 $g = \dfrac{1}{M_t} \dfrac{\mathrm{d} M_t}{\mathrm{d} t}$，可见，经济增长率取决于新产品种类的增长率。而新产品的出现，一般而言依赖于投入研发的最终产品（资源）。

设 $\mathrm{d} M_t / \mathrm{d} t = \lambda R_t$，其中，$\lambda$ 表示研发部门的生产率，R_t 表示 t 时刻投入研发的资源。最终，稳态下的经济增长率可以表达为含有 λ、L、α 等参数的表达式。

罗默的产品多样化模型的重要结论是，产品种类的增加维持了经济增长，新的产品是企业研发投入的结果，而从事研发活动的激励来源于创新可以获得垄断利润。从政策视角看，产品多样化模型揭示出，研发活动的生产率（λ）越高，劳动力和人力资本规模（L）越大，长期的经济增长速度也越快。因此，提高科技创新效率（如高等教育）等成为提高经济长期增长率的关键。

但是，产品多样化模型不能解释企业或产品的退出和更替对创新的影响，也无法解释产业内部企业间存在的生产率差异。因此，其关于创新对经济增长关系的揭示存在一定局限。

1.1.1.4 熊彼特模型

基于创新讨论经济增长的新内生增长理论的第二个分支是熊彼特模型。该模型最初由 Aghion & Howitt（1992）开发，此类模型将熊彼特"创造性毁灭"（即通过发明新技术来驱动增长的创新也破坏了之前的创新成果，使其过时并失去市场）的思想纳入模型，将创新定义为产品质量的改进，因此也被称为"垂直创新模型"或"纵向创新模型"。

基本模型为：

$$Y_t = (A_t L)^{1-\alpha} x_t^\alpha \tag{1.7}$$

其中，Y_t表示总产出，A_t表示中间产品生产率相关，x_t表示中间产品的数量。每一期中，中间产品都由垄断者利用最终品按照1:1的比例生产。

在每一期中，如果创新成功，将生产一种更高质量的中间产品，这种中间产品具有更高的生产力，即$A_t = \gamma A_{t-1}(\gamma > 1)$；如果创新失败，则使用的中间产品与$t-1$期的相同。为了创新，企业家需要投入资源（中间产品），但创新可能成功也可能失败，其成功的概率为$\mu_t = \varphi(R_t/A_t)$。可知，创新的概率与创新投入R正相关，与生产力水平A负相关，因为A越大意味着技术越复杂，也意味着创新难度越高。

设$n = R_t/A_t$，创新函数具有柯布-道格拉斯形式，$\varphi(n) = \lambda n^\sigma$，$\lambda$是研发部门生产效率参数。

因此，在每一期，企业家创新成功的概率为μ，成功后的技术进步为：

$$g_t = \frac{\gamma A_{t-1} - A_{t-1}}{A_{t-1}} = \gamma - 1 \tag{1.8}$$

企业家创新失败的概率为$1-\mu$，技术进步为0，由生产函数可知，长期的经济平均增长率与技术平均进步率相同，即$g = E(g_t) = \mu(\gamma - 1)$。实际上，从长期看，$\mu$不仅是创新成功的概率，也是创新的频率，而$\gamma - 1$是每一次创新所带来的生产率增加的幅度。因此，在长期中，经济的平均增长率等于创新的频率与创新程度的乘积。用其他参数替换μ之后的增长方程为：

$$g = \lambda^{\frac{1}{1-\sigma}} (\sigma \pi L)^{\frac{\sigma}{1-\sigma}} (\gamma - 1), \text{其中}, \pi = (1-\alpha)\alpha^{\frac{1+\alpha}{1-\alpha}} \tag{1.9}$$

熊彼特模型关于长期经济增长得出的结论主要有两个：(A)增长关于研发效率（创新的生产率）λ是递增的，这意味着教育尤其是有利于提升研发效率的高等教育对于提高经济增长率有重要的作用，当然也包括一切有助于提升研发效率的其他因素；(B)增长关于创新的程度γ是递增的，这意味着越落后于技术前沿，其潜在的经济增长速度越快，落后国家可以通过技术模仿和追赶实现比技术发达国家更快的增长，这也是"后发优势"之一。

再进一步考虑国际视角。因为创新的投入主要由私人投资和已有的技术存量两部分组成，当考虑国际视角时，创新存在两种情形：一是在前沿进行创新，达到新的技术前沿，即$A_t = \gamma A_{t-1}$；二是模仿技术前沿，对技术前沿进行追赶，设$\overline{A_t}$表示t时刻的全球技术前沿，则$A_t = \overline{A_t}$。如果第一种创新成功的概率为μ_n，第二种为μ_m，则有：

$$A_{t+1}-A_t=\mu_n(\gamma-1)A_t+\mu_m(\overline{A_t}-A_t) \qquad (1.10)$$

技术进步率和经济增长率是：

$$g_t=\frac{A_{t+1}-A_t}{A_t}=\mu_n(\gamma-1)+\mu_m(a_t^{-1}-1) \qquad (1.11)$$

其中，$a_t=A_t/\overline{A_t}$，是技术距离前沿的逆向度量。

这一公式不仅揭示了"后发优势"对于经济快速增长的重要性，而且体现了所谓格申克龙"适宜制度"的思想(Gerschenkron,1962)，即远离技术前沿的发展中国家或相关产业，应该通过更加支持模仿创新的制度提高经济增长速度，而接近世界技术前沿的国家，通过更加支持原始创新、前沿创新的制度才能提高经济增速。这一政策含义对于产业部类多样且处于转型期的我国具有深刻启示。此外，通过创新者的利润最大化思路，可以将 μ_n、μ_m 等参数内生化，其解主要依赖于经济的制度特征，包括知识产权保护、金融体系和其他涉及创新(尤其是企业创新)的政策等。

新古典主义框架下经济增长理论的演变历程实际上反映了新古典经济学逐渐将创新议题纳入分析核心的过程，其提供的创新政策启示也越发丰富，通过上述四类模型的梳理，大体可得出以下几点结论：

第一，新古典主义的经济增长理论，无论是外生增长理论还是内生增长理论，都认为技术进步、创新是推动长期经济增长的核心力量。

第二，知识或技术的公共属性对于经济增长起着至关重要的作用。知识的非竞争性和(部分)非排他性是新古典增长理论的共识，早期的内生增长理论将知识看作纯公共品，后期的内生增长理论则认为技术具有部分专有属性，可以获得垄断利润。

第三，对经济增长核心动力的理解从投资和储蓄向创新转变。外生增长理论因为无法将技术进步和创新内生化，只能把技术进步和创新看作外生于企业投资的共享成果，因此将国家间人均财富增长和差异的讨论诉诸储蓄、投资、消费、人口增长等方面；第一波内生增长理论(如 AK 模型)虽然对技术进步和创新做了内生处理，但仍然将其视为投资的副产品，其讨论的核心依然是投资问题；以产品多样化模型和熊彼特模型为代表的第二波内生增长理论将创新内生化为企业为了追求垄断利润的主动选择，其讨论的核心开始转移到创新问题上。

第四,相应的,对实现国家间赶超的关键约束的理解也由投资转为创新。外生增长理论认为后发优势源于资本积累或者投资水平,一个经济体资本投资距离稳态值越远,边际产出水平就越高,通过投资实现的增长速度也越快,同时认为存在条件收敛的可能性;内生增长理论则认为后发优势来自技术水平,一个经济体距离技术前沿越远,越可能通过技术的跨越式提升获得较高的经济增长率。

第五,对创新政策的启示越来越丰富。在边际收益递减和规模收益不变技术的假设下,技术进步或创新是外在于企业投资的公共品,无法从理论模型直接得到政策建议;AK模型认为通过"干中学"获得的知识是经济增长的重要源泉,并可能抵消资本投资边际收益递减趋势,模型给出了参与国际分工、在多样化生产过程中积累知识、推动知识的内部化和经济增长的政策启示;产品多样化模型则认为研发活动和人力资本的规模与质量,是有目的投资的结果,模型的政策启示是,为促进经济增长,需要激励企业研发投资和人力资本投资;按照熊彼特理论构建的模型,其政策启示是各国需要根据自身与技术前沿的距离选择创新模式,才能获得比较优势并实现持续的经济增长。

第六,演化主义的思想逐步引入新古典主义分析框架。熊彼特模型不仅将"创造性毁灭"的思想引入模型以刻画创新的特性,而且将稳态的经济增长概念替换为长期平均增长概念,在一定程度上打破了均衡增长路径的概念,但以利润最大化求解研发投入等主体选择的思路和框架没有改变,这也是其与演化主义的根本区别之一。

1.1.2 创新与经济增长的演化主义视角

在演化主义理论看来,技术进步和创新具有极强的不确定性,无法用概率分布来加以刻画。同时,创新的种类多种多样,对经济具有重大且广泛影响的突破性创新与众多的渐进性创新同时存在,技术进步、创新与经济增长之间的关系,绝非可以用抽象的数学模型就能刻画出来的因果关系,也不存在所谓的均衡状态。演化主义认为经济活动和创新活动都是一个系统,系统内部的多样性、各主体各部分的互动和选择机制才是影响经济系统不断发展演化的重要力量,经济系统的演化因此也存在多种路径。因此,演化主义经常使用历史主义的方法研究创新和经济增长问题。演化主义将经济增长的解释归结为两大因素:选择与创新(Verspagen et al.,2005)。选择更多的是依靠经验法则和经济社会规则,而非对利润最大化的追求,创新是在有限理性的基础上不断试错的过程,充满了不确定性。演化主义研究创新与经济增长的落脚点是创新的实现和绩效。因此,与其说演化主义研究的是创新与经济增长的一般性关系问题,不如说其研究的是如何有效实现创新的问题。从分析工具看,演化主义色彩的理论分析较为重视使用历史分析方法和制度分析方法。

1.1.2.1 基于技术范式的"启发式"经济增长模型

采用历史分析方法和制度分析方法来描述创新与经济增长关系的模型,往往聚焦于技术变迁和制度变迁之间的互动。其中,技术范式是技术与经济社会制度之间的很好的契合点。

Dosi(1982)借用托马斯·库恩(Thomas Kuhn)科学哲学的观点将技术范式理解为"基于有选择的科学原理和技术发明所形成的用于解决有选择的技术问题的模式"。这意味着技术发展的方向和领域在一定程度上影响着社会生产力的方向。Freeman et al.(2001)进一步将这一影响阐释为"小部分基本创新所引发的技术范式可以在长时间内主导技术-经济发展"。而这一小部分基本创新便是"启发"的源泉,引发出技术轨道和技术范式,进而引领了经济增长。技术范式理论认为,技术在不停地改进和发展,但又始终受困于技术范式,技术范式的形成除了受技术因素影响,还受到社会经济等众多因素的影响。但是,技术范式所形成的技术轨道也是一种路径依赖,如果渐进性创新不能很好地随着社会经济环境的变化对技术范式进行相应的调整,则范式很可能导致经济增长的失败。

基于技术范式的"启发式"经济增长模型至少强调了三点:一是基本创新的重要"启发式"作用,这暗示了一国如果能够准确捕捉到这些基本创新,则有可能形成一轮较高速的经济增长;二是适应并充分发挥技术范式的作用需要社会经济环境的适当调整,包括促进掌握新技术的技能形成和适应技术范式变革的法律及社会规则,才能最终实现潜在的经济增长;三是技术范式需要随经济社会环境变化进行调整,避免产生路径依赖和技术锁定所带来的经济增长路径偏误。

1.1.2.2 基于技术聚类的"启发式"经济增长模型

从历史视角分析,创新存在时间聚类的特征。熊彼特在其著作《经济周期》(*Business Cycles*)(Schumpeter,1939)中提出了创新在时间上趋向于聚集成群出现的观点。此时,熊彼特所指的时间聚类是重大技术突破后所引发的一系列渐进性创新或者技术扩散应用的现象,而这些重大技术突破就是"启发式"增长的起始。但后来的部分研究进一步指出,即便是重大的创新,也存在时间上的聚类现象。因此,这种技术聚类发展的趋势所引发的经济增长不仅是不平稳的,也是没法实现均衡的。对此,一种观点认为创新变动引发的经济增长存在上下起伏的规律性波动,Freeman et al.(2001)认为经济波动的周期跨度为50—60年。另一种观点则认为,由于经济增长是内在不稳定的,因此不存在这种周期规律。

基于技术聚类的"启发式"经济增长模型强调了重大创新引导经济爆发式增长的可能性,具有更多的"技术决定主义"色彩。虽然这是经由历史实践总结出来的规律,但其忽略了经济发展和社会经济制度环境对技术演进的影响,这似乎有些类似于索洛模型,即交代了创新的重要性,但没有交代如何内生实现创新。即便如此,该模型所揭示的抢抓技术变革及产业革命机遇的思想,对于国家间赶超的可能和策略也极具启发性。

1.1.2.3 基于技术视角的产业增长模型

由于从整个宏观经济视角来考察创新对经济增长的影响过于复杂,且很难进行量化研究和实证检验,所以,从产业视角研究创新对产业增长的影响变得更加实际,也更容易进行实证检验。通过对某产业主导技术演进的研究,以产业增加值、就业、集中度等指标刻画产业发展,更能够揭示技术演进对产业发展的影响机制。此类模型被称为"历史友好模型"(history-friendly model)(Malerba et al.,2001)。

虽然产业增长只是经济增长的一部分,但从中也可以观察到创新对经济增长的部分影响。不过,基于技术视角的产业增长模型很难将技术的广泛影响,尤其是对其他产业的扩散影响(如计算机技术)纳入分析,也难以将其他产业(如材料、电池等)的技术对该产业发展的影响纳入分析,因此,其分析结论天然具有一定的偏差。

1.1.2.4 聚焦创新的系列模型(方法)——从线性模型到创新系统

从政策视角看,更加具有实用性和操作性的一类模型是完全聚焦创新活动的模型。这类模型不仅更加细致深入地揭示了创新活动的特点、创新与制度之间的关系,而且几乎填补了新古典主义框架下各种模型对创新政策指导的空白,以及上述几个演化经济学模型的政策指导空白。严格来说,这类模型并不都是基于演化主义框架形成的(例如线性创新模型),但绝大部分且占据主流的模型都属于演化主义范畴(如国家创新体系等)。

随着科技创新活动的演变,以及人们对创新活动理解的加深,研究者抽象出的创新模式一直在演变。对创新模式的理解决定了政策设计的目标与重点,也决定了政策影响的广度与深度。大体而言,基于创新理论总结的创新模式的发展经历了线性模型、系统性模型和知识新生产模型三个阶段(见图1.1)。第二次世界大战后,创新理论更加关注如何在既有的资源约束下通过资源的合理配置实现创新,探讨的内容也愈加集中于创新主体与要素间的互动和协调。

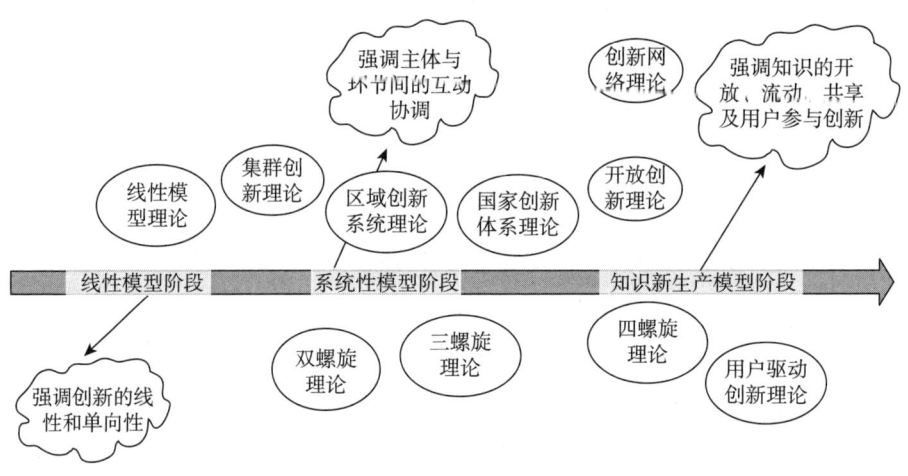

图 1.1 创新理论的演进历程

资料来源:根据 Wise & Høgenhaven(2008)整理并完善。

线性模型认为创新是从理论研究、应用研究到市场化的单向过程。该理论认为创新是单向的、顺序的、由多个环节构成的连续链条,即基础研究→应用研究→产品开发→生产与销售。在政策上,该理论主张政府只需要界定和资助基础研究,剩下的交由企业和市场来运作。

系统性模型(包括国家创新体系理论、三螺旋理论等)则认为创新具有可逆性,强调创新过程中各环节、各要素和各主体间的互动与协作,强调整体效能的发挥。例如 Leydesdorff & Etzkowitz(2001)的三螺旋理论强调在大学、企业和政府三主体框架下分析创新问题,特别关注大学在创新过程中的作用,主张搭建大学、企业和政府间的沟通桥梁,为信息流通与合作研发打好基础。

知识新生产模型(包括创新网络理论和四螺旋理论等)在系统性模型的基础上更加强调用户和知识价值实现在创新中的重要作用。例如四螺旋模型将创新链条延伸到用户,突出用户对创新的作用,认为创新是用户、大学、企业和政府四方合作的活动,并主张政府应当协助企业收集和传递创新用户的相关信息,推动社会对用户导向型创新的认知,鼓励大众参与创新等。

因为系统性模型(包括国家创新体系理论、区域创新系统理论、产业创新系统理论、三螺旋理论等)是当下创新研究的主流,而且知识新生产模型仍然属于系统性模型范畴,所以,本书将重点讨论创新系统性模型的一般特征。

Freeman(1987)首次提出了"国家创新体系"概念,将其定义为公共部门和私人部门构成的网络,这些部门通过活动和互动实现技术的生产、引进和扩散。随后,Lundvall(1992)和 Nelson(1993)相继进一步阐释了国家创新体系的概念。虽然这些研究都以影响创新过程的因素来界定创新系统的范畴,但至今对创新系统的定义并未达成共识(Edquist, 2005)。Edquist(2005)认为更普遍意义上的国家创新体系定义为:所有能够影响创新的生产、扩散和使用的重要的经济、社会、政治、组织、制度因素及其他因素。这一定义也注定了国家创新体系很难被模型化和进行量化的实证检验。除了国家创新体系,技术系统、区域创新系统和产业创新系统的概念相继被提出,创新系统的研究开始成为研究创新模式的主流。

虽然关于创新系统的定义难以取得一致,但创新系统方法在某些方面存在基本共识,这些共识主要包括以下几方面:

一是关于创新系统研究方法的主要特点。Edquist(2005)将其概括为六点:(A)将创新及学习过程置于核心位置,认为创新是生产新知识并将现有知识及其他要素以新的方式组合在一起的过程;(B)系统方法强调整体性和跨学科的特点,整体性是强调影响创新的因素的广泛性和不可或缺性,跨学科性则表示系统方法吸收了经济史、经济学、社会学等多种学科的观点;(C)运用历史和演化的观点,认为不存在最优的概念,由于创新的不可预测性及影响因素的复杂性和反馈的复杂性,所谓的最优化路径等是不存在的,自然也不存在最优的创新系统(即创新系统具有具体适用性,不存在放之四海而皆准的系统);(D)创新具有关联性和非线性特征,某一主体的创新活动不是孤立进行的,而是通过与其他组织的互动,这些互动存在复杂的联系及双向的反馈机制,因此,创新不是线性的过程;(E)创新系统方法关注产品创新和流程创新等多种创新,与只关注产品创新的模型不同,系统方法还关注流程创新、组织创新、商业模式创新等一系列创新活动,这些创新都能够提升创新的绩效和经济产出;(F)强调制度的作用,创新系统的主要因素都含有制度成分,制度是影响创新的决定因素之一。

二是组织和制度是创新系统的主要因素,企业是最重要的组织。组织是涉及创新活动的行为主体,包括企业、大学、科研院所、政府、金融机构等,甚至社会组织和个人(用户)也正在慢慢成为重要的组织之一。制度是用来调节个人、团体和机构之间关系与互动的一套法律规范、行为准则或常规做法。如果将创新比作游戏,那么组织相当于游戏的参与者,制度相当于游戏规则。实际上,不同的创新系统,组织和制度各不相同。同样的组织,例如大学,在不同的创新系统中,其面临的制度和所发挥的作用也会有很大差异。例如,公立研发机构在日本和德国等国是国际研发活动的主要承担者,但在美国却不是。同样,在瑞典,大学教师对研发活动形成的专利拥有完全的专利权,但美国大学的专利只能归学校所有,而中国也经历了公共研发经费形成的成果专利权由政府所有到学校所有,再到逐渐授予研究者个人的过程。很难说哪一种制度更优,因为这需要考虑组织的特点和其他制度的约束等因素。

三是关于创新系统中的主要活动。已有研究普遍认为创新系统的主要功能和目的是促进知识和技术的生产、扩散和应用,由此而开展的活动大致包括以下几类:(A)研发活动,创造新知识,尤其是在医药、生物工程等领域;(B)人力资本的形成,包括不同水平的劳动力素质和技能的培养,尤其是科研人才的引进、培养和使用;(C)激发企业和全社会创新活力的制度设计,包括反垄断等竞争政策和企业家精神培育等;(D)促进人才和知识流动的制度设计,包括知识和人才的跨主体及跨国界的流动;(E)孵化活动,包括天使投资、风险投资等公立或者私人机构为早期创新活动提供的资本、设备、管理知识支持等;(F)制度调整,包括知识产权制度、环境安全准则、技术标准、研发税收优惠等制度的调整,促进创新组织的形成和创新实现;(G)致力于了解市场需求的活动,主要针对企业而言,包括企业自己开展的市场调研及专业机构开展的市场调研等;(H)与创新相关的其他服务,包括技术转移转化服务、投融资服务、法律服务等。对于不同的技术领域或者产业,每一类活动的重要性不同。创新系统的关键就是要通过制度设计促进这些活动的开展,进而实现不同组织之间形成良性的互动。

整体而言,基于演化主义的理论分析对于创新活动的研究比新古典主义的分析更加全面和深刻,对科技创新政策的指导性也更加系统和具体。尽管如此,与内生增长理论相比,创新系统分析仍然存在定义不清、难以进行正规的理论化分析、难以进行计量实证研究等问题。

1.1.3 新古典主义与演化主义关于科技创新分析的主要异同

新古典主义是当代经济增长理论的主流分析框架,而演化主义是时下科技创新政策的主流依据理论。两大理论派系具有截然不同的"世界观"和分析方法,对科技创新及科技创新与经济增长关系的分析也各有侧重,很难说哪一种理论更加准确。较好的办法是通过比较分析,将两者的基本观点相结合,用于总结创新实践,制定和完善科技创新政策。

1.1.3.1 相同点

两者关于科技创新与经济增长关系的分析结论,在以下三方面取得基本共识:

第一,科技创新是长期经济增长的决定性力量。无论是外生增长模型、内生增长模型还是基于技术聚类的"启发式"经济增长模型,都深刻揭示了科技创新在长期经济增长中的关键作用和决定性力量。不同的是,新古典主义认为长期增长存在稳态均衡,演化主义则认为不存在这种稳态均衡,而是存在由大规模技术发明和应用所引致的周期性波动。

第二,企业的研发是推动技术进步的主要力量。新古典内生增长理论所描述的就是企业通过研发竞赛获取利润进而推动经济增长。因此在新古典主义框架下,企业是科技创新活动的主体,政府只起辅助作用。在演化主义看来,虽然企业、大学、政府等很多组织都是创新的推动力量,但企业是其中最重要的组织。因此,在国家创新体系理论、三螺旋理论等创新理论中,企业始终是创新系统的主角。

第三,政府可以促进科技创新活动。虽然新古典主义极力避免政府对市场经济活动的干预,但在创新问题上,内生增长理论强调知识和技术的扩散及流动,也强调知识和技术能够带来垄断利润。这就意味着政府一方面要打破知识和技术流动的种种障碍,促进知识技术的跨主体、跨区域甚至跨国界流动,另一方面要通过知识产权制度等制度设计,确保企业的研发活动有利可图,且获利足以吸引企业投入研发。演化主义框架下的科技创新活动更加离不开政府,包括投资战略新兴技术领域、提供公共知识技术供给、促进创新主体间的协调、激励企业创新等,政府的干预已是创新不可或缺的重要组成部分。

1.1.3.2 不同点

除演化主义主要使用历史分析和案例分析,而新古典主义侧重于使用数理分析和计量分析外,两者由于基本"世界观"的不同,对科技创新与经济增长的看法更多是不同的。这些不同大体可分为以下几方面:

一是关注的重点不同。整体而言,新古典增长理论更加关注增长问题,而演化经济学更加关注创新问题。新古典主义框架下的经济增长理论的核心是增长问题,所以其研究的重点是经济增长的速度、稳态和影响因素等,技术只不过恰好成为长期经济增长的核心要素。因此,技术进步率、储蓄率、人口增长率、资本折旧率等都是其分析的重点,如何有效地促进经济增长是其研究的核心。反观演化经济学,其已经将创新与经济增长视为密切联系的事件。在演化主义看来,只要创新能够顺利实现,经济增长就是水到渠成的事情。因此,创新的种类、流程、主体、绩效、制度、外部环境等一系列与创新相关的因素都是研究重点,如何有效地促进创新是其研究的核心。

二是对知识和技术复杂性的认识不同。新古典主义的外生增长模型并未区分技术的种类,认为技术都是同质的,内生增长理论将技术区分为两类,即先进的和非先进的,拥有先进技术或知识的企业可以获得垄断利润,这种先进可以体现为产品多样化模型的新产品,也可以是熊彼特模型的高质量产品。但演化主义框架下的知识和技术具有很多不同的特性。按照可编码程度,可分为显性知识(技术)和隐性知识(技术);按照排他性和竞争性,可分为共性技术、专有技术等;按照对经济社会范式的影响程度,可分为基础关键的"启发式"技术和配套衍生技术;按照科技演变趋势和产业发展趋势,还可分为战略新兴技术、传统技术、高技术、中低技术，等等。不同的技术，其生产方式和扩散方式不同，生产和扩散的主体不同，研发的风险和所需的投入规模不同，对经济增长的影响不同，等等。因此，演化经济学主张以系统、演化的观点看待创新和经济增长现象，其不仅强调"启发性"技术的战略作用，也强调任何配套技术的欠缺、任何创新主体的明显缺失、任何制度设计的不完善，都有可能导致技术生产和应用的困难，导致创新系统运转低效，导致经济增长缓慢。

三是对创新流程复杂性的认识不同。除了对技术本身复杂性的认识不同，演化经济学和新古典经济学对创新流程复杂性的认识也不同。新古典主义侧重于微观主体行为分析，以微观代表性企业的行为和收益推导出宏观经济的增长。新古典主义认为企业等微观主体行为的依据是成本-收益分析，基于利润最大化的思考进行决策。因此，在新古典经济学看来，企业创新是因为其能通过创新获得垄断利润，而影响其创新的因素就是创新的程度、创新的频率及技术扩散的速度。整个创新的流程就是"研发投入→创新产出→垄断利润→技术扩散→垄断利润减少甚至消失→研发投入"这样循环往复的，企业争先恐后创新的过程推动了经济增长。在演化经济学看来，创新的流程极其复杂且多样，不仅不同的行业创新流程不同，即便同一行业，在不同的国家、不同的制度约束下也会有所差异。从纵向看，演化主义认为从科学研究到技术发明再到市场应用都是创新流程的环节，每一环节的主体可能不同，不同的产业发展所经历的环节也不同，环节间、主体间还存在复杂的互动、反馈等问题；从横向看，每个环节所参与的主体、制度支持、资金支持都有所不同，同一环节在不同的国家参与主体的重要性也会有所差异。因此，演化经济学强调创新流程的系统性、多主体、非线性特征，强调创新绩效的时空特性。在演化经济学看来，一个国家经济增长表现如何，主要取决于其国家创新系统的效能如何。

四是对技术进步规律的认识不同。由于对技术本身的复杂性和创新流程复杂性的认识不同，新古典主义和演化主义对技术演进规律的认识自然相去甚远。在新古典主义看来，只要制度和市场环境稳定，技术进步就是稳步进行的，甚至是匀速进行的。技术演进的影响因素主要是研发投入规模、技术扩散速度、市场竞争的激烈程度及知识产权制度等。但在演化主义看来，技术演进是偶然因素与必然因素结合的产物，具有不稳定性、集聚性和周期性。演化主义认为存在一些基础性、关键性技术的突破所引致的类似于物种大爆炸的技术大爆炸，工业革命就是典型案例，在技术大爆炸时期，整个社会的技术进步率要远远高于其他时期,同时,即便是基础性、关键性技术的开发和应用在历史上也不是匀速进行的,而是呈现出特定时期的集聚性,因此技术进步也就呈现一种周期性。此外,由于不同行业对整个经济增长的拉动作用不同,不同行业的技术进步率也不同,这也是整体技术进步呈现不稳定、集聚性的原因。

五是对政府和制度在创新中作用认识不同。虽然两种理论都认同创新是长期经济增长的核心要素,也认同政府可以促进创新,但其对政府作用的大小及政府应该如何发挥作用的认识不同。新古典经济学主张政府少干预经济活动,认为政府促进创新的作用是保证公平的市场竞争和恰当的知识产权保护,企业自然而然地会选择最适宜的技术进行生产。熊彼特模型借助技术演化的思想认为,不同发展阶段国家的政府促进创新的重点应当有所差异,后发国家应致力于促进技术引进和模仿,接近技术前沿的国家则要鼓励原始性创新。但整体而言,新古典经济学认为企业是理性的,企业有能力选择创新的力度和频率,政府只要维护市场公平及保护知识产权即可。演化经济学认为,创新的复杂性导致创新过程中存在大量的市场失灵领域和系统失灵领域,进而导致创新系统的低效,政府需要多角度、多领域地介入创新活动。例如,公共知识和共性技术的生产、重大技术的联合研发、科技成果的转化、初创企业的孵化等。演化经济学认为,任何环节或者主体功能的缺失,都有可能导致技术无法生产,以及生产出来的技术无法有效实现经济价值,因此,政府的干预不可避免。此外,由于战略技术对于经济增长的重要作用,政府可以通过选择性重点支持,启动新一轮经济增速。

六是对后发国家赶超路径的认识不同。新古典主义框架下的外生经济增长理论认为,高储蓄、高投资和一定规模的劳动力是后发国家发动经济的引擎,实现经济赶超的必要条件,只要两个国家的技术水平相同,储蓄率、人口增长率、资本折旧率一样,那么最终两国的人均收入将走向趋同(条件收敛)。内生增长理论认为实现赶超的关键是创新效率和创新规模(包括人力资本规模),其中,熊彼特模型认为创新是实现赶超的关键,后发国家采用前期模仿、后期原创的技术追赶路径,可以实现对发达国家的赶超。在演化经济学看来,根本不存在趋同或者条件收敛的规律,因为整个经济体系和创新体系都是紧密联系在一起的,没有任何因素是外生的,即便实现了储蓄率、资本折旧率、人口增长率相同,生产效率也可能不同。而且,要使这些因素的完全一样是不可能的,因为每个国家的经济条件和创新条件都是基于之前的政治、经济、社会基础演化而来的,不可能通过人为调整完全设计出一套经济参数、经济体系和创新系统。虽然否认趋同现象的存在,但演化经济学也认为后发国家可以通过创新实现赶超。尤其是在国家创新体系理论及基于技术范式和技术类聚的"启发式"经济增长模型看来,在技术和产业变革时期通过恰当的战略技术和产业选择,以及长期的国家创新体系建设,可以逐渐演化出高效的创新系统和创新能力,进而实现赶超。

1.2 我国科技体制改革40年实践的理论分析

认识和理论源于实践,又可以指导实践。从1978年3月召开全国科学大会迎来"科学的春天",到今天深入实施创新驱动发展战略、加快建设创新型国家、建设世界科技强国,我国科技创新政策体系不断丰富和完善。同时,相关的创新理论与经济增长理论也在不断演进,对现实的解释力和指导力不断提升。但创新政策的完善是基于创新理论的指导,还是基于解决现实问题的需要,是一件很难说清楚的事情。纵观改革开放40年来我国科技体制改革的历程,可以发现,我国创新政策的设计在宏观层面和中观层面正越来越遵循国家创新体系理论的基本理念和思路,在微观层面则主要依据新古典主义的理性人理念激活创新主体的活力。与此同时,结合我国的国情,以及在科技创新过程中遇到的问题及有效经验,一些具有本国特色的制度设计和创新组织理念相继出现并付诸实践,这些又进一步丰富了演化主义与新古典主义关于创新和经济增长的理论研究。因此,创新理论和创新实践的关系更像一种螺旋式的互动。从国家宏观政策调整的视角看,我国改革开放40年的科技创新政策实践大体可分为五个阶段。

1.2.1 第一阶段:1978—1985年

这一阶段主要是进行拨乱反正,恢复基本科技管理体系和科研活动。主要的改革和创新实践包括以下四方面:一是释放创新要素的基本活力,例如,提出知识分子是工人阶级的一部分,释放科研人员的基本动力;二是将科技创新作为经济发展的重要依靠,例如,邓小平同志提出"科学技术是第一生产力"的论断,中国共产党第十二次全国代表大会政治报告第一次把科学技术列为国家经济发展的战略重点;三是提出了科学技术演进的目标和方向,即"经济建设必须依靠科学技术,科学技术工作必须面向经济建设"的战略指导方针;四是科技创新宏观管理或协调部门相继恢复和建立,包括国家科学技术委员会(1998年更名为"中华人民共和国科学技术部",以下简称"科学技术部")、中国科学技术协会等。此外,国家科研经费投入持续增长,科技人才数量不断增加。

从理论视角看,将科学技术作为经济增长的依靠和重点,既符合新古典增长理论的基本观点,也符合演化经济学的内在含义。但是,对于后发国家,在经济发展的初期阶段,新古典外生增长理论认为最重要的是资本的深化,也就是提高人均储蓄和投资,而非进行科技创新;而内生增长理论所强调的是企业创新和竞争,但这并不是当时我国科技创新政策的重点。从演化经济学的视角看,这一时期的改革和政策是在搭建基本的国家创新体系框架,包括释放科研人员的基本活力,恢复和重建宏观管理和协调机构,等等,同时,结合国情提出的"科学技术工作必须面向经济建设"的观点在今天看来依然意义深远,体现了演化经济学中很重要的知识分类思想和科技与经济协同互动的系统性思想,但最重要的创新主体——企业,暂未成为政策重点关注的对象。整体而言,此阶段作为我国开启科技体制改革和创新政策实践的准备阶段,其基本方向和主要举措都与理论基本一致。

1.2.2 第二阶段:1985—1998 年

这一阶段是我国科技创新体制的重大调整完善期。市场机制、企业主体、科技计划、成果转化、高新产业园区等一大批符合现代市场经济理念和创新规律的改革方向和举措开始实施。此阶段的科技创新政策实践可主要概括为以下几方面:

一是服务于经济社会发展与注重科技自身发展并重的改革目标确立。一方面,科技创新服务于经济社会发展的目标进一步落实。1985 年 3 月《中共中央关于科学技术体制改革的决定》出台,拉开了第一轮大规模科技体制改革和政策实践的序幕,当时提出的根本目标是"使科学技术成果迅速地广泛地应用于生产,使科学技术人员的作用得到充分发挥,大大解放科学技术生产力,促进经济和社会的发展"。另一方面,国家高技术研究发展计划(以下简称"863 计划")的设立,以及 1995 年《中共中央国务院关于加速科学技术进步的决定》提出的"攀高峰"强调科学技术工作不仅要面向经济建设,而且要保证自身发展。二是根据知识分类设立了不同层次、不同目标的科技计划。此阶段,设立了专注于基础研究的中华人民共和国国家自然科学基金会(以下简称"国家自然科学基金")、专注于跟踪国际重大技术前沿的"863 计划"、面向前沿高科技战略领域超前部署基础研究的国家重点基础研究发展计划(以下简称"973 计划")、致力于农村经济发展的"星火计划"等。三是国家科技计划中逐渐引入市场机制和竞争机制,提升创新效率。其中,"863 计划"引入竞争机制,并开始允许企业参与招投标,通过同行竞争、评审支持的方式资助研究。四是鼓励科研机构和科研人才参与市场经济活动,包括支持和鼓励大学和科研院所以各种形式直接介入经济活动,支持集体、个体等多种所有制科研机构的发展,与此同时,建立高新技术产业开发区,支持和鼓励科研人员利用技术创新创业,为高新技术企业提供生产经营优惠政策。

这一阶段伴随着我国市场经济改革的浪潮,最重要的特征是市场机制的引入及科技活动与经济活动的大规模对接。市场机制的引入充分体现了新古典主义理性人的假设,通过项目竞争、同行评审打破"大锅饭""铁饭碗",充分调动科研人员的积极性。"稳住一头,放开一片"[①]的战略举措充分展现了演化经济学将纯科学研究与创新活动相区分的思想,遵循了不同的知识生产活动、不同的生产主体所具有的不同规律。其中,"稳住一头"主要靠政府财政自主,既是对新古典主义理性人激励作用的体现,也符合公共性知识生产规律;"放开一片"则主动引入市场经济机制调节科技创新活动,激活创新活力。从本质上说,"稳住一头,放开一片"是从计划经济向市场经济过渡过程中,将市场有效配置资源作用和政府作用相结合的初步体现。"863 计划"和"973 计划"的设立,表明我国开始具有跟踪国家前沿、抢抓战略新兴技术的思想,一定程度上体现了基于技术聚类的"启发式"经济增长理论,对高新区的建立则开始了我国构建区域创新系统的实践。

1.2.3 第三阶段:1998—2006 年

此阶段是国家创新体系开始建设时期。"985 工程""211 工程"、院所转制相继展开,企业作为创新主体的地位被正式提出。此阶段的科技体制改革和科技创新政策体系建设主要包括三方面:

[①] 即稳住基础研究工作和科技人员这支队伍,同时放开各类直接为经济建设和社会发展服务的研究开发机构。

一是大学作为科技创新的重要力量被提上建设日程。在以往"863 计划""973 计划"等以科研项目为主要研发投入载体的基础上,"985 工程""211 工程"的提出,将大学整体作为科技创新和知识生产的主要力量之一,使其成为国家研发投入的重要对象。二是院所改制,实行分类化改革。对科研院所的布局结构进行了系统调整,重点是推进分类改革——应用型科研机构和设计单位向企业化转制,社会公益类科研机构继续由政府支持。三是开始助力企业成为创新主体。1999 年,中共中央、国务院召开了全国技术创新大会,发布了《关于加强技术创新,发展高科技,实现产业化的决定》,加速企业成为技术创新的主体的一系列改革举措相继提出,包括与科研院所转制相结合,大型国有企业建立企业研发中心,成立科技型中小企业技术创新基金,鼓励外资企业在华建立研发中心,等等。

这一时期是知识经济概念引入我国并获得关注的重要时期。国家创新体系理念开始成为宏观体制改革和政策举措的重要方向。加大对大学的研发支持、对院所进行分类化改制,以及助力企业提升科技创新能力,体现了国家创新体系的重要理念。以演化经济学的观点,我国在此阶段开始着手构建国家创新体系的基本框架,形成从创新主体到创新项目再到人才等创新要素多层次建设国家创新体系的指导思想体系。从新古典经济学的视角看,院所分类改制进一步释放了创新活力,同时,将企业作为创新主体的建设目标也正好契合了新古典内生增长理论的内涵。

1.2.4 第四阶段:2006—2012 年

2006 年,我国明确提出"坚持走中国特色自主创新道路,为建设创新型国家而奋斗"。同年,《国家中长期科学和技术发展规划纲要(2006—2020 年)》(以下简称《纲要》)颁布,重点确认了 11 个国民经济和社会发展的重点领域及 68 项优先主题。密切结合我国国情的国家创新体系和国家创新能力建设开始加速。

一是颁布《纲要》,为坚定推进科技创新设定了中长期目标。《纲要》安排了 16 个重大专项与 8 个技术领域的 27 项前沿技术、18 个基础科学问题、4 个重大科学研究计划。回头来看,这些项目正是我国近年来持续提升科技竞争力和经济竞争力的重要支撑点。二是围绕《纲要》贯彻实施的一系列制度调整和政策创新。在国家层面就出台了 78 条配套政策及实施细则,涉及科技投入、税收激励、金融支持、政府采购、知识产权保护、科技创新基地与平台、人才、教育等多方面,我国开始形成较为完整的科技创新政策体系。三是企业在创新中的主体作用进一步得到重视。此阶段,不仅国家重大科技项目(如国家科技重大专项)倡导由企业牵头和作为参与主体,而且致力于激励企业创新的《高新技术企业认定管理办法》等政策相继出台或更新,2007年颁布的《中华人民共和国企业所得税法》及其实施条例的实施,将研发费用加计扣除优惠政策以法律形式予以确认。

这段时期的突出特点是国家对科技创新的支持力度明显强化。此阶段也开启了我国从经济追赶逐渐转换为科技追赶的新篇章。无论从新古典经济学熊彼特模型视角还是从演化经济学视角,此阶段都是我国从技术引进和模仿,逐步转向自主创新的重要历史时期。不同的是,新古典经济学认为支持自主创新的方式是保护知识产权和为企业提供创新激励等,而演化经济学认为要实现后发赶超,政策需要更加系统和复杂,包括设立科技项目解决战略新兴行业和关键基础行业的共性、关键技术,充分发挥产学研用一体化作用,利用政策采购扶持新兴技术和产品,积极引进和培养创新人才,等等。

1.2.5 第五阶段:2012年至今

在保持了32年的高速增长之后,我国经济从2011年起增速放缓,我国进入了由高速增长向高质量发展的转型期。此阶段既是我国科技创新顶层设计的成型期,也是我国深入推进科技体制改革的重大突破期,更是我国将创新作为支撑发展的第一动力的确立期。

一是创新被确立为引领发展的第一动力。2012年,中共中央、国务院发布《关于深化科技体制改革加快国家创新体系建设的意见》,提出实施和推动创新驱动战略。2015年3月,《中共中央国务院关于深化体制机制改革加快实施创新驱动发展战略的若干意见》发布。把创新作为整个社会转型的原动力,将创新驱动发展战略正式作为国家战略,是改革开放40年来的第一次。同时,提出加快建设创新型国家和世界科技强国,进一步强化了科技创新的战略引领地位。二是重大科技体制改革相继推出。包括中央财政科技计划管理改革、高校科技评价改革、科技成果转化管理改革等一大批致力于完善国家创新体系,提升科技创新效能的相关改革举措陆续出台。三是创新生态建设进一步展开。尤其是围绕企业,结合自主创新示范区建设等政策突破的创新生态建设在各地相继展开,提升知识产权保护力度、推进"放管服"改革等举措相继出台。同时,调整完善科研人员评价和院所评估等制度改革也为构建更加良好的创新生态、激发科研人员和院所活力打下了基础。此外,进一步推进协同创新的制度设计也开始成形,包括推进区域协同创新、央地协同创新、军民协同创新等。2018年,新的中华人民共和国科学技术部成立,纳入了对国家自然科学基金会和中华人民共和国国家外国专家局的相关管理职能,这也是我国在强化科技管理和服务部门协同方面的重大举措。

从2012年起,传统的资本、劳动力等要素在支撑我国经济发展方面开始乏力,核心技术、原创技术等匮乏而难以支撑我国产业转型升级的情况越发明显。与此同时,全球新一轮科技革命、产业革命和军事变革加速演进,创新驱动成为许多国家谋求竞争优势的核心战略。这一时期,围绕企业为核心的创新生态建设符合新古典内生增长理论以企业为核心的创新模式,调整科技人员评价、科研机构评估等制度也符合新古典主义理性人对激励做出反应的假设。但这一时期最为关键的是,继续推进的科技体制改革和对《纲要》中所涉及的重大科技项目及科技领域的持续攻关和投入。持续推进的科技体制改革及创新生态建设,为构建完整的国家创新体系提供了有力支撑,以演化经济学为思想的国家创新体系建设已经完成基本的布局建设,开始进入提升体系效率和效能阶段。同时,以国家科技重大专项为代表的重大科技项目的持续推进和科技创新2030重大项目的陆续启动,也正体现了后发国家通过努力抢抓战略关键技术,试图开启演化经济学所指出的"启发式"增长。

1.3 本章小结

在国内外经济政治环境日益复杂的当今,科技创新正在成为我国甚至大多数发达国家政策关注的重要领域。毫无疑问,创新制度设计和政策制定通常以问题为导向,但长期的创新友好型制度的建设和完善一定是离不开理论指导的。科技创新活动的复杂性、系统性决定了任何一种理论都难以独立承担起指导创新实践的艰巨任务,因此,唯有博众家理论之长,结合我国国情进行发展和创新,才能形成指导我国科技体制改革、激活全社会创新活力和提升经济竞争力的理论,并提出有实践意义的政策建议。

基于新古典主义的经济学研究需要深化对科技创新的认识。以新古典主义为基本分析思维的经济学对企业、研发人员、大学等微观个体的研发和创新活动行为分析深入透彻,但其对区域和国家层面的创新活动的描述过于抽象和简化,忽视了创新活动的系统性特征。这一理论虽然认识到推进经济增长关键靠创新,但其以发达经济体为背景的理论假设和特征,因与很多发展中国家国情相差甚远而显示出很强的不适用性,尤其在中美科技竞争加剧的情况下,更是无法有效指导我国科技创新的政策设计。对创新活动及创新政策实施的系统性、演化性缺少深入了解,导致基于新古典主义思路的部分实证研究结论很难让人信服,相应的政策建议因欠缺系统性思维也难以有效推行。

基于国家创新体系的研究要更多关注和理解微观主体及其行为动机。演化经济学倡导的因时因地而异的系统性、演化性创新体系理论具有更强的现实指导力,其对创新种类、过程、经济社会影响的研究较为深入,以演化主义为基础的国家创新体系研究已经较为成熟,但这些研究大都呈现出对微观主体行为的关注和分析不足。只有借鉴新古典经济学的机制设计理论,构建合理的微观激励机制,激发创新主体的活力,才能提升整个系统的创新效能。

我国科技体制深化改革面临的重大问题同样需要综合多种理论来加以思考。首先,在科技创新活动中,如何理顺、明晰政府与市场的关系和界限,更好地促进创新活动?这既需要从国际关系、国际政治经济和演化主义视角,思考和分析逆全球化与后发劣势情境下市场机制的低效率及政府干预的必要性,也需要从新古典经济学的视角分析和解决政府干预之手"伸得过长"的问题。其次,在重大科技项目组织中,如何协调各方关系,充分调动创新主体的积极性?这既需要从演化主义的视角,认识和思考政府与市场、企业与大学、科研院所如何形成系统性合力推动重大技术攻关,也需要从新古典经济学视角,考虑如何设计各种有针对性的微观激励机制,对象包括研发人员、管理人员、大学、企业、政府部门等,形成激励相容的制度设计。

参考文献

[1] 菲利普·阿格因、彼得·豪伊特著,杨斌译:《增长经济学》。北京:中国人民大学出版社 2011 年版。

[2] Acemoglu, D., and J. Ventura, "The world income distribution", *The Quarterly Journal of Economics*, 2002, 117(2): 659—694.

[3] Aghion, P., and P. Howitt, "A model of growth through creative destruction", *Econometrica*, 1992, 60(2): 323—351.

[4] Arrow, K. J., "The economic implications of learning by doing", *Review of Economic Studies*, 1962, 29(3): 155—173.

[5] Dosi, G., "Technological paradigms and technological trajectories: A suggested interpretation of the determinants and directions of technical change", *Research Policy*, 1982, 11(3): 147—162.

[6] Edquist, C., "Systems of innovation: Perspectives and challenges", In: B. Verspagen, J. Fagerberg, D. C. Mowery, and R. R. Nelson, *The Oxford Handbook of Innovation*. New York: Oxford University Press, 2005.

[7] Fagerberg, J., "Innovation auuide to theliterature", In: B. Verspagen, J. Fagerberg, D. C. Mowery, and R. R. Nelson, *The Oxford Handbook of Innovation*. New York: Oxford University Press, 2005.

[8] Frankel, M., "The production function in allocation and growth: A synthesis", *The American Economic Review*, 1962, 52(5): 996—1022.

[9] Freeman, C., and Louçã, F., *As Time Goes By: From the Industrial Revolutions to the Information Revolution*. New York: Oxford University Press, 2001.

[10] Freeman, C., *Technology Policy and Economic Performance*. New York: Frances Printer Publishers, 1987.

[11] Gerschenkron, A., *Economic Backwardness in Historical Perspective: A Book of Essays*. MA: Belknap Press of Harvard University Press Cambridge, 1962.

[12] Leydesdorff, L., and H. Etzkowitz, "A triple helix of university-industry-government relations: 'mode 2' and the globalization of 'national' systems of innovation", *Science under Pressure Proceedings*, 2001, 7—35.

[13] Lundvall, B., *National Systems of Innovation: Toward A Theory of Innovation and Interactive Learning*. New York: Anthem Press, 1992.

[14] Malerba, F., R. Nelson, L. Orsenigo, and S. Winter, "Competition and industrial policies in a 'history friendly' model of the evolution of the computer industry", *International Journal of Industrial Organization*, 2001, 19(5): 635—664.

[15] Nelson, R. R., *National Innovation Systems: A Comparative Analysis*. New York: Oxford University Press, 1993.

[16] Romer, P. M., "Endogenous technological change", *Journal of Political Economy*, 1990, 98(5, Part 2): S71—S102.

[17] Schumpeter, J. A., *Business Cycles*. New York: McGraw-Hill, 1939.

[18] Schumpeter, J. A., *The Theory of Economic Development: An Inquiry into Profits, Capital, Credit, Interest, and The Business Cycle*. New Brunswick: TransactionPublishers, 1934.

[19] Solow, R. M., "A contribution to the theory of economic growth", *QuarterlyJournal of Economics*, 1956, 70(1): 65—94.

[20] Verspagen, B., J. Fagerberg, D. C. Mowery, and R. R. Nelson, "Innovation and economic growth", In: B. Verspagen, J. Fagerberg, D. C. Mowery, and R. R. Nelson, *The Oxford Handbook of Innovation*. New York: Oxford University Press, 2005.

[21] Wise, E., and C. Høgenhaven, "User-driven innovation-context and cases in the Nordic region", Nordic Innovation Centre, 2008.

第二章 国家创新体系研究

创新是引领发展的第一动力。近年来,全球知识经济迅猛发展,科学技术日新月异,各国纷纷把构建国家创新体系、提升国家核心竞争力作为重大的战略发展目标。我国历来高度重视科技工作。改革开放 40 年来,我国科技事业快速发展,取得历史性成就。特别是党的十六大以来,中央做出增强自主创新能力、建设创新型国家的重大战略决策,国家创新体系建设积极推进,我国整体科技实力和科技竞争力明显提升。当前,我国经济已由高速增长阶段转向高质量发展阶段,正处在全面建成小康社会决胜期和转变发展方式、优化经济结构、转换增长动力的攻关期,科技在经济社会发展中的作用日益凸显。面对新形势新要求,要真正实现创新驱动发展,迫切需要进一步深化科技体制改革,加快国家创新体系建设。在这一背景下,梳理有关国家创新的研究脉络,对于推进国内相关研究,进而支持创新驱动发展战略的落实,具有重要的理论和现实意义。

现有文献表明,国内外学者越来越重视国家创新体系对创新和经济发展的作用,并形成了大量的学术研究成果。回顾前人研究,早期学者大多集中于对国家创新体系概念、组织结构、理论方法的探讨及比较分析等方面。自 20 世纪 90 代末开始,国家创新体系研究焦点开始转向后发国家及转型经济的研究、绩效导向的定量评价研究及国家创新体系下的创新政策等方面。进入 21 世纪以来,国家创新体系演进呈现出一些新趋势,相关研究也开始关注创新政策框架的转变、包容与可持续创新以及国家创新体系的开创性等问题。

围绕有关国家创新体系研究的关键问题,本章余下内容按以下顺序展开:第一部分梳理国家创新体系的概念形成及其发展状况;第二部分回顾国家创新体系的参与主体及其相互作用的相关研究;第三部分从国家创新体系的绩效评价及其跨期、跨国比较三个方面,梳理国家创新体系的发展评价研究;第四部分介绍国家创新体系框架下的创新政策研究;第五部分是结语与启示。

2.1 国家创新体系的概念形成及发展

国家创新体系的概念最早出现于20世纪80年代中期,起源于对欧洲产业政策的争议。早期学者弗里曼(Freeman)、纳尔逊(Nelson)、伦德瓦尔(Lundvall)等对相关研究做出了重要贡献。国家创新体系成为提升一国国际竞争力的重要手段,也因此引起了经济合作与发展组织(OECD)等国际组织的重视。但至今,学术界对国家创新体系的研究仍存在一些争议。

2.1.1 国家创新体系的思想及理论基础

国家创新体系的理论基础主要来源于演化经济学理论的启发。Freeman(2002)提出,国家创新体系的思想基础最早可追溯到德国经济学家弗里德里希·李斯特(Friedrich List)于1841年出版的《政治经济学的国民体系》(*The National System of Political Economy*)。李斯特在研究德国追赶英国经济的过程时认为,后发国家不仅需要保护幼稚产业,同时需要广泛的政策设计来加速产业化与经济增长的可能。李斯特首次提出了"国家体系"的概念,不仅预测到现有国家创新体系研究的本质特征,还认识到引进国外技术与发展本国技术的相互依赖性,国家不仅需要获取国外先进技术,也应该增强自身的努力。李斯特从宏观经济学视角奠定了国家创新体系的分析框架,但当时的研究并未提出"创新"概念本身。对创新问题的系统研究始于20世纪的熊彼特。1912年,美籍奥地利经济学家熊彼特在《经济发展理论》中,首次使用了"创新"一词,并从经济学的研究视角提出了创新理论。他认为,创新是指建立一种新的生产函数,是在生产体系中实现生产要素的重新组合。20世纪50年代以来,李斯特的"国家学说"与熊彼特的"创新理论"被称为国家创新体系的两大思想基石。

大部分学者认为,对国家创新体系的分析部分源于对现代主流经济学理论的直接批判。熊彼特早在1912年出版的《经济发展理论》及而后出版的《资本主义、社会主义与民主》(*Capitalism, Socialismar and Democracy*)中,就对传统的一般均衡理论提出异议。熊彼特认为,"创新"成为经济增长的引擎是资本主义最重要的特征,而采用一般均衡理论很难对"创新"现象做出合理的解释。

受此启发,从 20 世纪 70—80 年代起,弗里曼、伦德瓦尔及同时代的其他经济学家在研究技术进步时发现,创新与技术变革并不满足一般均衡条件。为了转变研究分析的视角,弗里曼等开始研究国家创新体系的概念,从"资源分配"转向"创新",从"资源选择"转向"学习过程"。国家创新体系与新古典经济学关于技术和创新研究的主要区别如表 2.1 所示。

表 2.1 国家创新体系与新古典经济学关于技术和创新研究的主要区别

	新古典经济学	国家创新体系
系统特征	封闭系统,静态系统,一般均衡	开放系统,动态系统,多重稳定
资源约束	资源分配,资源选择	创新,学习过程
主要目标	短期最优的资源配置	经济增长的长期原因

资料来源:张俊芳. 国家创新体系的效率及其影响因素研究[M]. 北京:经济科学出版社,2012.

2.1.2 国家创新体系概念的形成

Freeman(1982)最早提出了国家创新体系的概念。其后,Nelson(1993)、Lundvall(1985,1992)、Patel & Pavitt(1994,1999)、Edquist Freeman(1997)、OECD 等的相关研究,推动了国家创新体系概念的发展。

弗里曼侧重分析技术创新与一国经济发展的关系,并强调国家专有因素在其中发挥的重要作用。在 1982 年 8 月召开的 OECD 专家组会议上,弗里曼在其题为《技术基础与国际竞争力》的报告中,首次使用"国家创新体系"讨论"创造力"在技术创新中的作用,但在当时这一概念似乎"过于激进",该文并未正式发表(Freeman,1982)。1987 年,弗里曼在《技术、政策与经济绩效:来自日本的经验》(Technology, Policy, and Economic Performance: Lessons from Japan)一书中,正式提出了"国家创新体系"概念,并认为该体系在日本的技术赶超和跨越中发挥了重要作用。他在日本调研时发现,日本通产省通过制定长期、动态的创新战略,优化资源配置,推动产业和企业技术创新,同时辅以组织和制度创新,帮助日本在短短几十年内成长为工业化大国。他认为,从历史上看,美国、德国、日本等技术领先国在实现技术赶超到跨越的过程中,不仅依靠技术创新,还受到诸多制度因素的影响,是一国国家创新体系演进的结果。因此,弗里曼将国家创新体系定义为"一国公共部门和私营部门中各机构组成的网络,这些机构的行为及其相互作用促使知识和新技术得以产生、扩散和应用"。

纳尔逊对国家创新体系的关注始于20世纪80年代。他从技术变革及其演进过程着手分析,特别注重案例研究,侧重考察国家创新体系中企业、大学与国家技术政策之间的相互作用,认为创新是企业、大学等机构交叉互动的复合体制,企业是该体系的核心,制度设计的作用在于努力在技术的公有和私有之间建立平衡。他还强调,科技发展中存在诸多不确定性,新技术的多元化是应对不确定性的唯一有效方法,而技术创新最终能否取得成功,取决于事后的市场选择。在1993年出版的《国家创新体系:比较分析》(*National Innovation Systems: A Comparative Analysis*)一书中,纳尔逊通过比较美国、日本等国家和地区的创新体系,提出现代意义上的国家创新体系是在大学、科研机构、政府相关部门及各种制度因素的相互竞争、合作中形成的。基于各国(地区)情况差异,国家创新体系具有复杂性和多元性,没有统一模式可言(Nelson,1993),政策制定者应根据本国具体情况进行创新政策的设计和实施,来提升本国或地区的创新能力。

伦德瓦尔是国家创新体系理论的集大成者,侧重于从理论层面探讨国家边界对一国或地区技术创新绩效的影响。早在20世纪70年代末期,他就开始从国家层面研究创新问题。在1985年正式出版的一本小册子中,伦德瓦尔首次使用了"创新体系"的概念,并从理论和实证角度阐释了用户与生产者之间的关系,但并未特指"国家创新体系"(Lundvall,1985)。后来,他注重从微观视角分析国家创新体系存在的原因,并强调生产者-用户的互动及交互式学习在创新过程中的重要性(Lundvall,1992)。伦德瓦尔认为,国家创新体系是"由有经济效益的知识的生产、扩散、应用过程中相互作用的各种构成要素及其相互关系组成的创新体系,而且这种创新体系根植于一国边界之内"。其中,国家之所以重要,是因为地理和文化因素的差异会影响创新中的学习过程,而这些因素是以国家为框架发挥作用的。因此,各国应基于自身优势,重点发展本国创新力量最强的技术领域,同时密切关注其他国家的创新动向,及时吸收利用。

Patel & Pavitt(1994)论证了国家创新体系的重要性。他们强调,在开放条件下,自由贸易有助于技术扩散,但由于各国在促进技术创新方面的政策差异,导致技术差距在一些国家之间不断扩大。国家创新体系之所以有用,是因为它可以帮助一国根据自身需要选择性支持相关技术进步。所以他们把国家创新体系定义为一国决定技术进步的方向及速度的国家制度、奖励机制和竞争力。

其中,制度包括提供基础研究、培训的大学及科研机构,投资于创新的企业,提供教育和职业培训的公众及私营部门,促进技术进步的政府及金融机构。Patel & Pavitt(1999)通过分析大型跨国企业在全球创新中的作用发现,创新的国家边界正在被打破,知识与创新的跨国流动可能比国内流动更重要。在研发国际化背景下,国家创新体系不再是封闭的系统(Poter,2002),跨国研发中心会对东道国的国家创新体系产生直接或间接影响,而国家间的相互作用,则会影响一国国家创新体系的开放程度(Dunning,1994)。

艾德维斯特关注创新与经济增长、就业的关系。他认为,创新系统是创新过程中经济、社会、制度与组织等各种影响因素的集合,而且该系统是不断进化的,制度因素和学习过程至关重要,它们决定了一国技术进步的速度和方向(Edquist,1993)。

美国学者波特(Porter)提出了国家创新体系的组织架构,他认为国家的竞争力是建立在产业优势上的,国家的角色不在于直接介入产业的发展,而应该是塑造一个良好的创新环境,协助产业的发展。波特提出,有四个因素共同决定一国某种产业的竞争力:(A)生产要素,包括人力资源、天然资源、知识资源、资本资源、基础设施;(B)需求条件,主要是本国市场的需求;(C)相关产业和支持产业的表现;(D)企业的战略、结构及竞争对手的表现。上述四个要素相互作用,形成钻石体系。同时,这四个因素都受到政府的影响。例如,政府通过财政补贴对生产要素条件产生影响,也可以通过政府采购影响国内需求(Porter,1990)。

国家创新体系概念形成后,很快发展成分析和评估一个国家科学技术创新政策及绩效的重要工具和框架,引起了OECD、世界银行等国际机构的重视。在促进国家创新体系从理论到实践的发展过程中,OECD起了重要作用。OECD强调知识及技术的生产、扩散和应用对一国经济增长的驱动作用,并在1994年启动OECD国家创新体系项目。根据OECD的定义,国家创新体系是"由不同机构组成的集合,这些机构共同或单独致力于新技术的开发和扩散,并向政府提供了一个制定及执行政策以影响创新过程的框架,知识流动是联系国家创新体系结构各主体的核心要素"。OECD将国家创新体系作为政策工具,其研究重心更多地表现为建立共同的评价标准(如《经济全球化指标体系》等各种相关的工作手册),以及通过研究型工作报告的形式提供政策建议。

综上,国外早期研究关于国家创新体系的概念界定,大致包括以下几个方面的内容:核心是技术创新和学习过程;创新主体及其相互作用是主要构成要素;通过知识和技术的生产、扩散和应用来实现创新;目的在于提升国家创新能力及创新效率;创新过程是非线性的,具体模式存在国别差异(见表2.2)。

表2.2 国外早期研究关于国家创新体系(NIS)的定义

文献来源	国家创新体系
Freeman(1987)	国家创新体系是在国家内部各系统组织及其子系统间的相互作用下,在公、私领域形成的一种网络制度,目标是启发、引进、改造及扩散新技术。广义上,国家创新体系包括在国民经济运行中,引入和扩散新产品及其相关过程与系统结构;狭义上,国家创新体系仅包括与科学技术活动直接相关的机构
Nelson(1993)	国家创新体系是由大学、科研机构、企业等形成的复合体制,其中包括一系列制度因素,通过适当的制度设计实现技术的私有和公有之间的平衡
Lundvall(1992)	国家创新体系是由特定要素及其交互联系构成的网络系统,这些要素根植于一国的生产体系之内,并在新的、经济上有效的知识的生产、扩散和使用过程中,要素之间的互动和交互学习过程发挥重要作用
Edquist(1997)	国家创新体系是经济、社会、制度与组织等各种影响因素的集合,这些构成要素影响着国家技术变革的速度与方向
Niosi et al.(1993)	国家创新体系是由促进国家技术进步的企业、大学、政府及其相互作用所组成,涉及技术、商业、法律、社会及金融等各方面,目标是发展、保护、管制新的科学技术
Patel & Pavitt(1994)	国家创新体系是一国制度安排、组织效率和国家能力的体现,影响一国技术与知识流动的效率和方向
OECD(1999)	国家创新体系由企业、大学和科研机构等组成,是为生产、扩散和应用知识及技术而相互作用的网络系统

资料来源:根据相关文献整理。

2.1.3 国家创新体系概念在我国的发展和运用

自国家创新体系概念被提出以来,我国不少学者结合国情开展了一系列较为深入的研究。柳卸林(1998)认为,国家创新体系的主体包括两个层面:一是政府、企业、科研机构与高校及其支撑服务四个要素,二是上述要素彼此之间的互动。王春法(1998)通过对美国和日本的技术创新政策进行比较研究,认为国家创新体系理论已成为一个重要的技术创新理论流派。石定寰和柳卸林(1999)等对我国国家创新体系的构建提出进一步的设想。

关于国家创新体系的概念界定,国内研究主要有以下几种比较有代表性的观点:一是认为国家创新体系的概念是在创新研究的基础上提出的,对国家创新的研究使创新理论从微观到中观和宏观、从主体到环境、从改革到产业结构调整、从发展到改革(贾蔚文,1999);二是认为政府、企业、大学、科研机构等组成的网络是国家创新体系的主要构成要素,这个体系能够更加有效地增强创新能力和创新效率,推动科学技术与社会经济协调发展,使二者融为一体(路甬祥,2005);三是认为国家创新体系由公共部门和私人部门中的组织结构网络所组成,这些部门的活动和相互作用,决定一国知识、技术生产和扩散的能力,从而影响国家的创新绩效。龚刚等(2017)提出,创新是系统中各方参与者(个人、企业、大学、科研机构、金融机构和政府等)之间复杂关系的协同结果。

当前,国家创新体系概念已经在我国建设创新型国家的伟大进程中得到高度认可和广泛应用,加快建设中国特色的国家创新体系,已经成为我国增强自主创新能力、建设创新型国家的核心举措。

2006 年,国务院发布《国家中长期科学和技术发展规划纲要(2006—2020年)》(以下简称《纲要》),将国家创新体系定义为:以政府为主导,充分发挥市场配置资源的基础性作用,各类科技创新主体紧密联系和有效互动的社会系统。《纲要》把全面推进中国特色国家创新体系建设摆到特别重要的位置,提出要经过 15 年的努力,形成比较完善的中国特色国家创新体系。

2012 年 9 月,为加快推进创新型国家建设,全面落实《纲要》,中共中央、国务院印发《关于深化科技体制改革加快国家创新体系建设的意见》。这是指导我国科技改革发展和创新型国家建设的又一个纲领性文件,标志着我国创新型国家建设进入了一个新的历史节点。

2012 年,党的十八大提出实施创新驱动发展战略,强调要"深化科技体制改革,加快建设国家创新体系,着力构建以企业为主体、市场为导向、产学研相结合的技术创新体系。完善知识创新体系,实施国家科技重大专项,实施知识产权战略,把全社会智慧和力量凝聚到创新发展上来"。

2014 年,习近平主席在中央财经领导小组第七次会议上的讲话中指出:

"科技部要会同相关部门加快研究提出创新驱动发展顶层设计方案,全面分析影响创新驱动发展的体制机制因素,以建设创新型国家为目标,在构建国家创新体系特别是保护知识产权、放宽市场准入、破除垄断和市场分割、建设协同创新平台、加大对创新型小微企业支持力度、完善风险投资机制、财税金融、人才培养和流动、科研院所改革等方面提出管长远的改革方案。"

2016年,中共中央、国务院印发《国家创新驱动发展战略纲要》,提出"到2020年进入创新型国家行列,基本建成中国特色国家创新体系",并指出"实现创新驱动是一个系统性的变革,要按照'坚持双轮驱动、构建一个体系、推动六大转变'进行布局,构建新的发展动力系统""一个体系就是建设国家创新体系。要建设各类创新主体协同互动和创新要素顺畅流动、高效配置的生态系统,形成创新驱动发展的实践载体、制度安排和环境保障。明确企业、科研院所、高校、社会组织等各类创新主体功能定位,构建开放高效的创新网络,建设军民融合的国防科技协同创新平台;改进创新治理,进一步明确政府和市场分工,构建统筹配置创新资源的机制;完善激励创新的政策体系、保护创新的法律制度,构建鼓励创新的社会环境,激发全社会创新活力"。《"十三五"国家科技创新规划》进一步明确提出,建设高效协同国家创新体系,具体内容包括:培育充满活力的创新主体,系统布局高水平创新基地,打造高端引领的创新增长极,构建开放协同的创新网络,建立现代创新治理结构,营造良好创新生态。

2017年,党的十九大报告强调,创新是引领发展的第一动力,是建设现代化经济体系的战略支撑。深化科技体制改革,建立以企业为主体、市场为导向、产学研深度融合的技术创新体系,加强对中小企业创新的支持,促进科技成果转化。

总体来看,可以将国家创新体系理解为,融创新主体、创新环境和创新机制于一体,在国家层面上促进全社会创新资源合理配置和高效利用,促进各创新机构间相互协调和良性互动,有效提升创新能力和创新效率,使科学技术与经济社会相互促进、协调发展,充分体现了国家创新意志和战略目标的系统。

2.2 国家创新体系的参与主体及其相互作用

关于国家创新体系的主体及其功能的研究,一直是核心内容之一。现有研究主要从参与主体及其相互作用两个方面展开。

2.2.1 国家创新体系的参与主体

国家创新体系的参与主体较多。按照属性来划分,包括创新主导企业、创新配套企业、大学、科研机构、领先用户和网络用户、知识产权工作者及金融服务者等。作为知识利用和实施创新的主体,企业在国家创新体系中居于核心位置。国家创新体系的协同发展,需要以企业的开放式创新为前提。

2.2.1.1 创新主导企业

Utterback & Abernathy(1975)构建了一个技术创新的动态过程模型(UA model),论证了创新具有派系性和垄断性,阐释了创新主导企业的形成过程。文章强调,在创新派系中,创新主导产业居于支配地位,创新配套企业居于从属地位。根据 UA 模型,某一产业或产品的技术创新过程大致可分为三个阶段:变动阶段、过渡阶段和特定阶段。在一个产品生命周期内,产品和工艺创新出现的频率,呈现出随时间而变化的动态特征,并且二者之间存在重要的关联性。

在国家创新体系中,创新主导者发挥着产业支柱性和领导性作用。凭借技术壁垒和知识产权保护等措施,创新主导企业对其他企业形成挤出效应和并吞效应,从而主导整个产业的技术派系和产业结构;作为产业链条中的顶层主宰者,其直接影响着创新配套企业的发展方向及创新空间。

2.2.1.2 创新配套企业

按照 UA 模型,在产业或产品的主导设计产生后,便随之基本形成技术派系的主体框架:创新主导企业——产业创新系统的主宰者,创新配套企业——产业链上游的供应商、中游的制造商及下游的市场营销合作商。在该情境下,创新配套企业已没有办法再挑战相应产业的主导设计,其所能做的,仅是在现有技术派系和品牌体系框架下,开展有效的工艺创新和市场营销模式创新。

此外,黄群慧(2013)从创新生态系统观的研究视角并基于国有企业分类改革的思路,针对中央企业的技术创新现状进行分析,认为中央企业应该将自己在国家创新体系中的功能定位为重大自主创新生态系统的核心企业,将更多的资源集中于重大自主创新生态系统的构建。

2.2.1.3 大学和科研机构

在知识经济时代,科学技术的发展日趋系统化和复杂化,大学和科研机构逐渐成为大多数新知识生产的主导者,从而扮演了国家创新体系中技术进步的源头活水的角色。

国外有关创新和技术管理的研究表明,科学知识对创新至关重要,在技术快速变革的产业领域如生物技术、信息技术和新材料等尤其如此(Mowery,1998)。在创新过程中,大量产业高度依赖大学的研究成果和研究经验、训练有素的人力资源,以及其试验设备(Cohen et al.,2002)。大学主要提供前沿科技知识,适用于创新活动早期(Jensen et al.,2003)。公共研究机构(PRIs)是国家创新体系的重要组成部分,其在促进国防及健康相关研究方面的作用显著。PRIs旨在提升现有工业企业尤其是中小企业的发展水平,同时引领新一代技术的研发,开拓新的产业。PRIs与大学、企业之间的关系日益密切,其在促进产业创新中的中介作用也日益突出(Intarakumnerd & Goto,2018)。

由于前沿科技知识与市场的距离还很远,技术和市场不确定性都非常高,因而一般情况下,大学和科研机构难以为企业提供成熟的新产品解决方案(Jorgenson & Motohashi,2005)。随着新一轮技术革命的不断深入,为达成建设创新型国家的目标,我国科技研发组织不断做出适应性调整。进入21世纪以来,各地新型研发机构(独立法人组织)不断涌现(陈雪和张志彤,2016)。与传统科研机构局限于服务科技创新活动的某个环节不同,新型研发机构逐渐演变为从上游源头创新到下游产业化的全产业链创新体系(陈宝明等,2013),通过将产学研用与孵化育成相结合,大大提高了创新创业的成活率。

在国家创新体系中,大学和科研机构是知识生产的主流,推动科技进步和产业创新。但同时,知识的利用仍主要依赖于创新企业的吸收、集成和创造性组合。

2.2.1.4 用户

不少学者认为,多数创意产生于个体层面的认知和情感过程,所以富有活力的个体参与者对于创新尤其重要。Von Hippel(1986)强调用户在创新中的重要性,认为领先用户是重要的创新源,用户知识是企业创新中最重要的知识;与用户密切接触,才能准确把握市场需求变化和趋势,掌握稳定的用户信息流有助于提升企业的创新绩效和成功概率。Kleinschmidt & Cooper(1991)通过分析研究123家创新企业的252个新产品的研发过程发现,大多数新产品的创意最初都是由用户提出的。

随着信息技术快速发展,个人通过非传统组织参与创新成为可能,组织-个人混合的新型协同创新网络随之出现。美国《连线》(*Wired*)周刊记者豪(Howe)最早提出了"众包"的概念,他认为:"网站社区是介于市场和企业之间的第三种组织,由个人的多样化增值层与平台的资源共享层共同组成。……网络众包是民主创新的一种表现。"在大众共同参与经济活动的时代,用户经验是商业组织创造价值的核心,"大众创造"是一种新的价值创新形式,它借助网络平台,通过用户、员工及利益相关者的沟通协作,形成协同自组织的动力机制(Gouillart & Ramaswamy,2010)。

2.2.1.5 创新服务机构

知识具有显性和隐性二元特征。显性知识的扩散需要借助知识流通服务机构等渠道,隐性知识的流通更需要外力的推进。例如在制造业领域,跨界搜索是企业获取外部异质性知识的主要渠道。张文红等(2010)研究发现,为了获取技术、用户和市场等广泛的知识,企业需要进行大范围的跨界搜索,这使其陷入成本与收益的两难困境,创新服务中介机构则为解决这一难题提供了有效方案。服务中介机构不但向制造业企业提供服务创新知识,还同时搭建企业进入异质性社会网络的桥梁,大大降低了搜索成本,促进了服务创新。在国家创新体系中,创新服务机构主要包括知识产权服务机构、金融服务机构及政府服务机构。

2.2.2 国家创新体系参与主体间的相互作用

不少学者认为,创新主体间的连接作用是影响国家创新体系运行的重要原因,各主体间通过有效的连接实现知识的传播与扩散。

关于国家创新体系参与主体之间的相互作用,主要包括企业之间、大学与企业之间、科研机构与企业之间、政府与企业之间等方面的内容。其中受到最广泛关注的是产学研或官产学研之间的相互作用。Leydesdorff & Meyer(2006)拓展了以知识为基础的创新系统的三螺旋模型,并从历史角度分析了制度安排的特殊功能,还通过演化视角分析了环境因素。Frieder & Ulrich(1998)以德国科技基础型企业为案例进行实证研究,发现在机械工业内部的大学和企业间的紧密联系意味着对新技术领域的封闭,而在机械工业里合作的长期文化及经济成功主要源于演化主义的路径依赖作用。Jorgenson & Motohashi(2005)检验了日本新型企业的大学与企业合作活动,这类活动已在小企业中普遍开展。这一研究发现,小企业通过合作可以实现比大企业更高的生产绩效。

另有一些学者对国家创新体系各组成部分之间的复杂关系进行了分析。Nasierowski & Arcelus(1999)视国家创新体系为经济中的任一部门,将其组成元素划分为投入、产出和调节三类,利用结构方程分析上述变量之间的关系。研究表明,国家创新体系中的基本要素在本质上具有共同特征,但各国间的技术发展战略和技术发展程度有很大差异。Park(2003)的研究发现,在OECD成员国,研发结构与工业结构存在显著的相关性,而且二者的相关程度在不断增强,当研发投入在GDP中的占比达到2%时,国家创新体系就会开始呈现出系统性特征。Looy et al. (2006)对全球六个新兴行业进行系统考察,结果显示国家行为对相应行业的创新能力产生显著影响。Sun & Negishi(2010)利用美国科学信息研究所(ISI)数据库中的日本出版业数据,基于偏相关方法进行图形建模,分析在该产业中大学、产业、政府之间及其与其他部门的关系。结果显示,三者之间的合作趋于减弱,相关机构更倾向于与外国研究者合作。Castellacci & Natera(2013)利用1980—2007年87个国家的面板数据,实证检验国家创新体系的动态特征发现,其动态性源自创新与吸收能力的共同演化,创新能力(创新投入、科学产出和技术产出)和吸收能力(基础设施、国际贸易和人力资源)共同驱动创新体系的长期、动态演变。

2.3 国家创新体系的比较分析

关于国家创新体系的发展评价是该领域相关研究的重要组成部分。具体来看,相关学者主要从不同时期或不同国家的国家创新体系的比较,以及以绩效导向的国家创新体系的比较等方面进行研究。

2.3.1 国家创新体系的绩效评价

发展国家创新体系的目的在于提高国家创新水平与综合竞争力。随着创新投入的不断增加,各国越来越重视创新体系的运行绩效,学者也日益关注对国家创新体系的绩效评价的研究。针对国家创新体系评价的理论与实证研究,主要包括以下两类:一是关于国家创新体系效率的评价,二是以国家创新体系理论为支撑的国家创新能力的测度。

关于国家创新体系效率的评价主要从两个方向展开:一是创新效率评价,主要以数据包络分析(Data Envelopment Analysis,DEA)为基础;二是从创新投入和产出角度,评价国家创新体系的运行效率。运用数据包络分析方法进行效率评价和分解时,各国的创新体系被视为某个特定的经济部门或产业中的一个决策单元。在具体测算时,先设定投入产出指标,而后计算各决策单元的相对效率。Nasierowski & Arcelus(2003)的测算结果显示,国家之间创新体系的效率差异,可以在很大程度上解释一些国家生产率增速下降的现象。Pan et al.(2010)分别利用传统数据包络分析模型、双边模型和关键性能评价方法,并结合投入、产出指标,对不同国家的国家创新体系效率进行评价,结果显示,纯技术效率是国家创新体系整体效率的决定因素,规模效率的影响并不显著。Chen et al.(2011)基于数据包络分析方法,构建了产出导向的一系列研发效率指数,运用该指数比较不同国家的研发效率发现,在专利和版税方面,样本国家的研发效率差异较小,但在期刊出版方面,研发效率差异显著。

对于国家创新能力的测度,主要采用以下两类方法。第一类是建模计量法。该方法采用主流经济学范式,综合运用国家创新体系理论与新增长理论,致力于识别影响国家创新能力的因素。相关研究发现,公共政策对塑造国家创新能力至关重要(Furman et al.,2002)。但在创新领域,仅靠公共政策及基础设施难以实现创新。在上述必要条件基础上,持续加大金融和人力资本等创新投入,才有可能真正提高国家创新能力(Furman & Hayes,2004)。从国别层面来看,与技术领先国相比,公共研发支出对后发国家的影响更为显著。但该研究显示,我国的公共研发机构对创新的作用并不突出,大学对创新的影响则非常显著(Hu & Mathews,2008)。

第二类是综合指标法。对于国家创新能力的测度,综合指标法的应用最为广泛,但又存在诸多争议。该方法大致包括以下步骤:(A)构建一整套指标体系,其理论基础既包括国家创新体系理论,又包括其他创新系统理论;(B)对原始数据进行标准化处理,使所有指标获得相同的测度单位,从而具有可比性,具体可通过设定基准值等方式来实现;(C)对各指标赋权,进而合成一个综合指数,再运用这一综合指数测算结果,便能比较评价不同国家的创新能力。目前,关于国家创新能力测度指标的研究主要由一些国际组织进行,代表性机构有OECD、欧洲联盟(以下简称"欧盟")及瑞士洛桑国际管理学院等。OECD在1997年出台了"科学技术和工业记分牌",用于比较OECD成员之间科学、技术及工业活动领域的绩效。该指标由6个一级指标和76个二级指标构成,并在2005年得以完善,着重强调以下五个方面:研发与创新、科技活动人员、专利、信息与通信技术、创新活动的国际合作。欧盟在投入-产出的分析框架下,分别于2000年和2006年推出了"欧洲创新记分牌"(European Innovation Scoreboard,EIS)与"全球创新记分牌"(Global Innovation Scoreboard,GIS)。该指标体系涵盖以下5个方面:创新驱动力、知识创造、扩散、应用和知识产权,用于比较欧盟国家及非欧盟国家之间的公共创新能力差异。相对以上指标,瑞士洛桑国际管理学院于1986年发表的《国际竞争力年鉴》(World Competitiveness Yearbook)中的"科技竞争力"(CST)指标研究时间最长,影响力也较大。经过2001年、2002年两次较大变动以后,该指标由经济表现、政府效率、企业效率和基础设施四项环境要素构成,其优点在于充分考虑了创新投入与创新产出的影响,缺点在于它不是一个独立的测度体系,而是国际竞争力测度的一部分,从而与专门的国家创新能力评价有一定区别。

近年来,有关国家创新体系评价的设计又呈现出一些新特点。2009年10月,芬兰政府发布《芬兰国家创新体系评价整体报告》,聚焦以下六个方面:创新政策、用户驱动的创新、全球化与企业创新、创业增长与金融支持、区域创新与生产力、教育与公共研究。2011年,欧盟委员会对欧洲创新记分牌进行改造,发布"创新联盟记分牌"(Innovation Vnion Scoreboard,IVS,2016年改称"欧洲创新记分牌"),从三个方面对其成员的创新体系进行统一评价。这三个方面的因素为创新驱动因素、企业活动和创新产出。创新驱动因素类指标主要测度企业以外的力量在驱动创新方面的表现,具体包括三个维度:一国人力资源状况、科研系统和金融支持。同年,澳大利亚政府发布《澳大利亚国家创新体系报告》,基于"投入—产出—成果"分析,对该国创新体系的运行效率进行综合评价。其中,投入指标包括研发总投入的GDP占比、研发人员占劳动力人口比重、高等教育支出的GDP占比等;产出指标包括专利申请量、政府采购高技术产品数量、每千名研发人员论文发表数等;成果指标涉及经济、社会、环境等多个方面。由于在成果指标中涵盖了更多经济效益以外的方面,因此与欧盟的"创新联盟记分牌"相比,澳大利亚的评价体系更具包容性。2011年4月,瑞典政府发布《瑞典国家创新体系的表现与挑战》，构建了三个综合性指标：劳动生产率、全要素生产率的增长状况、出口中的创新因素。

在国家创新体系效率的评价指标体系设计方面，国内学者也有诸多探讨。张宏性和程晞（2005）提出，国家创新体系是一个有机整体，由四因素（动力、资源、运行、价值）、三过程（创新驱动、创新市场化、创新反馈）、二整合（创新主体整合、创新资源优化配置）和一升级（国家资源的升级）构成，其中多种因素相互作用、优势互补；基于上述框架，构建了包括创新动力、资源运行与价值等四个维度的国家创新体系评价指标体系，其中每个维度又包含多个子维度。王亚刚和席酉民（2007）认为，在国家创新体系的构建和评估中，需要考虑其内在机理和微观机制，于是将用于求解多变环境下复杂问题的和谐管理理论引入国家创新体系的评估中，构建了国家创新体系评估的系统的参考框架和评估模型。林昭文（2007）指出，一个国家的创新具有网络特征和外溢效应，创新效率具有二元性，既包含市场效率，又包括外溢效率。官建成和何颖（2009）提出创新过程的三阶段（科学—技术—经济）概念模型，用于描述国家层面三者之间的连接关系。郭淡泊（2012）提出，对国家创新体系的效率进行评价，需要依次评价其技术效率、经济效率和综合效率，在此基础上还要进行跨国比较。于惊涛和杨大力（2018）提出了基于产出导向的DEA-CCR模型，构建了基于基础研究（高被引论文）、应用研究（三方专利）和创新成果转化（知识产权贸易）三个产出方向的创新体系评价框架。

建设国家创新体系旨在从国家层面促使全社会创新资源的合理配置和高效利用，全力提高国家创新能力。自2007年开始，WIPO联合美国康奈尔大学、欧洲工商管理学院每年发布全球创新指数（Global Innovation Index，GII）报告，每年有一个主题。全球创新指数是一个详细的量化工具，根据80项指标对126个经济体进行排名，这些指标涉及创新的方方面面，从知识产权申请率到移动应用开发，从教育支出到科技出版物，等等。该指数共设五个投入参数（机构、人力、信息与通信技术基础架构、市场复杂度和业务复杂度）及两个产出参数（科学与创新成果、健康要素）。根据《全球创新指数2018》，中国在全球创新指数排名中升至第17位，其中研发人员、专利申请数量、科技出版物三个方面名列前茅。

我国政府部门也非常重视国家创新能力的评估工作。1993年，由国家科学技术委员会编著的《中国科学技术指标（1992）》出版，它是第一部以科技指标的形式描述和分析我国科技活动的现状、发展及其作用的政府出版物(中国科学技术黄皮书),每两年一本。2006年,中国科学技术发展战略研究院构建了国家创新能力评价体系,自2011年起,开始发布基于该指标体系的《国家创新指数报告》。2016年,中国科学技术发展战略研究院编写的《国家创新体系发展报告》正式出版发行。该报告从多维度介绍了我国国家创新体系的整体发展进展(阶段性特征与新趋势)、创新主体建设(企业、科研院所、大学、创新创业服务机构)、主体间的协同创新(产学研、军民、中央地方等维度)、重点改革措施(科技成果转化、科技金融结合、创新文化环境、开放性等重点领域)及取得的成效。

综上所述,有关国家创新体系评价的研究,主要集中在以下五个角度:一是对各参与主体及其相互作用进行评价;二是投入-产出评价,投入指标包括研发经费、研发人员全时当量等,产出指标涉及经济、社会、环境等多个方面;三是对创新体系内在运行机制的系统功能评价;四是对创新过程中各个阶段或各类创新活动的效率进行评价;五是对国家创新体系驱动下的国家创新能力进行评价。

2.3.2 国家创新体系的纵向比较

国家创新体系的发展是一个动态过程,在一国经济发展的不同时期表现出不同的特点。Schnabl(1995)应用最小流分析法,评价德国国家创新体系的技术流结构变化情况,结果显示,1980—1986年,其技术流结构变化不大。Mowery(1998)总结发现,在美国国家创新体系中,联邦政府的研发支出在下降,产业界对基础研究的资助比例也在下降,联邦政府提高民用技术能力的途径集中在:(A)提供补贴;(B)促进大学与产业界、联邦实验室与产业界加强联合研究与合作。Liu & White(2001)基于包含五因素(研发、实施、应用、教育和联系)的分析框架,评价上述行为在创新体系中的贡献及其组织边界、协调机制和演化过程,以及整个体系的技术创新效率。

Loikkanen et al.(2009)提出了评价国家创新体系的新的分析工具——"技术晴雨表"。该工具包括三级指标体系,利用不同年份的数据分析一国国家创新体系的演变。此外,还通过向产业界、政策制定者及研发人员等创新参与者进行问卷调查,判断国家创新体系的未来变化。Shapiro et al.(2010)应用网络分析法,采用纵向引文数据,对韩国16个省和大都市区的合作关系网络的演化状况进行分析。

总体来看,针对国家创新体系的跨期研究,有以下特点:一是根据一国不同时期相关指标的变化情况,判断国家创新体系的动态演化趋势,主要评价指标涉及科学技术发展、商业化、教育、政府政策及其互动关系;二是比较内容逐渐从单一指标转向多指标;三是除了利用历史数据分析已经发生的变化,还逐渐开始关注国家创新体系未来的变化趋势。

2.3.3 国家创新体系的横向比较

不同国家创新体系的差异,反映了各国经济和政治环境的不同,以及各国优先考虑因素的差别。鉴于此,诸多学者聚焦国家创新体系的国际比较分析,研究方法不断完善,研究成果层出不穷。

在对国家创新体系的横向比较中,最为全面的是 Nelson(1993)的分析,作者在《国家创新体系:比较分析》(*National Innovation System: A Comparative Analysis*)一书中,对15个国家和地区的创新体系进行比较分析,认为国家创新体系具有多样性,鉴于各个国家的规模、所处经济发展阶段、历史传统等存在诸多差异,因此不存在适用于各国的、唯一的国家创新体系最优模式。Patel & Pavitt(1994)从企业、大学和教育方面,对 OECD 成员及西欧诸国的国家创新体系进行比较研究。Drejer(2000)考察了 OCED 四大成员德国、英国、日本、美国的国家创新体系结构及其内部产业依赖性问题,指出各国机构因素影响其产业发展及产业间的相互依赖性。吉吉斯(2006)对北欧五国的国家创新体系进行比较研究,探析国家创新体系在一国从资源依赖型经济向高技术经济转变中所起的作用,具体评估内容从以下五个方面展开:(A)是否存在创新政策;(B)研发投入是否包含政府资金;(C)创新体系对企业研发投入的依赖程度;(D)政府对企业研发投入的支持情况;(E)国际对比。1994年,OECD 启动国家创新体系项目,随后陆续发表了一系列研究报告,其中较有代表性的为:《创新政策与创新绩效:一项跨国比较研究》(1995)、《国家创新体系》(1997)、《创新的网络:国家创新体系中的合作》(2001)、《国家创新体系的动力机制》(2002)及《创新体系管理》(2005)等。

官建成和何颖(2009)对我国和20个 OECD 主要成员的创新活动效率进行比较分析发现,近年来我国的研发效率不断提升,但技术向经济转化的效率远低于 OECD 成员的平均效率,主要原因在于高技术产业增加值在 GDP 中占比仍较低。郭淡泊(2012)等基于 DEA-Tobit 两步法,对全球39个国家和地区资、体制结构、创造力和科学研究的应用,其最重要的目标是繁荣科学和使科学推动技术、经济与社会的发展。

技术政策旨在通过技术进步推动经济发展,主要关注如何促进技术发明和技术体系进化、经济活动中的技术应用等,因此,其内涵通常包括确定技术发展目标、明确行业结构(包括生产结构、产品结构和技术结构)、选择技术发展方向、促进技术进步的途径和措施。

创新政策作用于从科学技术的生产部门向产业部门转移科技成果这一特定过程。但相对科学、技术来说,创新的含义更为复杂。创新可以由科学技术的研究而来,也可以发生在科技领域之外。熊彼特在1912年的《经济发展理论》一书中,将创新划分为产品、工艺、组织、供应链和市场创新五个方面。其中,部分创新跟技术有关,其他则是非技术层面的创新。诸多研究表明,尽管创新活动在很大程度上源于科学创造与技术发明,但它在本质上是一个经济学概念,市场能否接受及接受程度是判断创新是否成功的标志,技术上的成功并不能保证创新的成功。因此,与科学政策与技术政策相比,创新政策更像一类综合性政策,可以理解为后者包括前两者,除了纯粹的、无偏向的科学政策,前两者的核心部分都属于创新政策(陈志,2018)。创新政策的本质是技术创新的政府激励,是产业政策和科学技术政策相互协调的产物,即政府通过采用某些措施影响技术行为,营造创新环境,努力建设国家创新体系,从而促进技术创新的产生、扩散和利用。

2.4.2 创新政策的演进

第二次世界大战中,西方国家为支持国防技术发展,制定了一系列科学技术政策。这应是创新政策的雏形。当时,科学技术政策和产业政策合二为一,尚不存在真正意义上的创新政策。从20世纪下半叶开始,创新政策框架经历了从线性到系统的演进,大致经历了以下三个时期:

20世纪60—70年代,创新政策干预的正当性主要基于新古典经济学,关注线性创新模式,政策着力点在于研发及规制。在该政策框架下,政府干预的正当性主要来源于创新过程中的市场失灵。由于企业的创新活动具有外部性,在没有政府干预的情况下,企业的研发积极性不高,从而全社会研发水平低于最优状态,因此,政府需要通过税收减免、财政补贴等方式,刺激企业从事研发创新。在这一阶段,多数创新政策属于传统意义上的科学技术政策,重点支持基础研究和实验室研究。

20世纪80—90年代,在国家创新体系框架下,创新政策强调通过发挥政府的能动作用,协调国家创新体系内各参与主体间的互动,确保国家创新体系良好运转。在这一概念下,技术被视为经济增长的内生变量,政府旨在矫正系统失灵。系统失灵主要源自三个方面:一是基于创新主体的系统失灵,比如各参与主体之间发生利益冲突;二是基于创新网络的系统失灵,以及创新体系协调失灵;三是制度失灵,包括制度僵化、信息不对称、知识沟通存在障碍等。创新政策的重心转变为通过具体的政策措施激励创新的产生、扩散和利用,同时对创新系统的运作过程进行监测和评估,并根据创新演进情况不断对现有政策体系进行调整和优化。

进入21世纪,创新驱动发展成为全球经济的核心主题。随着创新理论和实践的发展,创新政策的外延也不断被拓宽。这一时期的创新政策更加重视政府对各个部门及各类政策的统筹协调,仍然侧重了解决创新过程中的系统失灵问题。但除此之外,创新政策开始关注创新中的一些新问题:一是"系统创新"问题。为应对创新活动中的"方向不清、需求不明、协调不力、反馈不足"等难题,创新治理机构应当通过战略性选择与有效治理手段,驱动"系统性变革",这是应对和解决复杂社会问题的重要手段(梁正,2018)。二是"嵌入性"问题也广受关注。"嵌入性"既包括创新系统在一国经济社会活动中的"嵌入",又包括创新政策与其他宏观经济政策的调和。在创新驱动发展背景下,产业政策正在转向创新政策,二者呈现出高度融合的趋势(陈志,2018)。

2.4.3 创新政策的分析框架

在研究中,学者对创新政策的考察,主要基于以下三个分析框架:一是基于供给、需求、环境和基础的分析;二是基于能力、环境、资源和过程的分析;三是基于技术创新的不同阶段来展开分析。上述分析框架的侧重点有所不同,各有特点。

在"供给—需求—环境—基础"分析框架中,供给、需求、环境和基础是创新的四个基本要素,创新政策也相应划分为四大类型。该框架主要考察技术创新活动中对外部依赖比较强的四个方面。其中,前两项是影响创新活动的直接因素,后两项是间接因素。该分析框架倾向于把技术创新看作一个"黑箱",国家借助创新政策工具对"黑箱"施加影响,从而提高国家创新能力(姚静洁,

2005)。其中,供给政策涉及技术和人才、资金、信息等其他要素的供给。需求政策主要是指,通过政策工具对一般的商业化需求和公共服务需求进行调控,从而达到调节技术创新的规模、方向及创新主体的积极性的效果。创新环境包括三个方面:市场环境(竞争有序)、政策法律(如知识产权保护)等制度环境和文化环境(全社会的创新意识等)。基础条件有技术基础设施(如国家的信息网络、研究基地等)、人员培训基地及中介服务机构等,这些社会性的基础设施是技术创新活动的重要支撑。

"能力—环境—资源—过程"分析框架既考察影响创新的外部因素(创新环境和创新资源),又关注创新的微观主体行为(创新能力和创新过程)。该分析框架认为,当一国内的创新主体尚未形成自主创新能力时,该国的创新政策除了要关注影响创新的外部宏观因素,还要注意调控创新主体的微观行为,以清除制约微观创新活动的阻碍,激活创新主体活力。

基于创新阶段的政策分析框架,学者们试图将关于创新政策研究的宏观层次和微观层次结合在一起。为准确把握创新活动的具体特征,学者们构造出多种描述技术创新过程的模型,使人们对技术创新活动的基本特征有了更深入的了解。以不同的技术创新过程模型为基础,相关研究着重分析技术创新活动的政策需求,以及相关政策的作用机制。

2.4.4 创新政策对企业技术创新的影响

有关创新政策对企业技术创新的影响,现有研究主要从政府研发资助、税收优惠、金融扶持、人才激励、知识产权保护等方面展开分析。

在政府研发资助方面,Oliviero(2011)运用意大利制造业企业数据进行非参数匹配估计,结果表明,公共研发资助有利于拉动私人研发投资,与未获得研发资助时相比,受资助企业实施了更多研发活动。Mayra & Sandonis(2012)分析提出,企业受资助的信息是否公开,会对研发补贴的创新激励效应产生关键影响。在严格的信息发布监管制度下,补贴信息是公开的,那么研发资助甚至可能会使受资助企业的利益受到损害。李平和王春晖(2010)利用我国2001—2008年行业面板数据分析认为,对企业研发投入而言,政府研发资助具有显著的正向激励效应。

在税收优惠方面,Warda(2006)研究表明,税收优惠具有普惠性,因为它通过市场来调控企业的创新行为,而不是靠政府直接干预,因而对资源配置的扭曲作用较小,使得企业在决策中具有较高的自主性。周辉(2012)的研究发现,在我国各类税收优惠政策中,与所得税优惠相比,流转税优惠及间接性的税基、税额式优惠对创新的激励效应更强。

在金融支持方面,Kortum and Lerner(1998)分析研究了美国1965—1992年20个行业中,风险投资在技术创新中的作用。该文通过构建专利生产函数(专利申请数代表创新产出,风险投资额和企业研发投入为创新投入),并基于该模型进行实证检验,结果发现,风险投资对专利申请量产生了显著的正向影响,而且其投资效率远高于企业研发投入。王仁祥(2009)认为,金融扶持政策具有分散风险、激励约束、价格发现等功能,科技贷款、信用担保等政策措施能够为高新技术企业的创新活动提供有效保障。罗思平和于永达(2012)基于我国1998—2008年806家光伏企业数据的分析发现,高层次海归人才引进等政策,对促进企业开展创新活动和提高创新绩效起了显著的促进作用。

在知识产权保护方面,开放条件下知识产权保护和社会福利效应的规范研究显示,发达国家从创新主体利益角度,要求发展中国家加强知识产权保护,但这并不能保证发达国家及世界福利水平的提高;技术创新和技术扩散是知识产权保护影响福利水平两个最重要的传导机制,其对发展中国家知识产权保护的反应也存在不确定性。一些实证研究显示,知识产权保护对经济增长、国际贸易、外商直接投资和技术转让均有影响(叶静怡和陈凤仙,2011)。郭春野和庄子银(2012)关于知识产权保护对发展中国家技术创新作用的研究发现,对于发展中国家而言,存在最优知识产权保护强度,发展中国家的技能水平和市场竞争程度决定了最优值的水平。董雪兵等(2012)认为,在转型期,为促进经济发展,我国适宜采取较弱的知识产权保护。Rodrik(2018)认为,《与贸易有关的知识产权协定》(TRIPs)使发达国家与发展中国家相互作对,发达国家为其企业向发展中国家提出要求,想要在发展中国家市场中拥有更为严格且时间更长的垄断限制期。更加自由的贸易本应是双赢的,贸易双方都应得到好处。但是在TRIPs中,发达国家所得在很大程度上就是发展中国家所失。发展中国家的消费者为药品及其他研究密集型产品支付了更高的价格,发达国家的企业则收获了更高的垄断租金。

2.4.5 创新政策评估

创新政策评估是指对一个国家或地区的创新政策及其绩效进行分析与评

价。从时间维度来看,包括前期评估(政策制定)、中期评估(跟踪检查政策执行情况)和后期评估(评价政策实施的绩效)。

OECD 是创新政策评估的最早践行者之一,每年都会发布创新政策评估报告。OECD 进行创新政策评估的主要目标在于,对某个国家或地区的创新绩效、创新政策与经济绩效及社会目标之间的关系,以及创新政策是否与特定经济和制度环境相适应等方面进行评价。具体评估内容主要包括:开发与普及新产品和新技术的能力;产业界与科技界的联系;公共机构与私营企业之间的合作;企业间的合作;中小企业和新兴高技术企业的培育;创新政策的优化;研发的全球化;服务创新,尤其是知识密集型服务业的创新。评价方法为 SWOT 法和情景分析法等。

欧洲一贯高度重视创新议题。为确保创新政策的有效执行,欧盟专门设立了创新表现评估体系。该体系主要包括三项内容:创新联盟记分牌、区域创新记分牌和创新晴雨表调查。其中,创新联盟记分牌基于创新效绩,对欧盟成员进行综合评价和排名,它主要依据企业外部创新绩效的主要驱动因素、公私研发创新投入、企业层面的创新活动与企业创新效果 4 个方面,人力资源等 10 个维度,以及新博士毕业生数量等 27 项指标,计算出欧盟整体及各成员国的综合创新指数。依据该指数,可将欧盟成员国划分为四个类别:创新领导者、强力创新者、中等创新者和适度创新者。

此外,从 1999 年开始,欧盟构建了年度创新政策基准和评价体系——欧洲创新趋势图(The European Trend Chart),并据此每年发布欧盟各成员的创新政策评估和预测报告,后来逐渐覆盖了欧盟以外的其他国家。在《欧盟创新进步指数报告》(2008)中,创新政策的数量被选为量化指标之一,2009 年该报告进一步把投入创新领域的公共财政预算作为其中的一项量化指标。在评估中,欧盟主要关注其成员的创新基础设施、科技实力、创新网络、人力资本状况、政府创新战略规划等,希望借助创新政策评估,发现现有创新政策中存在的不足,并提出针对性的政策建议或下一步战略规划。

2012 年,美国信息技术与创新基金会、美国考夫曼基金会联合发布《2012 全球创新政策指数报告》,运用来自世界贸易组织(WTO)、世界银行、OECD 等多个国际组织和相关国家的经济、社会发展数据,对全球 55 个国家的"创新政策能力"(innovation policy capacity)进行评估。该报告强调,恰当的创新政策要立足于积极寻求本国利益最大化与全球整体创新能力提升的平衡点,以市场原则为基础,有效促进人才、资本、信息、产品、服务和技术在全球范围内自由流动。

总结来看,国内外关于创新政策评估的相关研究具有以下特征——(A)关于创新政策的认识经历了从线性到系统的演进过程。近十几年的研究中,从系统视角分析创新过程被广泛应用到相关研究中;(B)关于创新政策的研究,以实证研究为主。(C)不存在统一模式的"最优"创新政策。(D)案例分析的作用越来越突出,因为它综合考虑了定性及定量的信息,从案例中的问题入手,带着问题去研究更容易得出可靠的结论。

2.5 本章小结

综合文献研究与具体实践可以发现,建立健全国家创新体系有助于解决三方面的问题。一是市场失灵。由于研发投资的私人收益率低于社会收益率,因此存在创新不足的问题。在国家创新体系下,可以在技术的公共性和私人性之间寻求适当的平衡,因此既可充分发挥市场机制的激励作用,又能有效防治市场失灵的负面效应,促使创新中的竞争与合作实现有机统一。二是政府失灵。在国家创新体系中,通过制度体系建设,保障企业的创新主体地位,有助于克服政府过度干预或错误干预带来的扭曲。三是系统失灵。在现实经济中,企业的创新绩效不仅取决于自身的学习和努力,还有赖于其与整个创新系统的互动。正是在不同类型的创新主体的相互学习和竞争中,创新才得以产生。如果上述互动不足或效果不佳,则技术进步便会放缓,即出现系统失灵。国家创新体系是一个系统化的社会工程,具有政策兼容性,既强调市场机制,又肯定政府作用,同时重视大学和科研机构的重要作用,更强调各种政策的互补及创新要素之间的互动。同时,面对创新活动和创新主体等出现的新特征,国家创新体系也面临新的挑战,需要持续跟踪研究。

2.5.1 关注国家创新体系演进新趋势

进入21世纪以来,在全球化及新一轮科技革命深入推进的背景下,技术变革周期越来越短,新技术、新产业、新模式、新形态不断涌现,有关国家创新体系的研究也呈现出一些新趋势。

一是关注新时期创新政策框架的转变。随着创新活动在人类经济社会中的角色演变,创新政策框架也随之调整。基于创新线性模型与创新系统模型,创新政策框架分别表现为研发及规制(R&D and regulation)政策与国家创新体系,分别侧重于解决创新中的市场失灵与系统(结构)失灵问题。但这两种创新政策框架均假定创新是在既定的技术-经济范式下进行的。进入21世纪以来,在以互联网、大数据、人工智能、生物技术为代表的新技术革命的驱动下,人类进入新一轮科技革命和产业变革孕育期,新产品、新技术、新业态和新模式不断涌现,国际政治经济格局发生重大变化,人类社会经济运行的范式可能发生根本性变革。为应对新工业革命带来的系统性变革问题,需要顶层设计和系统性规划。在这一背景下,一国提升技术创新能力,关键在于整个创新生态系统的改善。因此,创新政策框架从注重科技创新本身向引领社会发展转变。英国萨塞克斯大学科学政策研究中心及Schot(2015)提出"转型性变革"(transformative change)概念,认为在全球创新治理、社会转型变革背景下,创新政策不应仅仅为了获取竞争优势,而应更多关注全球面临的共同问题,例如贫困、气候变化及不平等问题等。在该框架下,创新政策所要考虑的内容远远超出对研发投资及其技术进步的支持,更重要的是要不断修正创新系统,通过作用于整个创新链,依靠前瞻性的引导、容错机制、学习过程等来引领创新方向,以应对社会和经济挑战,确保创新收益为企业、国家和公众共享。

  二是更加关注包容性与可持续性创新。包容性是国家创新体系演进的基础条件,决定了其可广泛吸收各类创新资源,提升自主创新能力。包容性创新源于包容性增长的概念。包容性增长强调让所有人共享增长成果,促进社会公平。相应的,包容性创新主要解决的问题是目前创新活动中低收入群体被排斥在外的情况,其主要特点包括:一是根据低收入群体的需求特点进行创新,使其能够享受到创新成果;二是通过体制机制创新,促进低收入群体平等参与创新过程,提高创新能力,共享创新成果。此外,包容性创新还包括所涉及的技术必须是绿色、可持续性技术。进入21世纪以来,能源、环境等问题日益突出,全球范围内高度重视可持续发展问题。国家创新体系概念也日益向以可持续发展为导向的创新系统概念演变。首先,可持续发展目标对一国的创新治理提出了更高的要求,要颠覆长期以来不可持续的技术路径。其次,在加速绿色技术的部署中,创新政策必须将环境成本内化到经济决策过程中。最后,除了受政策的强烈驱动,可持续发展的技术路径还容易为社会偏好所影响,各国在技术路径与政策模式选择方面表现出更大的不同,国际协调的难度不断加大。

三是关注国家创新体系的开放性。大数据、云计算、物联网等信息网络技术的应用是新一轮产业变革的核心,面对新技术带来的诸多产业变革,单一产业甚至仅靠国内企业已无法建立完整的产业体系,因此开放和合作逐渐成为创新中的共识。随着经济、科技全球化的深化发展,创新国际化趋势愈加明显,为推动创新型国家建设,各国必须基于全球视野调整创新政策的重心和治理模式,使得国家创新体系的国家边界不断被打破。在德国、荷兰的创新政策中,已纳入国际化内容(Bergek & Bruzelius,2010;Karabag et al.,2011)。发展中国家也日渐重视知识的国际流动。Carlsson(2006)认为,国家政策和制度在全球化创新和竞争中起关键性作用。Chesbrough(2003)提出,为推动技术创新,企业应统筹利用内、外部两种资源和创意,依靠内、外两个市场。刘云等(2010)研究发现,对于国家创新体系的国际化,主要包括创新制度、创新资源与创新主体的国际化三个维度。凌学忠等(2016)提出"国家开放创新体系"概念,认为该体系是"一国充分结合国内外的知识和资源,开拓国内、国外两个市场,最终提升国家创新能力的互动和学习系统",即知识、资源和市场是国家开放创新体系的三个主要构成要素。对于我国国家创新体系而言,知识开放主要体现为知识流入,以跨国公司的技术转让和跨国公司在华设立研发机构为代表;资源开放主要涉及两大类——资金资源(外商直接投资和对外直接投资)与人才资源(海归);市场开放性在很大程度上表现为贸易开放水平。改革开放以来,我国国家创新体系国际化进程表现出明显的阶段性特征(刘云等,2014;熊鸿儒,2018),总体经历了"引进为主—向追赶转型—追赶并'走出去'—自主创新—开放创新"五个阶段。

2.5.2 不断优化国家创新体系及其评估体系

创新活动本身是一个不断演变的过程,创新政策框架也要及时做出适应性调整,这主要包含两个层面。一是创新政策的制定不存在统一模式,不宜简单照搬,需切实符合本国国情。各国在创新方面共同享有一些基本特征、面临一些共同问题,但各国的资源禀赋、经济发展阶段、政策目标等存在很大差异,因此,为保障国家创新体系有效运转,必须充分考虑本国独有因素,因地制宜地选择适合本国的创新政策。二是随着内、外部环境的变化,不断对国家创新体系的结构及制度安排做出适应性调整。例如,在新科技革命和产业变革的新时期,为适应技术经济范式的深刻转变,需要通过政策设计完善国家创新体系,包括构建稳定、包容的公共研发平台,由核心企业主导的更加敏捷、低成本的创新网络,更加多元、协同的创新治理结构,更加前瞻、深刻的用户参与,更加开放、宽松的人才"红利"释放机制等(李哲,2017)。

与创新活动及创新政策框架的动态演变相适应,创新政策的评估也是一个动态过程,相应的评估指标体系及评估方法均要不断进行动态修订。当前,关于国家创新体系评价,可重点关注一些新特征。一方面,在指标体系的设计中,既体现共性,又突出个性;既能反映一国特定需求,又便于国家间的比较;另一方面,指标选取范围逐渐拓展,不断加入开放创新及社会效应方面的指标。

总体来看,国家创新体系可从资源存量、产出效率、资源配置能力三个维度构建评价指标框架。当然,这只是一个粗略的划分,在实际测度工作中,还需要根据实际情况进一步完善评价指标设计。借鉴国内外评价经验,我国在设计国家创新体系运行绩效评价框架时,需要充分考虑以下关键问题:一是充分考虑中国专有因素,例如,历史、文化、产业发展路径等方面;二是加强定性指标研究与设计,例如,知识产权保护力度、官产学研协作水平等,可借助问卷调查、访谈等形式获得相关信息;三是强化对创新体系开放性、包容性与可持续性等方面的数据统计。

参考文献

[1] 陈宝明,刘光武,丁明磊:"我国新型研发组织发展现状与政策建议",《中国科技论坛》,2013年第3期,第27—31页。

[2] 陈劲,王飞绒:《创新政策:多国比较和发展框架》。杭州:浙江大学出版社2005年版。

[3] 陈雪,张志彤:"新型研发机构在助推'大众创新、万众创业'中的作用及发展思考",《科技管理研究》,2016年第22期,第87—91页。

[4] 陈志:"论产业政策向创新政策的演进",《科技中国》,2018年第8期,第45—48页。

[5] 董雪兵等:"转型期知识产权保护制度的增长效应研究",《经济研究》,2012年第8期,第4—17页。

[6] 龚刚等:"建设中国特色国家创新体系跨越中等收入陷阱",《中国社会科学》,2017年第8期,第61—86页。

[7] 官建成,何颖:"科学—技术—经济的联结与创新绩效的国际比较研究",《管理科学学

报》,2009 年第 5 期,第 61—77 页。

[8] 郭春野,庄子银:"知识产权保护与'南方'国家的自主创新激励",《经济研究》,2012 年第 9 期,第 32—45 页。

[9] 郭淡泊:"国家创新体系效率及影响因素研究——基于 DEA—Tobit 两步法的分析",《清华大学学报》,2012 年第 2 期,第 142—160 页。

[10]《国家创新体系发展报告》编写组:《国家创新体系发展报告 2014》。北京:科学技术文献出版社 2016 年版。

[11] 黄群慧:"中央企业在国家创新体系中的功能定位研究",《中国社会科学院研究生院学报》,2013 年第 3 期,第 33—38 页。

[12] 霍刚·吉吉斯著,安金辉、南南·伦丁译:《变化中的北欧国家创新体系》。北京:知识产权出版社 2006 年版。

[13] 贾蔚文等.《技术创新——科技与经济一体化发展的道路》。北京:中国经济出版社 1994 年版。

[14] 贾蔚文:"关于国家创新系统的几个问题",《中国软科学》,1999 年第 2 期,第 51—53 页,第 66 页。

[15] 李平,王春晖:"最优政府研发资助规模及资助企业选择——基于中国行业异质性的门槛回归分析",《产业经济评论》,2010 年第 3 期,第 37—53 页。

[16] 李哲:"技术经济范式变化对国家创新体系的影响和启示",《中国科技论坛》,2017 年第 7 期,第 28—32 页。

[17] 李正风,张成岗:"我国创新体系特点与创新资源整合",《科学学研究》,2005 年第 10 期,第 703—707 页。

[18] 梁正:"国家创新体系研究前沿动向对我国的启示",《学习时报》,2018 年 7 月 11 日,第 6 版.

[19] 林昭文:"国家创新体系的效率及其增进研究",《学术界》,2007 年第 4 期,第 232—235 页。

[20] 凌学忠等:"国家开放创新体系构成要素与国家绩效间关系的实证研究",《技术经济》,2016 年第 4 期,第 9—18 页。

[21] 刘云等:"国家创新体系国际化的理论模型及测度实证研究",《科学学研究》,2015 年第 9 期,第 1324—1339 页。

[22] 刘云等:"国家创新体系国际化理论与政策研究的若干思考",《科学学与科学技术管理》,2010 年第 3 期,第 61—67 页。

[23] 刘云等:"中国国家创新体系国际化政策概念、分类及演进特征——基于政策文本的量化分析",《管理世界》,2014 年第 12 期,第 62—69 页。

[24] 柳卸林:"国家创新体系的引入及对中国的意义",《中国科技信息》,1998 年第 Z3 期,第 26—28 页。

[25] 路甬祥:"对国家创新体系的再思考"《理论参考》,2005 年第 9 期,第 4—6 页。

[26] 罗思平,于永达:"技术转移、'海归'与企业技术创新——基于中国光伏产业的实证研究",《管理世界》,2012 年第 11 期,第 124—132 页。

[27] 欧阳峣,陈琦:"'金砖国家'创新体系的技术效率与单因素效率评价",《数量经济技术经济研究》,2014 年第 5 期,第 71—85 页。

[28] 石定寰,柳卸林:"国家创新体系建设的政策意义",《中国科技论坛》,1999 年第 3 期:第 7—12 页。

[29] 石定寰,柳卸林:《国家创新系统:现状与未来》。北京:经济管理出版社 1999 年版。

[30] 王春法:"关于国家创新体系理论的思考",《中国软科学》,2003 年第 5 期,第 99—104 页。

[31] 王春法:《技术创新政策:理论基础与工具选择——美国和日本的比较研究》。北京:经济科学出版社 1998 年版。

[32] 王仁祥:"中国科技创新的金融支持研究",武汉理工大学博士论文,2009 年。

[33] 王亚刚,席酉民:"国家创新体系的构建与评估:基于和谐管理理论的系统探讨",《中国软科学》,2007 年第 3 期,第 53—57 页。

[34] 魏勇,杜伟,曾令秋:"激励企业技术创新的政策工具分析",《华中科技大学学报》,2001 年第 3 期,第 55—58 页。

[35] 熊鸿儒:"加快形成深度融合的国家开放创新体系",《中国经济时报》,2018 年 5 月 9 日,第 4 版。

[36] 姚静洁:"我国企业技术创新政策的特征和实施效果分析",东南大学硕士学位论文,2005 年。

[37] 叶静怡,陈凤仙:"开放条件下知识产权保护与社会福利效应",《财经理论与实践》,2011 年第 3 期,第 74—79 页。

[38] 叶明:"中国大中型企业科技队伍创新能力研究",《科研管理》,1995 年第 10 期,第 31—32 页。

[39] 于惊涛,杨大力:"政府投入、经济自由度与创新效率:来自 24 个领先国家的实证经验",《中国软科学》,2018 年第 7 期,第 181—192 页。

[40] 张宏性,程晞:"国家创新模型及评价指标体系研究",《统计研究》,2005 年第 7 期,第 20—22 页。

[41] 张俊芳:《国家创新体系的效率及其影响因素研究》。北京:经济科学出版社 2012 年版。

[42] 张文红等:"制造企业如何获得服务创新的知识?——服务中介机构的作用",《管理世界》,2010年第10期,第122—134页。

[43] 周辉:"税收优惠对技术创新的政策效应分析——基于我国上市公司的实证研究",《改革与战略》,2012年第8期,第67—70页。

[44] Aghion, P., and J. Reenen, et al., "Innovation and institutional ownership", NBER Working Paper, 2009, 147—169.

[45] Arrow, Kenneth, J., "The economic implications of learning by doing", *The Review of Economic Studies*, 1962, 29(3): 155—173.

[46] Atkinson, R. D., and S. J. Ezell, et al., "The global innovation policy index 2012", *Ssrn Electronic Journal*, 2012.

[47] Bergek, A., and M. Bruzelius, "Are patents with multiple inventors from different countries a good indicator of international R&D collaboration? The case of ABB", *Research Policy*, 2010, 39(10): 1321—1334.

[48] Carlsson, B., "Internationalization of innovation systems: A survey of the literature", *Research Policy*, 2006, 35(1): 56—67.

[49] Castellacci, F., and J. M. Natera, "The dynamics of national innovation systems: A panel cointegration analysis of the coevolution between innovative capability and absorptive capacity", *Research Policy*, 2013, 42(3): 579—594.

[50] Chen, C. P., and J. L. Hu, et al., "An international comparison of R&D efficiency of multiple innovative outputs, the role of the national innovation system", *Innovation: Management, Policy & Practice*, 2011, 13(3): 341—360.

[51] Chesbrough, H. W., *Open Innovation: The NEW Imperative for Creating and Profiting from Technology*. Cambridge, MA: Harvard Business Press, 2003.

[52] Cohen, M., and R. Nelson, et al., "Links and impacts: The influence of public research on industrial R&D", *Management Science*, 2002, 48(1): 1—23.

[53] De la Tour, A. and M. Glachant, "Innovation and international technology transfer: The case of the Chinese photovoltaic industry", *Energy Policy*, 2011, 39(2): 761—770.

[54] Drejer, I. "Comparing pat terns of industrial interdependence in national systems of innovation-A study of Germany, The United Kingdom, Japan and the United States", *Economic Systems Research*, 2000, 12(3): 377—399.

[55] Dunning, J. H., "Multinational enterprises and the globalization of innovatory capacity", *Research Policy*, 1994, 23(1): 67—88.

[56] Dutrenit, G., and J. Katz, "Innovation, growth and development in latinAmerica: Stylised

facts and a policy agenda", *Innovation: Management, Policy, Practice*, 2005, 7(1): 105—130.

[57] Edquist, C., and B. A. Lundvall., "Comparing Danish and Swedish systems of innovation", In: R. Nelson. ed. *National Innovation Systems-A Comparative Analysis*. New York: Oxford University Press, 1993.

[58] Edquist C., *Systems of Innovation: Technology, Institutions, and Organization*. London: Psychology Press, 1997.

[59] Eduardo, B. V., "National learning systems: A new approach on technological change in late industrializing economies and evidences from the cases of brazil and South Korea", *Technological Forecasting & Social Change*, 2002, 69: 653—680.

[60] Fagerberg, J., and D. C. Mowery, et al., *The Oxford Handbook of Innovation*. Oxford: Oxford University Press, 2005.

[61] Freeman, C., "National and sub-national innovation systems-complementarity and economic growth", *Research Policy*, 2002, 31(2): 191—211.

[62] Freeman, C., "Technological infrastructure and international competitiveness", Paper presented to the ad hoc group on Science, Technology and Competitiveness. Organization for Economic Cooperation and Development, Paris, 1982.

[63] Freeman, C., *Technology, Policy, and Economic Performance: Lessons from Japan*. London: Pinter Publishers, 1987.

[64] Frieder, Meyer-Krahmer, Ulrich Schmoch, "Science-based thchnologies: University industry interactions in four fields", *Research Policy*, 1998(27): 835—851.

[65] Furman, J., and R. Hayes, "Catching up or standing still? National innovative productivity among follower countries", *Research Policy*, 2004, 33: 1329—1354.

[66] Furman, J. L., and M. E. Porter, et al., "The determinants of national innovative capacity", *Research Policy*, 2002, 31(6): 899—933.

[67] Gouillart, F., and V. Ramaswamy, "Building the co-creative enterprise", *Harvard Business Review*, 2010, 88(10): 100—109.

[68] Hu, M. C., and J. A. Mathews, "China's national innovative capacity", *Research Policy*, 2008, 37(9): 1465—1479.

[69] Hu, Mei, Chih, and John, A. Mathews, "National innovative capacity in East Asia", *Research Policy*, 2005, 34(9): 1322—1349.

[70] Ibarra, ERB, and L. Herrera, "Firm size and innovation policy", *International Small Business Journal*, 2013, 31(2): 137—155.

[71] Information Technology and Innovation Foundation and the Kauffman Foundation, Global Innovation Policy Index, https：//www. kauffman. org/globalinnova

[72] Intarakumnerd, Patarapong, and Akira Goto, "Role of public research institutes in national innovation systems in industrialized countries: The cases of fraunhofer", *NIST, CSIRO, AIST, and ITRI. Research Policy*, 2018, 4(11): 1309—1320.

[73] Jensen, A., and G. Thursby, et al., "Disclosure and licensing of university inventions: The best we can do with the sent we get to work with", *International Journal of Industrial Organization*, 2003, 21: 1271—1300.

[74] Jorgenson, D. W., and K. Motohashi, "Information technology and the Japanese economy", *Journal of the Japanese and International Economies*, 2005, 19(4): 460—481.

[75] Karabag, S. F., and A. Tuncay-Celikeland, et al., "The limits of R&D internationalization and the importance of local initiatives: Turkey as a critical case", *World Development*, 2011, 39(8): 1347—1357.

[76] Kim, L., and R. Nelson, *Technology, Learning and Innovation: Experiences of Newly Industrializing Economies*. Cambridge, MA: Cambridge University Press, 2000.

[77] Kleinschmidt, E. J., and R. G. Cooper, "The impact of product innovativeness on performance", *Journal of Product Innovation Management*, 1991, 8(4): 240—251.

[78] Kortum, S., and J. Lerner, "Does venture capital spur innovation?", NBER Working Paper, 1998, No. 6846: 36—37.

[79] Leydesdorff, L., and M. Meyer, "Triple helix indicators of knowledge-based innovation systems introduction to the special issue", *Research*, 2006, 35(10): 1441—1449.

[80] List, F., *The National System of Political Economy*. English Edition(1904). London: Longman, 1841.

[81] Liu, X. L., and S. White, "Comparing innovation systems: A framework and application to China's transitional context", *Research Policy*, 2001, 30(7): 1091—1114.

[82] LoetLeydesdorff, Wilfred Dolfsma, Gerben Van der Pan ne, "Measuring the knowledge base of an economy in terms of triple-helix relations among technology, organization, and territory", *Research Policy*, 2006, (35): 181—199.

[83] Loikkanen, T., and T. Ahlqvist, et al., "The role of the technology barometer in assessing the performance of the national innovation system", *Technological Forecasting and Social Change*, 2009, 76(9): 1177—1186.

[84] Looy, B. V., and K. Debackere, et al., "Scientific capabilities and technological performance of national innovation systems: An exploration of emerging industrial relevant research

domains", *Scientometrics*, 2006, 66(2): 295—310.

[85] Lundvall, B. A., and S. Borras., *Science*, *Technology and Innovation Policy*. New York: Oxford University Press, 2005.

[86] Lundvall, B., "National innovation system-analytical concept and development tool", *Industry and Innovation*, 2007, 14(1): 95—119.

[87] Lundvall, B., *National Systems of Innovation: Towards a Theory of Innovation and Interaction Learning*. London: Pinter, 1992.

[88] Lundvall, B., *Product Innovation and User-producer Interaction*. Denmark: Aalborg University Press, 1985.

[89] Mayra, R., and J. Sandonis, "The effectiveness of R&D subsidies", *Economics of Innovation & New Technology*, 2012, 21(8): 815—825.

[90] Mei, ChihHu, and John, A. Mathews, "National innovative capacity in East Asia", *Research Policy*, 2005, 34(9): 1322—1349.

[91] Motohashi, Kazuyuki, "University-industry collaborations in Japan: The role of new technology-based firms in transforming the national innovation system", *Research Policy*, 2005, 34(5): 583—594.

[92] Mowery, D C., "Collaborative R&D: How effective is it?", *Issues in Science and Technology*, 1998, 15(1): 37—44.

[93] Mowery, D. C., "The changing structure of the US national innovation system: Implications for international conflict and cooperation in R&D policy", *Research Policy*, 1998, 27(6): 639—654.

[94] Nasierowski, W., and F. J. Arcelus, "Interrelationships among the elements of national innovation systems: A statistical evaluation", *European Journal of Operational Research*, 1999, 119(2): 235—253.

[95] Nasierowski, W., and F. J. Arcelus, "On the efficiency of national innovation systems", *Socio-Economic Planning Sciences*, 2003, 37(3): 215—234.

[96] Nelson, R. Ed, *National Innovation Systems: A Comparative Analysis*. Oxford: Oxford University Press, 1993.

[97] Niosi, J. et al., "National innovation systems: in search of workable concept", *Technology in Society*, 1993, 15(2): 207—227.

[98] OECD, *Boosting National Innovation System*. Paris: OECD, 1999.

[99] Oliviero, A. C., "R&D subsidies and private R&D expenditures: Evidence from Italian manufacturing data", *International Review of Applied Economics*, 2011, 25(4): 419—439.

[100] Pan, T. W. et al., "DEA performance measurement of the national innovation system in Asia and Europe", *Asia-Pacific Journal of Operational Research*, 2010, 27(3): 369—392.

[101] Park, Y., and G. Park, "When does a national innovation system start to exhibit systemic behavior?", *Industry and Innovation*, 2003, 10(4): 403—414.

[102] Patel, P., and K. Pavitt, "Global corporations and national systems of innovation: Who dominates whom?", In: Archibugi, D., and J. Howells, et al. Eds. *Innovation Policy in A Global Economy*. Cambridge: Cambridge University Press, 1999.

[103] Patel, P., and K. Pavitt, "National innovation systems: Why they are important, and how they might be measured and compared", *Economics of Innovation and New Technology*, 1994, 3(1): 77—95.

[104] Patel, P., and K. Pavitt, "National innovation systems: Why they are important, and how they might be measured and compared", *Economics of Innovation and New Technology*, 1994, 3(1): 77—95.

[105] Porter, M. E., and S. Stern, *National Innovative Capacity. World Economic Forum*, the *Global Competitiveness Report* 2001-2002. Oxford: Oxford University Press, 2002.

[106] Porter, M. E., *The Competitive Advantage of Nations*. New York: Free Press, 1990.

[107] Ramaswamy, V., and F. Gouillart, *The Power of Co-Creation: Build It with Them to Boost Growth Productivity and Profits*. New York: Free Press, 2010.

[108] Rodrik, Dani, "What do trade agreements really do?", *The Journal of Economic Perspectives*, 2018, 32(2): 73—90.

[109] Rothwell, R., and W. Zegveld, *Industrial Innovation and Public Policy: Preparing for the 1980s and 1990s*. London: Frances Printer, 1981.

[110] Schnabl, H., "The subsystem-MFA: A qualitative method for analyzing national innovation systems: The case of Germany", *Economic Systems Research*, 1995, 7(4): 383—396.

[111] Schot, J., "Moving innovation policy from a competition to a transformative change agenda", Working paper, 2015.

[112] Shapiro, M. A., et al., "Quantifying the national innovation system: interregional collaboration networks in South Korea", *Technology Analysis & Strategic Management*, 2010, 22(7): 845—857.

[113] Sun, Y., and M. Negishi, "Measuring the relationships among university, industry and other sectors in Japan's national innovation system: A comparison of new approaches with mutual information indicators", *Scientometrics*, 2010, 82: 677—685.

[114] The World Bank, "Innovation policy: A guide for developing countries", https://open-

knowledge. worldbank. org

[115] Utterback, J. M., and W. J. Abemathy, "A dynamic model of process and product innovation", *Omega: The International Journal of Management Science*, 1975, 3(6): 639—656.

[116] Von Hippel, E., "Lead users: A source of novel product concepts", *Management Science*, 1986, 32(7): 791—805.

[117] Warda. J., "Tax treatment of business investments in intellectual assets: An international comparison", OECD Science, Technology and Industry Working Papers, 2006, No. 4.

第三章 区域创新研究

3.1 导言

研究创新的视角不仅局限于单个企业内部的组织生产活动,地理位置也是影响创新产出的重要因素。20 世纪 80 年代以来,国内外学者开始关注创新与区位的关系,一定空间范围内的集聚经济、知识溢出等问题在创新研究中变得越来越重要。创新往往被定义在一个地理单元内,在该单元内,互动和交流更容易,搜索强度和任务协调性更强。在已有的大量研究中,学者们普遍倾向于将创新活动的开展与多样化的地理环境联系起来分析,由此形成了创新经济学研究的一类重要分支——区域创新研究。

有关区域创新的概念,国外学者并未直接使用"区域创新"一词,而是将从地理与空间维度考察创新问题的研究统一纳入区域创新研究的范畴,因而并没有给出区域创新的明确定义。从区域创新的研究内容来看,Polenske(2007)在具有综述性质的《创新经济地理》(The Economic Geography of Innovation)一书中提出,许多学者有关区域创新的研究都是围绕创新的空间分布特征、集聚特征及创新发生和传播的内在机制展开的。就区域创新的本质而言,Hall & Rosenberg(2010)在另一本综述性质的著作《创新经济学手册》(Handbook of the Economic of Innovation)有关区域创新的部分中指出,区域创新强调的是邻近性和区位对创新活动的影响,区域创新研究也可看作新经济地理学的一个分支。

在区域创新研究进入我国创新研究视角时,有些国内学者也并未明确界定区域创新的概念,只是把空间地理纳入创新研究的范畴;与国外不同的是,有部分国内学者给出了区域创新的定义,如陈柳钦(2005)所给出的明确定义:在广义上,区域创新是指整个区域文化、社会、经济发展的创新;在狭义上,区域创新仅指与区域新技术、新知识创造、产生、流动、应用有关的过程,即熊彼特所指的创新。自陈柳钦给出了区域创新的明确定义以后,许多有关区域创新的研究都是基于这一概念展开的。

由于有关区域创新的文献纷繁复杂,涉及区域经济、政治、文化等方方面面,本章难以对区域创新的全部文献一一进行梳理,因而本章的研究是基于狭义的区域创新概念进行的,是对区域新技术产生和知识流动过程中发生的特定现象(区域创新主体的互动、知识溢出、空间集聚)的研究,是区域在技术和经济方面的创新。

研究区域创新问题首先要明确区域创新的主体。区域创新主体包含区域内的企业、大学、政府、科研院所和中介机构等。在一个区域内这些主体是怎样产生密切联系并互动的,尤其两个重要但异质的主体——企业与大学——之间的互动更是研究的热点,学者们分别从理论和实证方面对大学与企业之间怎样互动、互动对企业甚至一个区域的创新能力有何影响等有关问题进行了探讨。

在创新主体互动的过程中,无疑会产生知识溢出现象。由于知识溢出经常发生在一个区域内部,所以对知识溢出的研究是区域创新研究中一个非常重要的板块。已有文献给出了知识溢出准确的定义,实证检验了知识溢出的范围,并致力于用不同的方法和角度度量知识溢出。在此基础上,学者们广泛讨论了知识溢出的制约因素及知识溢出产生的诸多经济效应。

最后,在区域创新研究的国内应用方面,本章综述主要介绍了两种区域创新效率的评价方法——随机前沿分析(Stochastic Frontier Analysis,SFA)方法及数据包络分析方法。这两种计量方法最初并不是为了区域创新研究所创造的,但是经过国内学者的转化,演变成了最常见的测算区域创新效率的方法,本章将从测算方法、使用数据、得出结论三方面对我国区域创新效率评价研究做一个系统的梳理。

综上所述,本章第二部分将关注区域创新主体间互动的研究、第三部分梳理有关区域知识溢出现象的研究、第四部分主要介绍我国区域创新效率评价的研究。本章将围绕区域创新主体互动、知识溢出、效率评价这一主题,对20世纪90年代以来的研究成果进行总结和概括。

3.2 区域创新主体间互动

在目前的研究中,创新不再被看作简单的线性过程,而是多元主体参与互动的过程(Chesbrough,2003;Tether,2005)。Perkman & Walsh(2008)指出,大量研究开始着眼于创新的外部来源的原因是,经济体中的知识传播更加广泛,尤其在迅速变换的生物技术领域;技术中介机构的不断增多及越来越多产品中包含了许多融合的个人技术;创新过程中涉及越来越多的主体(如用户驱动型创新)。此外,国际交通基础设施的提升和信息通信技术的发展也使得国际多部门合作变得更容易(Ponds,2009)。

在区域内,创新主体可划分为直接创新主体及间接创新主体。其中直接创新主体主要指的是企业、大学和科研院所,间接创新主体指的是政府和中介机构[1](赵喜仓等,2009)。在这些主体中,与发达国家类似,企业是创新最重要的承担主体。近十年来,企业在我国国家创新体系中所发挥的作用越来越大,企业参与创新活动的程度相对于大学和科研机构而言,处于绝对的主导地位。无论从投入研究开发的人力资源来看,还是从专利申请活动来看,企业的数量都高于大学和科研机构的数量之和。这种现象与发达国家的情况极其相似,2015年,我国78.1%的研发人员来自企业,76.8%的研发经费支出用于企业创新;而日本67.7%的研发人员在企业,78.5%的研发经费集中于企业;德国61.8%的研发人员分布在企业,67.7%的研发经费掌握在企业手中。除了企业,大学在创新体系中也占据了重要地位,我国大学研发人员占总数的9.0%,研发经费占比为7.0%。[2] 由于其他章节详细梳理了企业和大学创新的有关文献,本章主要关注这两类最重要的区域创新主体的互动研究。

3.2.1 大学-企业互动

如前文所述,区域创新的主体多种多样,可是在创新体系中最重要的两大

---

[1] 中介机构主要包括信息中心、培训中心、咨询公司、经纪人组织、技术评估机构、技术争议仲裁机构、创业服务中心、生产力促进中心和技术开发交流中心,以及技术市场、科学园区和高新技术产业开发区等。

[2] 数据来自2016—2017年《中国科技统计年鉴》。

主体就是区域内的企业和大学,二者都属于区域创新的直接主体,但又各具特色。按照熊彼特对创新的定义,大学创新偏重于创新的第一阶段,即发明,包括生产过程背后的观念创造;企业创新则偏重于创新的第二阶段,即发明的商业化应用。因此,大学和企业的互动对一个区域整体创新能力的提升有着至关重要的影响,大量学者的研究围绕校企互动展开。

校企间技术转移是大学继使研究进入学术任务后(即"研究型大学")的第二次革命,是大学将其所具备的学术知识商业化的过程。Chesbrough(2003)明确表明,企业在实施创新的同时需改变原有的固定思维模式,内部技术和外部技术相结合的系统式发展模式是必要的,这个系统一方面使企业能够通过技术许可,从外部(例如大学)获得企业需要的技术成果;另一方面有利于进行开放式创新,即激活某些在封闭创新环境下可能被抛弃的企业技术。杨武和申长江(2005)将该概念引入我国,提出我国的自主创新战略不是封闭创新,而应当是合作创新,由此强调了研究大学和企业在创新过程中的互动问题的重要性。

3.2.1.1 互动的基础及类型

大学与企业互动的基础是各方资源的优势互补:企业资金充足,具有广阔的市场和丰富的经验,但是缺乏基础知识和研究方法;大学掌握基础理论知识和研究方法,有优质的人才队伍,但缺乏创新资金和市场经验,双方对资源和能力的诉求促成了二者的互动(常爱华,2007)。

有关校企互动模式的分类,Siegel & Phan(2004)认为可以分为四种:专利许可、合作研发、大学科技园及大学新创/衍生企业。王祥兵等(2012)则运用博弈论及动态系统的分析方法证实了大学与企业合作的两种稳定模式——合作研发与专利许可。其中,对专利许可的讨论尤其广泛,Mowery et al.(2004)也承认从1980年起,关于大学产出的研究开始大量集中于专利许可(大学溢出自身研发知识的工具),学者多从创新主体的性质、制度建设等方面讨论其对专利许可的影响。Miyata(2000)将使用数据包络分析方法[①]评价得到的效率值作为被解释变量,加入了包括公立或私立、有无医科专业等一系列控制变量,通过回归分析发现,相比公立大学,私立大学将创新成果商业化的效率更高。

---

① 数据包络分析方法在本章第四部分将会有详细介绍。

Belenzon & Schankerman(2009)建立了一个技术许可办公室的契约模型,研究私人产权、激励、区域发展目标及政府约束对专利许可的影响;作者还对数据进行分析,发现类似于私人企业(如绩效工资)的激励对专利许可有着积极的作用,而区域发展目标及过紧的政府约束对专利许可有消极的作用。

3.2.1.2 互动的积极影响

企业、大学间的互动对企业的积极影响主要是通过两个途径实现的:一个途径是直接获得大学的先进理论与应用知识,另一个途径是间接地通过与大学的人才接触获得隐性的知识外溢。理论研究主要从直接影响的角度分析,学者们认为大学通常被看作增长引擎及多产的机构(Miner et al.,2001;Schmandt & Wilson,1990),虽然它们对于将研究成果商业化并不积极,但是它们对知识推进与传播的作用是不可低估的(Feldman & Desrochers,2004)。企业要在激烈的市场竞争中取得优势,需要汲取来自大学的专业的、前沿的知识(Agrawal,2001)。李应博等(2007)认同大学是创新的源头,大学技术转移和转化对企业提升创新水平有重要影响,尤其是针对核心技术的研发,通常要借助科研院所与大学的共同协作来完成。协同创新有助于解决我国现阶段创新资源分散且效率不高的问题,提高整体创新实力(张力,2011)。在此基础上,王焕祥和孙斐(2009)的研究表明,大学与科研机构采取直接参与创新的形式,通过企业将科技知识、专利成果商品化,使之最终渗透到产品生产环节中,从而完成创新活动的整个过程。由此,大学与科研机构担负起了新企业创立的孵化器的角色,为设立更多有实力的企业发挥重要作用。理论研究在间接影响方面的研究相对较少,王莉静(2010)运用自组织理论,将大学和科研机构视为人才的摇篮,承认其是区域创新发展的重要依托。因为大学和科研机构可以为企业提供更多、更优质的人力资源和资金渠道。

除了理论上的探讨,还有不少研究对大学的直接影响和间接影响进行了实证分析。在直接影响方面,Cassiman & Veugelers(2002)采用调查数据对1993年比利时的制造业进行了回归分析,他们发现较高的外部进入溢出(incoming spillovers)对提高企业与大学合作的可能性具有积极影响,源自外部的公共知识池(knowledge pool)对于企业来说很重要,因为企业能从协同创新过程中获得收益。国内学者对直接影响的实证研究大多是围绕校企合作如何对区域创新系统产生影响而展开的。学者们运用我国省级面板数据对改进的知识生产函数进行回归分析，或者运用 SAR 模型，证实政府引导的或自发的校企合作产生的正外部性以知识溢出的方式对区域内企业的专利产出水平、企业的新产品产值产生积极的影响。但互动究竟是促进还是抑制了大学的创新，创新学者们得出的实证结论还不尽一致（余冬筠和金祥荣，2014；吴玉鸣，2009；王立平，2005）。

在间接影响方面，许多学者用企业层面的个体数据进行研究，发现大量大学与企业的合作并不仅仅为了短期商业成果，也为了获取先进科学技术知识、接近学生和老师以解决科学问题（D'Este & Patel，2005；Mansfield & Lee，1996）。Smith & Sen（2006）通过英国的调查数据总结出企业与大学的合作最主要的不是为了获得技术，而是为了获得人才，与人才的交流使得企业创新更加有效。国内学者王立平（2005）基于空间计量经济学的研究发现，区域内大学基础研究的知识溢出及区域内高技能劳动力的培养，共同构成了一个地区的区位优势，由此吸引私营企业在此开展研发活动及形成高技术产业的集群。

事实上，也有一些研究否定了互动的积极影响，最具代表性的是吴玉鸣（2006）在考虑我国区域空间异质性的基础上，运用空间计量经济学中的地理加权回归模型进行实证分析，发现大学与企业的合作对区域创新没有显著影响，目前区域创新的主力仍是企业。何以有些研究没有发现互动的积极作用呢？这可能缘于校企互动存在的文化冲突、缺乏灵活性的机制、不合理的利益分配体系设计及不健全的大学管理体制等（Siegel et al.，2003）；此外，知识产权冲突对校企双方创新开放的深度和广度都有负面影响（李山，2013）。

3.2.1.3 影响互动能力的主要因素——大学知识独占性及企业的吸收能力

许多有关校企互动的研究证明如果未获得大学的学术研究，大约10%的产品或过程创新不会产生（或者长期延后）（Beise & Stahl，1999；Bekkers & Freitas，2008）。此外，Fabrizio（2006）观察到，大学研发对企业创新的促进作用不是自发的，该促进作用受到大学知识独占性、企业判别和利用知识的能力的限制。

(1) 大学知识的独占性

大学知识的独占性(appropriability)指的是大学保护自身知识技术、防止外溢的能力。在一个严格的知识独占性的条件下,大学对企业的知识"泄露"或"溢出"将会很少,而在一个较宽松的条件下,知识溢出到企业则很容易(Gulati & Singh,1998)。至少有两个因素能够决定大学知识独占性的强弱:交换知识的类型(反映在合作过程中的知识),以及知识传播的距离,即创新主体的邻近性。

大学传播的知识的性质近些年发生了重大改变。众所周知,以往许多公共部门投资大学研究的原因在于,长期而言,大学的研究潜力通过向企业溢出,从而对创新、劳动生产率、经济增长产生正向影响。投资给大学的公共资金,具有公共品属性,就其本质而言,它必须以很低甚至为零的边际成本向私人部门溢出,而这些知识是为具有重大经济利益的创新服务的(Mcdonald et al.,2004)。然而,近年来,大学开始转向"学术资本主义"(Slaughter & Leslie,1999),由开放科学模范及研发的扩散者转向通过专利、许可及应用研究更多地保护大学知识产权(Grimpe & Fier,2010;Lockett & Wright,2005;Mcdonald et al.,2004;Siegel et al.,2003)。彭灿(2003)将大学的知识保护意识水平对转移构成的障碍称为区域创新过程中知识转移的意识障碍。他发现我国大学和科研院所的不少研发人员重基础研究、论文发表、著作出版和科技奖励,而轻应用研究、成果转化、技术推广和经济效益,故其知识转移意向淡薄,而其知识保护意识却比较强,即大学知识独占性较强,给校企互动形成了一定的障碍。与此同时,企业发现"纯知识溢出"渠道(例如公开发表的科学知识和专利)是一种相对低效的知识传播渠道,它们需要的是定制的知识传播途径,包括共同研发及信息合约(Antonelli,2008;Bekkers & Freitas,2008),当然这也与知识转移所处的不同阶段有关(Colyvas et al.,2001)。总之,从大学知识独占性的角度看,大学为了避免其研究变得更加商业化,产生了更强的独占性。此外,大学通过协作和合同研发、咨询、使用设施及器械、专业教育及培训,以及专利许可等多种方式,变得能够更加融入商业化过程(Bacon,2001;Chatterton & Goddard,2000)。

(2) 企业辨别和利用大学知识的能力

另一个影响企业吸收大学知识的因素就是企业自身在该方面的能力。Zahra & George(2002)将企业的知识吸收能力分为知识获取能力(需求方识别获取对自身创新能力有帮助的外部知识能力)、知识消化能力(对获取知识分析、加工、理解和解释的能力)、知识转化能力(依据本企业的特点将知识转化与已有知识融合的能力)、知识利用能力(用转化知识解决本企业问题的能力)。Fabrizio(2006)写道,"坐落于邻近知识源的区域固然能促进知识转移,然而仅仅靠区位是不够的,通过培养企业内部的基础科学研究的专家,能够使企业的科研人员更好地辨别和使用相应的公共科学"。大量的论文沿着该思路,研究企业的吸收能力及其在影响企业辨别、消化与应用新知识方面的重要性(Cohen & Levinthal,1990)。

什么因素能够影响企业的吸收能力呢？与高水平的大学邻近将提高企业获取知识的能力(Zucker et al.,1998),虽然邻近性被看作静态的,但随着企业辨别、吸收、利用知识,邻近性由吸收能力的动态效应所调整。一些学者从企业的吸收能力和社会网络之间的替代关系的角度研究邻近性对吸收能力的影响,因为企业增加研发投入,反而减少了社会网络活动(Love & Roper,2001);然而,另一些研究则发现该替代效应是部门特定的,它在高科技部门是互补的,在低技术部门是替代的(Audretsch et al.,2005)。Drejer & Vinding(2007)总结发现,低吸收能力的企业更倾向于建立区域社会网络,高吸收能力的企业则倾向于建立全球化的社会网络。换言之,吸收能力对与大学相联系的创新十分重要,但是两者的邻近性对于吸收能力更低的企业更重要。此外,彭灿(2003)考察了知识距离对企业吸收能力的影响。知识距离指大学与企业之间的知识水平差异,知识距离越大,即企业相较于大学,自身的内部研究能力越低,则企业的吸收能力越差,企业获取知识转移的难度也越大。

企业的吸收能力不同,与大学建立联系的倾向程度便存在较大差异。研究发现,企业的吸收能力,尤其是企业内部基础研究能力的强弱,在与大学建立合作的过程中十分重要(Cockburn & Henderson,1998;Gambardella,1992;Zucker et al.,1998)。Isaksen & Karlsen(2011)利用邮寄调查的方式收集数据,发现企业在与大学协同创新的过程中产生溢出效应的大小,同企业中接受过大学教育的员工数量、企业的年龄和规模及研发支出规模正相关,同大学和企业的沟通障碍程度呈负相关。Gu & Lundvall(2006)也指出,在我国改革开放的早期阶段,由于企业的吸收能力有限,很多大学的成果无法成功转化为商业成果,由此诞生了一批校办企业。一般而言,创新主体的吸收能力越强,校企合作创新产出越多(姚艳虹和周惠平,2015)。

3.2.1.4 影响校企互动的其他因素

除了以上两类影响校企互动的主要因素,国外学者还总结了其他方面的因素。从大学方面来看,Kuiken & Sijde(2010)认为校企互动过程中,大学站在企业的角度正确表达要传递的知识很重要,甚至是决定因素。从企业方面来看,李山(2013)认为我国校企互动的主要动机是生存动机,企业更多为了解决劳动力、资金的束缚,缩短研发周期等较低层次生存动机而与大学开展合作。从校企双方面来看,D'Este & Patel(2005)认为双方是否有过成功的合作经验是影响校企合作的关键因素,费钟琳和赵顺龙(2010)则认为校企互动过程中主体风险态度是影响互动模式选择的主要因素。从外部因素来看,Leyden et al. (2014)的理论模型说明在有政府资助的条件下,校企合作共同研发,符合二者的共同利益,大学与企业是互补的关系;若没有政府的资助,大学与企业则更趋于替代关系,企业不倾向于寻求与大学的合作。当然,也有学者更全面地分析了互动的影响因素:包括校企是否互相信任、校企双方利益矛盾、二者的组织文化障碍、区域结构是否完整、功能是否完善、政策是否配套、创新环境是否适宜等(彭灿,2003)。

3.2.2 区域内其他主体间的互动

对于区域创新主体的研究,大量文献肯定了各主体的合作对区域创新能力的促进作用。除了大学与企业两个直接创新主体的互动,另一类研究重点是政府与企业的互动。政府可以通过科技政策和政府投资影响区域内的企业创新。有关科技政策的研究,Liu et al.(2011)发现科技政策通过大量的财政政策和税收政策满足企业创新需求,促进企业创新能力的增强。姚永玲(2009)研究表明政府制定的科技政策有利于从根本上转变创新方式,营造创新氛围,缩短市场价值的实现路径。李晨光和张永安(2015)认为政府制定政策提供资源以满足企业科技研发和创新需求,从而影响企业创新成果,他们将政府对企业的作用分为六个阶段:第一阶段是政策投入阶段;第二阶段是稳定环境阶段;第三阶段涉及人才与资源供给量、企业家态度、收益周期、研发工具数量和技能掌握情况,这些要素以经济环境和科研文化环境为依托,且人才和科研文化环境相互影响;第四阶段是满足创新需求和能力建设阶段;第五阶段是创新成果产出阶段;第六阶段包含企业的收益能力,也是创新成果转化能力。此外,政府增加供给量及对企业的财税减免等资助等,能显著增加创新成果的数量,但是该效应会随时间而减小。有关政府投资的研究证明了政府投资作用于人才、项目技术、产品生产、市场变化等,从而影响企业的销售收入(胡永健和周寄中,2009)。企业在进行一些重大的、基础性的技术创新项目时,面临负知识外部性的风险,且缺乏融资支持,因此需要政府介入和支持。若政府管理适中,能够较大程度地促进其他创新主体进行自主创新活动,反之则会形成阻碍(赵喜仓等,2009)。

在政府与大学互动方面,谈毅等(2014)基于2004—2013年的数据,实证分析了政府以科技投入的形式参与大学创新行为的影响,发现政府科技投入与高校创新产出呈正相关关系,并且对于工科院校及师范类院校,该结果的显著性更强。余冬筠和金祥荣(2014)的实证研究结果显示,政府对大学的资助对大学创新效率有显著的提升,相反对企业的创新效率有着负面影响。

除了两两互动,国内研究还有一大部分关注产学研协同创新。开展协同创新的关键点在于要形成以大学、企业和科研机构为核心参与主体,以政府、金融机构、中介组织、创新平台、非营利组织等为辅助参与主体的多元协同互动的网络创新模式,借助知识创造主体与技术创新主体之间的深入合作及资源整合的途径,最终产生"1+1+1>3"的非线性效用(陈劲,2011)。苏娅等(2014)以中国石油大学的产学研为例,说明企业、大学、科研机构三者协同创新的五种路径,分别是技术转让、委托研发、联合突破、内部一体化、共建基地和共建实体。此外,他们还通过对由浙江工业大学引领,协同多家大学、地方政府、科研院所联合组建的长三角绿色制药协同创新中心进行案例分析,说明企业、大学、政府、科研院所、用户市场五类主体协同创新的发展模式。

在企业间、企业与大学、企业与政府、企业与中介机构各主体的互动过程中,主体支撑因素,即企业鼓励创新协同的环境、自身研发创新实力、组织结构、领导重视程度及协同合作经验,除了对企业与大学协同创新的作用不明显,对其他互动过程都有正向作用;政策环境因素,即政府跨区域协同能力和合作机制、相关制度安排,除了对企业间协同无显著影响,对其他互动过程都有促进作用;协同机制因素,指技术关联程度、文化相容程度、协同成本利益分配安排、双方高层互信程度,除了对企业与政府互动无影响,对其他主体互动过程均有积极影响;关系网络因素,包含企业与各主体知识交流频率、建立的非正式社会关系网络,除了对企业与中介机构的互动无影响,对其余主体互动均有正向影响(解学梅,2015)。

综上,有关区域创新主体的研究,大量学者主要关注区域内两大创新主体大学和企业的互动过程,本部分首先基于大学和企业各自的特点对二者互动的基础做了广泛分析,然后总结了互动开展的模式,在各种模式中,专利授权和合作研发是研究的热点。接着,本部分关注大学从直接地对企业外溢知识及间接地输送人才两个方面积极影响校企互动,并且深入分析了影响互动的两个主要因素——大学知识的独占性和企业的吸收能力。此外,也有学者关注到以政府为代表的区域间接创新主体与直接创新主体的互动、区域内多主体互动对区域创新水平的影响。总体而言,相较国内研究,国外对区域创新主体的研究更关注大学、企业及校企之间,研究的内容更加细致,关注主体的某一具体的性质对创新的影响;国内研究的视角更加抽象,以理论研究为主,实证研究则主要是检验相关关系,缺乏具体测算。此外,国内研究尤其缺乏对影响校企互动的因素的系统性分析,而国外学者在这方面的研究已经具备了成熟的分析框架。

3.3 知识溢出的性质、制约因素及效应

技术进步是公认的对经济增长起重要作用的要素。然而,技术进步的来源是什么?为什么地区之间的经济增长表现如此不同?新增长理论解释增长差异可能来自知识的递增报酬(Grossman & Helpman,1989),递增报酬的来源之一可能就是集聚产生的大量知识溢出现象。由于知识溢出是影响经济增长的重要因素,因此学者们对它的关注由来已久。尤其在经济体处于转型时期(即从依赖简单生产要素增长向创新型经济转型的过渡时期)和转型成功后依赖效率提高推动经济增长的时期,学者们都迫切希望研究知识溢出的方方面面,以期为地区经济增长做出贡献。本部分融合有关知识溢出的前沿研究内容,从知识溢出的基本性质、知识溢出的制约因素和知识溢出的效应三个方面对近三十年的文献进行系统梳理,形成一个较为完备的知识溢出研究框架。此外,本部分还将讨论未来的研究方向,以供有志于研究知识溢出问题的学者们参考。

3.3.1 知识溢出的基本性质

认识知识溢出首先从了解知识溢出的基本性质开始。学者们从多角度给出了知识溢出的内涵;进而分析了知识溢出的渠道,并比较了各渠道的有效性;最后通过数据测度了知识溢出的数量大小及知识溢出的空间范围。无论是定性角度还是定量角度,已有的研究都对从知识溢出主体至接收方的知识流动现象有较为深入的认识。

3.3.1.1 知识溢出的内涵

有关知识溢出内涵的讨论,最初是从微观机制方面进行探讨的。Marshall(1920)用"溢出"一词说明一个企业的创新努力使得其他企业获益,即正外部性。后来,随着经济学的重心向宏观经济学转移,很长一段时间没有学者真正关注知识溢出这类问题,直到将宏观与微观相结合的研究方法出现,在研究经济增长问题时,学者们难以避免地观察到了企业的知识溢出现象。Nelson(1959)和Arrow(1972)讨论知识在多大程度上可看作非竞用的生产资料时,刻画了知识溢出的概念,他们将知识溢出看作外部性的原型,一些主体对科研或技术发展的投资最终使得其他主体的创新努力变得更容易(可能发生在无意识地在模仿一项发明时,也可能发生在科学家有意识地揭露他们研究的秘密时)。在研究柯达公司的案例时,Yang et al.(2010)也提出,由于知识的准公共品性质,企业无法完全抑制自己生产的知识流出,由此产生了知识溢出。

20世纪80年代末以来,宏观经济学的学者们以增长模型为出发点开始从宏观角度研究溢出问题。Grossman & Helpman(1989)更具体地指出了这种知识溢出的机制,在他们的增长模型中,创新的报酬非递减就是因为企业的创新活动不仅产生了新产品(这部分受益企业可获得),还为总体知识存量做了贡献,这部分贡献可以被未来进行创新的企业所利用。随着时间推移,总体知识存量增加,从而在无须持续增加研发资源的情况下,差异化的产品不断增加。这就是知识溢出,指的是创新的好处不仅创新者能得到,也通过提高其他企业创新的基础——总体知识存量——的方式溢出到其他企业。因此,他们认为知识外溢是内生经济增长的主要动力。随后,以克鲁格曼(Krugman)为代表的一批学者承认古典经济学研究方法一直以来忽略了地理对经济活动的影响,他们在研究区域的不平等现象——集群的成因时,提出获取知识溢出是集群形成的一个重要原因。由于频繁面对面交流的社会联系培育了相互的信任,创新的想法在同一区域内的主体间更容易流动。因此地理集群比分散分布的主体能够提供更多的创新机会,创新扩散也更快(Krugman,1991)。Caniëls(2000)总结前人研究所言,知识溢出即"通过信息交换得到的知识,而没有对知识的生产者给予直接的补偿或补偿不足"。

3.3.1.2 知识溢出的范围

大量研究都得到了一个共同的结论——知识溢出受到空间范围的限制(尤其对需要依靠面对面交流、会议及社会资本传播的隐性知识而言),即知识溢出的区域化(Amin & Cohendet,2004;Cowan & Jonard,2004;Maggioni et al.,2007)。对知识溢出范围的研究无疑是认识知识溢出的一个重要方面,知识溢出的范围指的是知识溢出能够发挥作用的空间维度。该性质的研究十分重要是因为知识的流动难以预测,学者们希望尽可能捕捉它的运动轨迹。

实证研究提供了大量证据证实邻近性对于知识溢出的影响举足轻重。总体而言,研究发现研发的益处并不是在空间上均衡扩散的,而是对距离十分敏感,通常呈现区域集中的特点。随着距离的增加,交流传播的效率下降,合作的益处就减少(Audretsch & Feldman,1996;Branstetter,2001)。对知识溢出区域化最直接的证明源于贾菲(Jaffe)等创建的 JTH 方法。JTH 方法由 Jaffe et al.(1993)提出,它运用控制实验的统计方法,使用专利引用数据专门检验知识溢出的区域化现象及区域化的程度。该方法比较引用专利和被引用专利同属一个区域的频数,以及引用专利和控制组专利同属一个区域的频数,若前者显著大于后者,则可以解释为知识溢出的区域化。研究发现,一个城市引用同一个辖区的专利数是该城市引用其他区域的专利数的 2—6 倍。

学者们一致认可区域化现象,但是区域化究竟指代多少空间范围,学者们并没有给出一致的答案。一方面,一些学者具体测算了该空间范围。Anselin et al.(1997)证明某一区域的大学研发对周边区域的区域创新能力有积极影响,在美国,该影响能延伸至距离知识源 75 英里以外的地区。Attila(1998)基于知识生产函数框架的研究发现,知识溢出不仅发生在大都市的内部,甚至可以影响到邻近 75 英里的大都市的创新活动。类似的,Bottazzi & Peri(2003)发现在欧洲，区域创新强度不仅受本区域研发支出的影响，也受到其他区域研发支出的影响，影响范围最高可达到 300 千米。Keller(2004)从国际角度研究该问题，他使用 14 个 OECD 成员的制造业行业数据，估计了一个国家自身研发支出及 G5 国家①研发支出对本国全要素生产率的影响大小。结论证实知识溢出的区域化现象，随着距离增加至 1 200 千米，外国研发支出对本国全要素生产率的影响减少了一半。另一方面，正确度量区域化的实际范围也存在一定难度。Belenzon & Schankerman(2013)不赞同以州界作为区域化的边界，他们利用大学专利的引用数据，基于 JTH 方法对知识溢出的州界效应进行了验证，发现知识溢出的州界效应仅在某些特定区域影响显著。这些特定区域的公立大学有着明确的区域发展目标，实施较严格的非竞争劳动法律，高度依赖州内教育的科学家，且州际劳动力流动较少。

3.3.1.3 知识溢出量的度量

对知识溢出数量的度量，学者们主要采取两种方法：一种方法是直接以其他企业的知识存量指代本企业能得到的知识溢出数量；另一种方法在此基础上更进一步，对每个企业的知识存量加上一个权重，由此来衡量外部知识溢出数量。

在最早也是简单的公式中，企业 i 的总知识存量是：

$$S_i = \sum_{j \neq i}^{N} K_j \tag{3.1}$$

其中，N 表示企业 i 所属区域内的企业数量。变量 K_j 是企业 j 的知识存量。企业的知识存量有多种指标指代，学者们根据自己所使用的数据库分别选择了专利数量、创新支出、研发资本存量(Audretsch et al., 2005; Bode, 2004; Fung & Chow, 2002)。公式(3.1)衡量的是区域内知识溢出，若要度量区域间知识溢出，则只需加总企业 i 所属区域以外的企业数量。

但是每个企业从总知识存量中获取的知识并不相同。考虑到企业内化外部知识的能力差异，公式(3.1)扩展为加入权重 ω_{ij} 的形式，该权重表示企业 i 吸收企业 j 知识存量的能力。权重越大，企业 i 从企业 j 得到的知识存量越多：

---

① G5 国家，即中国、巴西、印度、南非和墨西哥这 5 个发展中国家。——编者注

$$S_i = \sum_{j \neq i}^{N} \omega_{ij} K_j \tag{3.2}$$

对于如何计算 ω_{ij}，文献中主要提出了三种方法："技术空间"的距离、地理距离和基于创新调查数据的计算。

Jaffe(1986,1988)运用第一种方法构建权重。他定义了 K 维专利分布向量 f_i, f_j 是企业 j 对 K 重要领域的专利活动的研发努力所占份额。他度量的是企业 i 和企业 j 间的技术距离：

$$\omega_{ij} = \frac{f_i f'_j}{((f_i f'_i)(f_j f'_j))^{1/2}} \tag{3.3}$$

Adams(1990)运用同样的方法，不同的是，他选用企业在每个 K 重要领域的科学家数量份额。亚当(Adams)这样做的理由是，一个产业的知识存量是由了解先进科学的研发人员决定的。如果企业 i 和企业 j 都雇用大量研发人员，那么它们在经济体中得到的促进技术进步的知识应该也相似。Inkmann & Pohlmeier(1995)提出了另一种计算技术距离的方法，该方法使用企业特征数据，假定每个企业的特征向量 X_i 含 p 元素(比如企业规模、预期需求等)，该方法是计算 X_i 中 p 元素的欧几里得距离：

$$\omega_{ij} = \sqrt{\sum_{p=1}^{p} \left(\frac{X_{ip} - X_{jp}}{S.D(X_p)} \right)^2} \tag{3.4}$$

其中, $S.D(X_p)$ 指特征 p 在所有企业中的标准差。

也有很多学者使用第二类方法，将地理距离作为权重，通常学者们都以行政区划作为测度地理距离的单位。权重 ω_{ij} 是企业 i 和企业 j 地理距离的倒数(Beise & Stahl,1999)。

得益于创新调查，学者们有了更直接地度量知识流动的方法。Inkmann(2000)用 MIP(Mannheim Innovation Panel)数据库中企业评价自己创新想法非情愿地流出的程度作为代理变量。企业通常害怕被模仿，它们越难以保护自身的研发成果，越可能比有能力保护自身研发成果的企业流出更多的知识。Inkmann 的权重是：

$$\omega_{ij} = \frac{\prod_i + \prod_j - 1}{10} \tag{3.5}$$

其中, $\prod_i$ 指企业 i 对受模仿侵害的主观评价,1分表示知识溢出最少,5分表示知识溢出最多。

需要说明的是,虽然近年来学者们开始关注社会资本对知识溢出的影响,但是还没有单纯以社会距离作为权重度量知识溢出数量的研究,可能是学者们认为社会距离还不能作为影响知识溢出的最主要因素,并且目前又缺乏融合几种距离作为权重的技术所致。

3.3.2 知识溢出的制约因素

3.3.2.1 距离

主体间的距离无疑是影响知识溢出的重要因素。传统的新古典经济学研究假设知识能够无成本地移动,知识是完全无形的并且可以无摩擦地交流。这个"全世界无成本交流"的假设暗示距离并不起任何影响。只要知识是纯公共物品,知识溢出瞬间就可以蔓延至整个经济环境(Richardson,1973)。后来学者们开始关注知识溢出随地理距离衰减的性质(Jaffe et al.,1993;叶静怡等,2014;叶静怡等,2016;吴玉鸣和何建坤,2008;孙建,2010;王庆喜和张朱益,2013),甚至有学者提出地理距离的影响还受到州界、国界的制约,并不纯粹依距离数值而定(Singh & Marx,2013)。

目前,学者们逐渐拓宽了视野,认为地理纬度并不是研究知识溢出衰减性质的唯一视角,事实上,其他类型的距离也应被看作地理距离的补充(或替代),比如关系距离、社会距离、制度距离、技术距离。丰富了距离的概念以后,学者们就能更好地理解知识溢出的机制和渠道了。

社会距离指两主体社会资本(人们的行为准则、共同文化、信用、归属感)的相似性。社会距离对某一区域吸收其他区域的知识溢出起着重要的作用。虽然地理距离是"环境效应"的一个很好的指标,但社会距离捕捉了主体间社会层面的相似性,从而有助于理解主体间的互动难易程度。事实上,一个包含高水平信用和归属感的社会价值的主体更倾向于与拥有高水平社会资本的主体互动。同理,包含低水平信用和归属感的社会价值的主体则更可能和拥有低水平社会资本的主体互动(Basile et al.,2012)。主体间相似的社会价值观使互动变得容易,更重要的是可以降低交易成本。从契约理论的角度而言,不仅两个相似的高水平社会资本主体互动交易成本较低,两个较低水平社会资本的主体由于拥有在更具风险环境下开展经济活动的经验,它们也能以一个更低成本的方式达成契约。因此,在理解知识溢出问题时,社会距离的重要性不容忽视。与一个有相似社会资本水平的主体地理邻近,能够强化从知识源至接收方的知识溢出。

关系距离指某一主体与其他主体合作学习的能力,是社会距离的一个特殊方面(Basile et al.,2012)。它是社会距离内涵中有关合作行为的一个特定部分。关系距离直接解释了社会距离和经济发展之间的逻辑链条。虽然有社会存在,社会距离(以及社会资本)就存在,但是以交换知识为目的的合作态度应得到特别的关注。主体间通过科学知识的频繁交流消除了知识代沟。对于关系邻近性,学者通常直接用主体间合作项目数量来衡量(Basile et al.,2012)。

认知距离指两个主体对它们拥有知识的认识的重合部分,该重合部分越大,认知距离越短(Broekel & Boschma,2012)。认知距离越短,主体识别、理解和应用其他主体溢出知识的能力越强(Cohen & Levinthal,1990)。但是若两主体的知识集过于相似,产生重组创新的可能性反而小于不同知识的融合。正如Nooteboom(2000)所言,创新要求存在一定的认知距离,主体间差异化的认知利于促进创新;知识吸收又要求认知距离尽可能地近,这其中存在一个折中点。因此,两主体间的认知距离和创新表现可能呈现倒 U 形曲线,即两主体的认知距离太近或太远都会使得它们在合作创新中获益有限。

最后,技术距离多用来评价区域间知识溢出行为,指区域间产业结构及技术内容的相似性(Bode,2004)。该概念与认知基础的概念有很多相似性,由于知识产生是累积的、隐性的并且区域化的过程,一个区域只有与其他区域在认知基础上足够相近,才便于相互交流和合作。技术邻近性是区域获取外部知识溢出的必要条件。大量证据显示,与其他区域技术邻近提高了本区域理解、有效解密、更容易地应用区域外产生的知识的概率。指标选择方面,一般选用能表征区域产业结构的指标,例如制造业就业的人数份额。

3.3.2.2 主体吸收能力

获取知识溢出有路径依赖的特性,主体过往的认知历史可能限制其使用对其而言相对较为新颖的知识的能力。由于其缺少相关知识的补充配合,可能无法合理使用这些溢出的新知识(Döring & Schnellenbach,2006)。

虽然地理邻近便于主体获取知识溢出,但并不保证主体能成功得到外溢知识并将其转化为自身的竞争力。为了获取知识溢出,主体必须具备吸收能力,即"识别新价值和外部信息、吸收它并商业化"的能力(Liu et al.,2000)。过低或过高的吸收能力都可能成为主体受益于知识溢出的阻碍,因为过低的吸收能力使主体缺乏内化知识的能力,吸收能力过高则意味着主体已经拥有尖端技术,因此难以获得对自身创新有益的知识。因此,适度的吸收能力使得主体能够识别知识的价值,与自身现有的知识基础相联系,并应用到自身组织结构中(Huang et al.,2012)。

以企业为例,企业并不自动地获益于外部知识,它们需要付出"有成本的努力",例如投资于研发部门和人力资本以提高吸收能力。在区域层面,两个区域的部门结构越相似,它们之间发生的知识溢出也越多(Döring & Schnellenbach,2006)。在国际知识溢出方面,Fu(2015)运用广东省21市出口企业数据研究发现,在吸收外商企业的知识溢出时,外部知识溢出不是一个自发过程,它与投资存量、出口企业嵌入程度、当地企业长期的吸收能力有关。

3.3.2.3 区域社会网络

针对社会资本,Coleman(1988)率先给出了定义,"社会资本是存在于社会网络、团体当中,行动者所具有的有着社会资源表现形式的财产,其回报是通过网络成员资格及联系的获取而实现的"。社会资本最为显著的特色在于,它不但与行动者自身特点相关,并且同网络中其他行动者的互相认可关系相关,并体现了行动人员获取社会网络资源的能力(Portes,1998)。Adler(2002)将其定义为,可为个体抑或群体利用的善意(goodwill)。按照Inkpen & Tsang(2005)的观点,社会资本是内嵌于个体或组织所拥有的关系网络中的资源总和,就个人或组织的视角而论,关系网络作为一种资源,富有一定价值。

近年来,大量的研究强调了存在复杂网络的区域促进了知识溢出及由此而来的创新产出(MacKinnon et al.,2002)。研究社会网络的学者最初关注网络对企业提升创新竞争力的影响,其中的一个重要论点就是通过加入社会网络而形成耐久的社会关系,进而有潜在地从网络成员中获取知识溢出的可能。社会网络的定义涵盖了一系列形式,包括企业内的商业单元的联系、战略联盟、特许经销、研发合作、生产-供应关系、商业团体、贸易协会、政府资助技术项目等（Inkpen & Tsang,2005），这些关系有些是正式建立的联系，有些是在过往的经历基础上形成的非正式关系，目前的研究主要集中在企业集团内、联盟企业间及工业区企业间的网络关系。

学者们分析了社会网络形态对创新活动的影响。首先，网络联系的强弱对创新活动存在影响。Powell et al.(1996)的研究是最早运用社会网络方法刻画生物科技领域的企业和个人社会网络的文献，他们发现区域的社会网络存在很强的异质性，而不同的社会网络对企业表现的影响也大不相同。Inkpen & Tsang(2005)认为在跨国企业内部的网络中，其分公司与越多的结点存在弱联系，知识溢出越丰富。而在联盟型的网络中，则需要主体间强联系促使知识溢出发生，形成强关系的因素可能是过去的合作经验及重复的交易。缺少强关系的连接，知识溢出可能很难发生。其次，网络的构成也影响创新活动。Tsai(2002)对包含多个子单位的企业集团的网络加以研究，发现网络的结构越去中心化，创新活动越活跃。网络的结构使得主体尽可能与其他主体相联系、交流，才更有利于创新。最后，社会网络的稳定性对创新活动产生影响。Inkpen & Tsang(2005)认为维持网络中成员的相对稳定性有助于使其建立长久的关系，有利于知识溢出的发生。虽然网络中的成员会不断变化，企业仍旧会企图与其他企业建立亲密的稳定的联系，以便在日后的交往中获取信息源。

3.3.3　知识溢出的效应

知识溢出的研究何以如此重要？因为该现象作用在企业行为上将产生重要的深远影响。考虑到知识溢出以后，企业的发展战略将发生重大改变。下文总结了学者们有关知识溢出对微观个体产生的各类效应的研究，发现知识溢出从经济增长、衍生企业、合作战略、经济波动几大方面对企业产生了影响。

3.3.3.1　知识溢出的增长效应

增长效应的研究以实证文章居多，初期对增长效应的研究立足于微观企业生产率的角度，其理论基础大多来源于 Grossman & Helpman(1989)的增长模型。在该模型中，创新不仅使创新者自身受益，还通过扩大基础知识存量溢出到其他企业，使整个经济环境受益。实证检验的方法主要是运用 Griliches

(1979)在度量研发投资对知识存量和经济增长的影响时所构建的知识生产函数。Jaffe(1986)基于此模型,考虑到其他企业的相关活动会影响到本企业的创新活动,因而可以通过对其他企业研发投资加权来表征潜在的知识溢出池,权数即本企业与其他某企业技术距离的比例。Henderson(1997)提出知识溢出对生产率的影响受到过去已经积累的知识总量的限制。

Jaffe(1989)也利用以上模型度量邻近企业和大学对企业的知识溢出。自此,利用知识生产函数方法测度知识溢出效果的文献增多,学者们开始将增长效应的研究扩展至宏观加总角度。例如学者们用不同地区的数据检验了欧洲的区域知识溢出和经济增长之间的关系,发现溢出现象绝不可被忽略(Chun-Chien & Chih-Hai, 2008; López-Bazo et al., 2004; Smith, 1999)。在国际知识溢出方面,Park(1995)用OECD成员的面板数据进行的实证研究发现,本国私人研发活动不仅能促进本国经济增长,同样能刺激外国经济增长,并且外国政府的研发投资还能推进本国私人部分的科研项目。Blomström & Kokko(1998)发现外商投资带来的知识溢出能够促进本国本行业和其他相关行业的发展。Branstetter(2001)使用美国及日本的企业的数据,比较了国外知识溢出和国内知识溢出对本国经济增长的贡献,发现源自国内知识溢出的增长效应更明显。

但是,考察知识溢出的增长效应,需要尽可能控制其他因素对生产率的影响,否则也会产生不一致的结果。例如,Ito et al.(2015)发现,理论上存在大量知识溢出的集群内的出口企业,其生产率的增长反而低于集群外的企业。这是由于集群内不仅有大量知识溢出,也要考虑到竞争效应、外商企业对本地企业知识溢出时,本地企业的吸收能力等问题。

3.3.3.2 知识溢出的创业效应

知识溢出的创业效应源自知识溢出研究中的企业家理论。该理论主要由Audretsch的一系列文章所阐述(Acs et al., 2009; Audretsch et al., 2005),核心思想是管理人员将未被利用的知识商业化,并基于该部分溢出知识离开现有企业,创办自己的企业。研发活动创造了大量的新知识,然而其中只有很小一部分转化成了真正具有商业价值的知识。拥有大量知识的主体(比如大学)蕴藏着许多商业机会,因而有许多企业家或者颇具规模的企业识别并利用了大学中溢出的还未被完全商业化的知识。Audretsch et al.(2005)认为现存企业具有较大的知识存量,创新模式通常是渐进式创新,而基于现有企业溢出知识建立的新创企业的创新模式通常是激进式创新。该理论的实证检验主要通过现有企业知识存量和将溢出知识商业化的创业人数之间的因果关系来验证。Acs et al.(2009)成功地验证了现有企业知识存量越多,则该企业溢出的知识也将越多,由此利用溢出知识新创企业的企业家人数则会增多。Schiller & Diez (2010)基于德国的样本数据发现,年长明星科学家中50%以上都有自己的企业,这是因为相比于指导企业创建研发团队,他们更愿意将自己的创意商业化。

3.3.3.3 知识溢出的战略效应

吸收其他企业的知识溢出无疑能给本企业的创新带来积极影响,然而也存在溢出本企业知识、减少企业拥有的知识的李嘉图租金、损害企业竞争优势等风险(Dussauge et al.,2000)。即使考虑到这些负面因素,企业为了获得知识溢出仍然可能选择与其他企业合作,这种合作可以是非正式的——加入某个集群,也可以是正式的研发合作或者战略联盟(Döring & Schnellenbach,2006)。在原本的供销关系中,买方企业可能希望卖方企业的数量越多越好,而考虑到知识溢出效应以后,企业主可能愿意与较少一部分供货商维持稳定联系,以便获得更多的知识溢出(Dyer & Singh,1998)。此外,若存在大量的知识溢出的情况,卖方会倾向于与买方一体化合作,而不愿将任务交给第三方分包商(Mayer, 2006)。Cantwell & Janne(1999)的实证研究发现,优秀的跨国企业为了尽可能获得其在投资区域的知识溢出,其企业战略倾向于开展与该区域创新活动相补充的一些研发活动或建立与投资相应的设施。Ding & Huang(2010)建立了斯坦克尔伯格(Stackelberg)领导者-跟随者模型,分析了知识溢出如何影响企业的战略选择。他们通过模型推演发现,企业合作过程中投入的研发力量和已有知识存量是替代关系,若知识外溢情况严重,且当前知识创造的效率较高,领导者企业可能倾向于选择投入更大的研发力量并限制使用企业自身已有的知识存量,若知识外溢相对较少,领导者企业可能选择更多使用自身已有的知识存量。

3.3.3.4 知识溢出的波动效应

由于创新的不确定性很大,企业基于知识溢出开展创新活动,也将给企业发展带来更大的波动。Comin & Philippon(2005)基于美国行业层面数据的实证研究发现,研发活动开展越多,随即知识溢出也越多的行业,呈现出越高的(以多种指标衡量)企业活动波动性。Bartram et al.(2012)发现,美国的企业相对于其他地方企业,开展的研发活动较多,而这些活动产生的知识溢出会增加本企业的风险,从而加大本企业股票市值的波动性。Lin(2015)以企业总部距最近的研究型大学的距离为知识溢出的代理变量,对企业的股票市值波动率进行回归分析,证明了更多的知识溢出确实会加大企业股票市值的波动率。该文章还检验了知识溢出的机制,发现知识溢出较少通过研发活动流入企业,而可能通过劳动力或其他机制流入。

总之,知识溢出现象无所不在,尤其在目前多数国家在依靠创新推动经济增长的背景下,知识溢出发挥着举足轻重的作用。学者们围绕知识溢出的基本性质、制约因素、效应展开了广泛的研究。通过梳理文献,我们发现近年来有关知识溢出的研究发生了许多变化。首先,在研究知识溢出的范围问题上,学者们不再仅仅看到知识溢出的扩散范围受地理距离的限制,而且逐渐认识到社会距离、关系距离等其他维度的距离也将产生重要影响,因此集聚不再是获得知识溢出的唯一途径。其次,早期学者对如何有效地获取知识溢出的研究主要从微观角度着手,如今获取知识溢出不仅受到知识溢出主体性质的影响,研究发现从宏观角度看,区域社会网络的构建对知识溢出的影响也不可忽视。最后,知识溢出对区域、企业能够产生多种多样的效应。以往研究主要关注知识溢出的增长效应和创业效应,目前学者的研究范围正在逐渐扩大,对于知识溢出对企业战略、企业经济活动的影响这类更具体的效应的研究在逐渐增多。

3.4 区域创新效率评价

除了从创新主体和主体间的知识溢出两个方面研究区域创新问题,区域创新研究最重要的应用在于设计一套评价体系,用现实的数据对某一区域创新的效率进行量化分析,并在同一个框架下比较不同区域的区域创新效率,最终找到提升区域效率的最有效方法。区域创新效率的内涵指的是,在一定的技术创新环境和资源约束下,每单位创新投入所能得到的产出。有关区域创新效率的研究主要以实证研究为主,所用的方法由国外的研究创立,但将这些计量方法运用于区域创新效率评价则主要是由国内学者完成的,国内有大量的研究基于省际数据对区域创新效率进行了广泛和深入的探讨。

3.4.1 区域创新效率评价方法

对于区域创新效率的测度,按照模型中参数是否进行估计,划分为参数分析方法和非参数分析方法两类,参数分析方法以随机前沿分析(SFA)方法为代表,非参数分析方法则主要运用数据包络分析(DEA)方法(白俊红,2010)。

3.4.1.1 随机前沿分析方法

随机前沿分析方法的基本模型为:

$$y_{it} = f(x_{it};\beta) \times \exp(v_{it}) \times \exp(-u_{it}) \tag{3.6}$$

其中,y_{it}指企业 i 在 t 时期的产出;f 是生产函数,指企业的技术前沿;x_{it}指企业 i 在 t 时期的投入要素;β 是要估计的参数;v_{it}指企业 i 在 t 时期影响产出的随机因素;因而随机前沿是 $y_{it} = f(x_{it};\beta) \times \exp(v_{it})$。$u_{it}$表示技术无效率,是我们利用随机前沿分析方法要计算的重要变量,它保证每个企业的产出位于生产可能性边界以内,任何偏差都是由企业的控制因素(例如技术和经济无效率、生产者和雇员努力程度等)造成的,所以它被称作"管理误差项"。

该模型的含义是,若单个企业无法达到生产可能性边界,可能是由于它所受到的随机因素和技术无效率两方面的影响。这两方面因素都不可观测,通常的处理方法是定义随机因素为白噪声,期望为零,即 $N(0,\sigma_v^2)$;定义技术无效率 u_{it} 为服从非负断尾正态分布,即 $N^+(u,\sigma_u^2)$,此外 $u_{it} = u_i \exp[-\eta(t-T)]$,其中 η 表示时间对技术效率指数($-u_{it}$)的影响,$\eta>0$、$\eta=0$ 和 $\eta<0$ 分别表示($-u_{it}$)随时间递增、不变及递减,且 v_{it} 和 u_{it} 相互独立。最后,技术效率 TE 的定义是实际产出期望与前沿产出期望的比值:

$$TE_{it} = \frac{E[y_{it}]}{E[f(x_{it};\beta) \times \exp(v_{it})]} = \exp(-u_{it}) \tag{3.7}$$

Battese(1995)设定方差参数 $\gamma = \sigma_u^2/(\sigma_v^2 + \sigma_u^2)$ 作为检验随机前沿分析方法的变量。该变量衡量的是复合扰动项中技术无效项所占的比重,该取值在 0 和 1 之间。若 $\gamma=0$,表明实际产出与位于前沿生产函数的产出之间的差距主要来自随机因素,那么无须使用随机前沿分析方法。

在计算区域创新效率时,学者们将某一区域看作该方法中的某一企业,借用该框架来计算区域投入产出效率 TE,观测其是否达到生产函数的随机前沿。

学者们除了需要度量区域创新效率,还希望找出影响区域创新效率的因素,由此提出有效的提高区域创新效率的措施。因此 Battese(1995)在上述模型基础上引入了技术非效率函数:

$$u_{it} = \delta_0 + z_{it}\delta + \omega_{it} \tag{3.8}$$

其中,z_{it} 表示导致技术非效率的因素,δ_0 表示常数项。δ 表示系数向量,若 δ 中有元素为正,说明其对区域创新效率提升有正向影响;若 δ 中有元素为负,则证明该元素会导致区域创新无效率。

3.4.1.2 数据包络分析方法

数据包络分析方法依靠线性规划的方法求解决策单元的技术效率。模型的假设条件有:(A)规模报酬不变;(B)决策单元的数目大于等于两倍投入和产出项目数量之和;(C)投入向量和产出向量相关。

假设模型有 n 个决策单元($n=1,2,\cdots,p$),每个决策单元 i 使用 m 类投入要素,用向量表示为 $x_{ij}(j=1,\ldots,m)$;生产 k 种产出,向量表示为 $y_{ir}(r=1,\ldots,k)$,在投入导向模式下,决策单元的相对效率衡量指标 $h_i(u,v)$ 为:

$$\max_{u,v} h_i = \sum_{r=1}^{k} u_r y_{ir} \Big/ \sum_{j=1}^{m} v_j x_{ij} \quad \text{s.t.} \sum_{r=1}^{k} u_r y_{ir} \Big/ \sum_{j=1}^{m} v_j x_{ij} \leq 1 \tag{3.9}$$

其中,u_r 和 v_j 是 r 种产出和 j 类投入的权重系数。

利用 Chames-Cooper 变换和对偶变化,引入松弛变量 $s_j^+ \geq 0, s_r^- \leq 0$(该变量的大小在一定程度上反映决策单元的投入和产出优化方向)及非阿基米德无穷小量 ε,将公式(3.9)变化为线性规划模型:

$$\min_{\theta,\lambda}[\theta_i - \varepsilon(e_m^T s_j^+ + e_k^T s_r^-)]$$

$$\text{s.t.} \sum_{i=1}^{p.} \lambda_i y_{ir} - s_r^- = y_r^{p.} \quad \sum_{i=1}^{p.} \lambda_i x_{ij} + s_j^+ = \theta_i x_j^{p.} \tag{3.10}$$

其中,θ_i 表示决策单元 i 的效率值,e_m^T 和 e_k^T 分别表示 m 维和 k 维的单位向量,λ_i 表示决策单元 i 的权重,$\lambda_i \geq 0$。

3.4.2 区域创新效率评价数据来源

区域创新效率评价实质上是在衡量创新的投入产出效率,选用的投入要素一般都侧重于资本和劳动投入两方面。更具体的,一般使用研发费用投入(区域科技活动经费支出总额)及研发劳动投入(区域科技活动人员数量)作为资本和劳动投入数据(Sharma & Thomas,2008)。在使用数据之前,通常借用吴延兵(2008)的永续盘存法将研发资本流量转化为研发资本存量数据。当然,也有学者选用更多样化的投入产出数据,例如除了选用以上两类投入数据,胡明铭(2006)还加入了在校研究生数作为劳动投入数据。由于区域创新活动范围远大于区域研发活动的范围,且区域创新效率衡量的是区域所有创新活动的效率,用区域活动经费内部支出和科技活动人员数量作为投入变量,能够较为全面地反映区域创新活动成果。

在产出方面,用专利申请受理数和新产品销售收入指代区域创新产出变量。专利申请受理数是最常见的衡量创新产出的指标;除了新产品销售收入,也有学者使用大中型工业企业新产品销售收入占产品销售收入比重数据(胡明铭,2006)。值得注意的是,考虑到很大一部分资本和劳动投入到人文社会科学研究中,有些学者补充了区域三大系统收录论文数、中文社会科学引文索引(CSSCI)收录论文数作为产出数据。此外,由于创新活动的周期性和投入产出的时滞性,大量文献对投入数据选取存在一年时滞(史修松等,2009)。

最后,需要指出的是在应用随机前沿分析方法的扩展模型中,在影响区域创新效率因素的自变量中,通常加入区域对外开放度(贸易依存度与外资依存度之和)、政府支持力度(区域内研发经费筹集中政府资金所占比例)、金融机构支持力度(研发经费筹集中金融机构贷款的比重)、基础设施建设(邮电业务总量占 GDP 比重)、劳动者素质(每十万人口中在校大学生数)、集聚程度(区域就业人口数占该区域居民点及工矿用地和交通用地的比例)、市场成熟度(技术市场成交额占地区生产总值比重)、竞争程度(区域每一行业就业人口占总就业人口比重的平方和)等(梅文文,2015)。

3.4.3 区域创新效率评价结果

许多学者基于随机前沿分析方法测算区域创新效率。梅文文(2015)利用以上数据,测算我国29个省、区、市(除西藏、宁夏及港澳台地区)平均创新效率值为0.5995,由此得出我国各区域创新无效率的情况普遍存在,但也存在很大创新潜力的结论。在对提高区域创新效率的影响因素方面的研究中,有学者发现对外开放程度、政府支持力度、劳动者素质、集聚程度、市场成熟度都对提升区域创新效率有着积极的促进作用,其中政府的支持是推动区域创新效率提升的关键因素,具有最强的作用效果。白俊红等(2009)基于超越对数生产函数,将自变量分别滞后一年、二年、三年,得到的最高的创新效率值也只有0.486,存在超过50%的改善空间。不同的是,在该研究中,政府资助、金融支持变量、企业与大学的联系、企业参与创新的程度、创新主体间及主体间的联系等,被证明对区域创新效率的提升存在消极影响,而仅仅是劳动力素质、基础设施对区域创新效率的提升有显著的积极影响。因此,需要进一步完善区域创新系统支持体系,理顺各主体内在关系。史修松等(2009)测算了我国1995—2005年各省市的创新效率,横向看来,我国区域创新效率差距较大;纵向看来,我国区域创新效率的变动经历了从下降到上升再到微小波动三个阶段。

此外,也有大量学者使用数据包络分析方法测算区域创新效率。胡明铭(2006)基于全国范围测算的2000—2002年的创新效率逐年降低,并且该效率降低主要由纯技术效率下降引起(纯技术效率平均比规模效率低9.75%)。该结论说明增大投入要素量能够提高产出,可是不能解决创新效率低的问题。作者还就我国各省份分别测算了技术效率和规模效率,将我国各省份区分成强势效率区域、边缘效率区域、边缘非效率区域、明显非效率区域。此外,白俊红(2010)计算的区域创新效率值显示,创新效率高的区域并不是经济发达的区域,二者不存在相关关系,例如内蒙古、广西、海南和云南等地区的创新技术效率均值均达到0.8以上。除此之外,应用数据包络分析方法得出的区域创新效率的静态和动态结果与使用随机前沿分析方法得出的结论基本一致。

综上,随机前沿分析方法和数据包络分析方法各有优劣。随机前沿分析方法要求设定具体的前沿生产函数,以此测算区域创新效率,主观性相对较强。但它在单个个体技术效率的测算及分析影响个体效率之间差异的因素方面具有优势。与此不同的是,数据包络分析方法无须设定具体的生产函数即可直接算出区域创新效率,并且能够衡量创新区域的规模报酬。然而该方法不允许测量误差的存在,也无法验证影响效率的因素。在指标选择上,变量多从技术创新本身考虑,较少考虑到经济效益和社会效益。虽然两种方法各有优劣,但是测算出的结果有许多共同之处,例如两种方法测算的区域效率都较低,区域创新还有很大的成长空间,区域创新效率的差异也很大。不过在考虑影响因素方面,基于不同时间选取的样本,得到的结论存在较大差异。

3.5 本章小结

本章从区域维度对创新研究进行梳理。从微观个体入手,本章梳理了区域内创新主体互动的有关文献,尤其是对最重要的两个直接创新主体——企业与大学的区域化互动的研究。有关创新主体互动的研究,学者们对其关注由来已久,大量的文献分别从互动的基础、互动的积极影响、互动的影响因素等方面讨论了主体间互动的行为,以及其对区域创新水平的影响。区域创新能力绝不仅仅是区域内各主体自身能力的总和,它们之间的互动效果对区域创新水平的提升起着举足轻重的作用。

区域创新主体之间存在互动,自然出现了知识溢出。无数学者对知识溢出进行了广泛的研究,本章主要从知识溢出的基本性质、知识溢出的制约因素、知识溢出的效应三个方面对有关文献进行了梳理。国外学者在1890年马歇尔时代就开始观察到知识溢出现象,至此已经建立了完整的知识溢出基本概念范畴的研究框架,对于知识溢出的制约因素及效应也有了较为广泛的讨论。然而,值得注意的是,无论是国外学者还是国内学者,都还未建立一套标准的捕捉知识溢出量的测度方法,目前有关知识溢出的经验研究大都停留在对知识溢出现象的实证检验上。

对于区域创新效率的评价,由于我国区域的异质性较大,基于实际应用的需要,国内学者开展了大量的研究。主要的研究方法就是随机前沿分析方法和数据包络分析方法。通过收集的区域创新投入和产出数据,两种方法都能够测算出区域创新效率。不同的是,随机前沿分析方法需要假设生产函数形式,容易产生误差,但是该方法能够检验影响区域创新效率的因素;数据包络分析方法无须设定生产函数形式就能得到创新效率,但是该方法不允许测量误差,且不能找出其影响因素。在实际运用中,由于两种方法各有利弊,学者们通常依据采集的数据及研究主题进行选择。

总之,从区域维度关注创新问题,在国内外都是创新经济学一个较为年轻的分支。目前对区域创新的研究关注的热度在持续提升,在短短20年时间里,已然建立了区域创新分析的基本框架,但是目前对区域创新的研究仍然有一些未答之题:

第一,学者们正逐渐融入社会学的视角、动态的视角研究区域创新问题。今后研究区域创新问题的热点很可能是在研究中融入社会网络分析方法。目前对网络的研究还有很多方面有待进一步深入,例如创新过程中信息交换是怎样发生的、网络是如何构建的、进入网络中的成员如何被其他成员接受或拒绝及其在网络中如何演化、空间形式是如何构成的及是否展示出了分散均衡的特征等。

第二,有关知识溢出区域化的研究目前还有待深入。虽然所有著名的研究一致认可知识溢出受到空间距离的限制这一命题,但是证明这一命题的证据大多是间接的并且不确切的。这类实证研究存在的缺陷是,几乎没有研究能够说明知识溢出究竟如何在同一个区域的人群之间传递。此外,创新网络在一定程度上无疑受到空间范围的限制,然而区域网络受到的限制与知识溢出的区域化有多大程度的相关,并没有得到很好的解释。

参考文献

[1] 白俊红,江可申,李婧:"应用随机前沿模型评测中国区域研发创新效率",《管理世界》,2009年第10期,第51—61页。

[2] 白俊红:"中国区域创新效率的实证研究",南京航空航天大学,2010年。

[3] 常爱华:"产学研合作机理的哲学新释",天津大学,2007年。

[4] 陈劲:"协同创新与国家科研能力建设",《科学学研究》,2011年第12期,第4—5页。

[5] 陈柳钦:"产页业集群与区域创新体系互动分析",《重庆大学学报(社会科学版)》,2005年第6期,第1—10页。

[6] 费钟琳,赵顺龙:"主体风险态度对校企联盟知识转移模式的影响",《软科学》,2010年第24卷,第10—13页。

[7] 胡明铭:"区域创新系统评价及发展模式与政策研究",中南大学,2006年。

[8] 胡永健,周寄中:"政府直接资助企业技术创新绩效案例研究",《管理评论》,2009年第3期,第37—44页。

[9] 解学梅:"企业协同创新影响因素与协同程度多维关系实证研究",《科研管理》,2015年第36期,第69—78页。

[10] 李晨光,张永安:"集群科技政策全要素关键路径及企业响应效果研究",《管理评论》,2015年第2期,第145—157页。

[11] 李山:"基于校企知识转移的企业开放式创新研究",江西财经大学,2013年。

[12] 李应博,周立,何建坤:"协同创新服务视角下的中国大学创新能力转移",《中国科技论坛》,2007年第2期,第22—26页。

[13] 梅文文:"基于随机前沿分析的我国区域创新绩效及差异研究",《经济师》,2015年第5期,第68—70页。

[14] 彭灿:"区域创新系统内部知识转移的障碍分析与对策",《科学学研究》,2003第1期,第107—111页。

[15] 史修松,赵曙东,吴福象:"中国区域创新效率及其空间差异研究",《数量经济技术经济研究》,2009年第3期,第46—56页。

[16] 苏娅,侯二秀,杨洋,王晓燕:"高校协同创新模式构建与案例研究",《内蒙古医科大学学报》,2014年第S2期,第672—676页。

[17] 孙建:"中国区域创新能力收敛性研究",《科学学与科学技术管理》,2010年第31卷第2期,第113—117页。

[18] 谈毅,杨晔,白伊贝:"政府科技投入对高校创新产出影响的实证研究——基于2004—2013年的数据",《财政研究》,2014年第12期,第53—57页。

[19] 王焕祥,孙斐:"区域创新系统的动力机制分析",《中国科技论坛》,2009年第1期,第36—40页。

[20] 王莉静:"基于自组织理论的区域创新系统演进研究",《科学学与科学技术管理》,2010年第8期,第128—132页。

[21] 王立平:"我国高校R&D知识溢出的实证研究——以高技术产业为例",《中国软科学》,2005年第12期,第54—59页。

[22] 王庆喜,张朱益:"我国省域创新活动的空间分布及其演化分析",《经济地理》,2013年第33卷第10期,第8—15页。

[23] 王祥兵,严广乐,杨卫忠:"区域创新系统动态演化的博弈机制研究",《科研管理》,2012年第11期,第3—10页。

[24] 吴延兵:"中国地区工业知识生产效率测算",《财经研究》,2008年第34卷第10期,第5—15页。

[25] 吴玉鸣:"大学、企业研发与首都区域创新的局域空间计量分析",《科学学研究》,2006年第3期,第398—404页。

[26] 吴玉鸣:"官产学 R&D 合作、知识溢出与区域专利创新产出",《科学学研究》,2009年第10期,第1486—1494页。

[27] 吴玉鸣,何建坤:"研发溢出、区域创新集群的空间计量经济分析",《管理科学学报》,2008年第4期,第63—70页。

[28] 杨武,申长江:"开放式创新理论及企业实践",《管理现代化》,2005年第5期,第4—6页。

[29] 姚艳虹,周惠平:"产学研协同创新中知识创造系统动力学分析",《科技进步与对策》,2015年第4期,第110—117页。

[30] 姚永玲:"从创新效率与经济增长关系看科技政策",《管理世界》,2009年第12期,第170—171页。

[31] 叶静怡,林佳,姜蕴璐:"知识溢出、距离与创新——基于长三角城市群的实证分析",《世界经济文汇》,2016年第3期,第21—41页。

[32] 叶静怡,杨洋,韩佳伟,韦璐璐:"投入、隐性因素与大学技术成果转化——基于中国大学专利出售数据的实证分析",《经济科学》,2014年第36卷第5期,第103—117页。

[33] 余冬筠,金祥荣:"创新主体的创新效率区域比较研究",《科研管理》,2014年第3期,第53—59页。

[34] 张力:"产学研协同创新的战略意义和政策走向",《教育研究》,2011年第7期,第20—23页。

[35] 赵喜仓,李冉,吴继英:"创新主体与区域创新体系的关联机制研究",《江苏大学学报(社会科学版)》,2009年第2期,第73—77页。

[36] Acs, Z. J., P. Braunerhjelm, D. B. Audretsch, and B. Carlsson, "The knowledge spillover theory of entrepreneurship", *Small Business Economics*, 2009, 1: 15—30.

[37] Adams, James, D., "Fundamental stocks of knowledge and productivity growth", *Journal of Political Economy*, 1990, 4: 673—702.

[38] Adler, P. S., "Social capital: Prospects for a new concept", *Academy of Management Review*, 2002, 1: 17—40.

[39] Agrawal, A., "University-to-industry knowledge transfer: Literature review and unanswered questions", *International Journal of Management Reviews*, 2001, 4: 285—302.

[40] Aigner, D. J., and S. F. Chu, "On estimating the industry production function", *American Economic Review*, 1968, 4: 826—839.

[41] Amin, A., and P. Cohendet, *Architectures of Knowledge: Firms, Capabilities, and Commu-*

nities. Oxford University Press, 2004.

[42] Anselin, L., A. Varga, and Z. Acs, "Local geographic spillovers between university research and high technology innovations", *Journal of Urban Economics*, 1997, 3: 422—448.

[43] Antonelli, C., "The new economics of the university: A knowledge governance approach", *The Journal of Technology Transfer*, 2008, 1: 1—22.

[44] Arrow, K. J., "Economic welfare and the allocation of resources for invention", *Industrial Economics*. London: Palgrave, 1972.

[45] Attila, V., "Local academic knowledge spillovers and the concentration of economic activity", Regional Research Institute, West Virginia University, Research Paper, 1998, 9803.

[46] Audretsch, D. B., and M. P. Feldman, "R&D spillovers and the geography of innovation and production", *The American Economic Review*, 1996, 3: 630—640.

[47] Audretsch, D. B. M. Keilbach, and E. Lehmann, "The knowledge spillover theory of entrepreneurship and economic growth", *Research on Technological Innovation, Management and Policy*, 2005, 9: 37—54.

[48] Autant, Bernard, C., P. Billand, D. Frachisse, and N. Massard, "Social distance versus spatial distance in R&D cooperation: Empirical evidence from European collaboration choices in micro and nanotechnologies", *Papers in Regional Science*, 2007, 3: 495—519.

[49] Bacon, B., "Toward a definition and characterization of the engaged university", *Metropolitan*, 2001, 3: 9—20.

[50] Bartram, S. M., G. Brown, and R. M. Stulz, "Why are US stocks more volatile?", *The Journal of Finance*, 2012, 4: 1329—1370.

[51] Basile, R., R. Capello, and A. Caragliu, "Technological interdependence and regional growth in Europe: Proximity and synergy in knowledge spillovers", *Papers in Regional Science*, 2012, 4: 697—722.

[52] Battese, G. E., "A model for technical inefficiency effects in a stochastic frontier production function for panel data", *Empirical Economics*, 1995, 2: 325—332.

[53] Beise, M., and H. Stahl, "Public research and industrial innovations in Germany", *Research Policy*, 1999, 4: 397—422.

[54] Bekkers, R., and I. M. B. Freitas, "Analyzing knowledge transfer channels between universities and industry: To what degree do sectors also matter?", *Research Policy*, 2008, 10: 1837—1853.

[55] Belenzon, S., and M. Schankerman, "Spreading the word: Geography, policy, and knowledge spillovers", *Review of Economics and Statistics*, 2013, 3: 884—903.

[56] Belenzon, S., and M. Schankerman, "University knowledge transfer: Private ownership, incentives, and local development objectives", *Journal of Law and Economics*, 2009, 1: 111—144.

[57] Blomström, M., and A. Kokko, "Multinational corporations and spillovers", *Journal of Economic Surveys*, 1998, 3: 247—277.

[58] Bode, E., "The spatial pattern of localized R&D spillovers: An empirical investigation for Germany", *Journal of Economic Geography*, 2004, 1: 43—64.

[59] Bottazzi, L., and G. Peri, "Innovation and spillovers in regions: Evidence from European patent data", *European Economic Review*, 2003, 4: 687—710.

[60] Branstetter, L. G., "Are knowledge spillovers international or intranational in scope? Micro-econometric evidence from the US. and Japan", *Journal of International Economics*, 2001, 1: 53—79.

[61] Broekel, T., and R. Boschma, "Knowledge networks in the Dutch aviation industry: The proximity paradox", *Journal of Economic Geography*, 2012, 2: 409—433.

[62] Camagni, R., "Local milieu, uncertainty and innovation networks: Towards a dynamic theory of economic space", *Innovation Networks: Spatial Perspectives*, 1991, 121—144.

[63] Caniëls, M. C. J., *Knowledge Spillovers and Economic Growth : Regional Growth Differentials across Europe*. Northampton: Edward Elgar Publishing, 2000.

[64] Cantwell, J., and O. Janne, "Technological globalisation and innovative centres: The role of corporate technological leadership and locational hierarchy", *Research Policy*, 1999, 2: 119—144.

[65] Cassiman, B., and R. Veugelers, "R&D cooperation and spillovers: Some empirical evidence from Belgium", *American Economic Review*, 2002, 4: 1169—1184.

[66] Chatterton, P., and J. Goddard, "The response of higher education institutions to regional needs", *European Journal of Education*, 2000, 4: 475—496.

[67] Chesbrough, H. W., *Open innovation: The New Imperative for Creating and Profiting from Technology*. Harvard Business Press, 2003.

[68] Chun-Chien, K., and Y. Chih-Hai, "Knowledge capital and spillover on regional economic growth: Evidence from China", *China Economic Review*, 2008, 4: 594—604.

[69] Cockburn, I. M., and R. M. Henderson, "Absorptive capacity, coauthoring behavior, and the organization of research in drug discovery", *The Journal of Industrial Economics*, 1998, 2: 157—182.

[70] Cohen, W. M., and D. A. Levinthal, "Absorptive capacity: A new perspective on learning

and innovation", *Administrative Science Quarterly*, 1990, 1: 128—152.

[71] Coleman, J. S., "Social capital in the creation of human capital", *American Journal of Sociology*, 1988, 94: 95—120.

[72] Colyvas, J., N. Rosenberg, M. Crow, A. Gelijns, R. Mazzoleni, B. N. Sampat, and R. R. Nelson, "How do university inventions get into practice?", *Management Science*, 2001, 1: 61—72.

[73] Comin, D., and T. Philippon, "The rise in firm-level volatility: Causes and consequences", *NBER Macroeconomics Annual*, 2005, 20: 203—215.

[74] Cowan, R., and N. Jonard, "Network structure and the diffusion of knowledge", *Journal of Economic Dynamics and Control*, 2004, 8: 1557—1575.

[75] D'Este, P., and P. Patel, "University-industry linkages in the UK: What are the factors determining the variety of university researchers'interactions with industry", DRUID 10th Anniversary Summer Conference, 2005: 27—29.

[76] Ding, X., and R. Huang, "Effects of knowledge spillover on inter-organizational resource sharing decision in collaborative knowledge creation", *European Journal of Operational Research*, 2010, 3: 949—959.

[77] Drejer, I., and A. L. Vinding, "Searching near and far: Determinants of innovative firms' propensity to collaborate across geographical distance", *Industry and Innovation*, 2007, 3: 259—275.

[78] Döring, T., and J. Schnellenbach, "What do we know about geographical knowledge spillovers and regional growth? A survey of the literature", *Regional Studies*, 2006, 3: 375—395.

[79] Dussauge, P., B. Garrette, and W. Mitchell, "Learning from competing partners: Outcomes and durations of scale and link alliances in Europe, North America and Asia", *Strategic Management Journal*, 2000, 2: 99—126.

[80] Dyer, J. H., and H. Singh, "The relational view: Cooperative strategy and sources of interorganizational competitive advantage", *Academy of Management Review*, 1998, 4: 660—679.

[81] Fabrizio, K., "The use of university research in firm innovation", *Open Innovation*, 2006, 134—160.

[82] Farrell, M. J., "The measurement of productive efficiency", *Journal of the Royal Statistical Society B*, 1957, 3: 253—281.

[83] Feldman, M. P., and P. Desrochers, "Truth for its own sake: Academic culture and tech-

nology transfer at Johns Hopkins University", *Minerva*, 2004, 2: 105—126.

[84] Fung, M. K., and W. W. Chow, "Measuring the intensity of knowledge flow with patent statistics", *Economics Letters*, 2002, 3: 353—358.

[85] Fu, W., *Towards a Dynamic Regional Innovation System: Investigation into the Electronics Industry in the Pearl River Delta, China*. Heidelberg: Springer, 2015.

[86] Gambardella, A., "Competitive advantages from in-house scientific research: The US pharmaceutical industry in the 1980s", *Research Policy*, 1992, 5: 391—407.

[87] Griliches, Z., "Issues in assessing the contribution of research and development to productivity growth", *The Bell Journal of Economics*, 1979, 1: 92—116.

[88] Grimpe, C., and H. Fier, "Informal university technology transfer: A comparison between the United States and Germany", *Access and Download Statistics*, 2010, 6: 637—650.

[89] Grossman, G. M., and E. Helpman, "Comparative advantage and long-run growth", National Bureau of Economic ResearchWorking Paper, 1989, No. 2809.

[90] Gulati, R., and H. Singh, "The architecture of cooperation: Managing coordination costs and appropriation concerns in strategic alliances", *Administrative Science Quarterly*, 1998, 4: 781—814.

[91] Gu, S., and B. Lundvall, "China's innovation system and the move towards harmonious growth and endogenous innovation, working document", *The Learning Economy and the Economics of Hope*. AnthemPress, London, 2006.

[92] Hall, B. H., and N. Rosenberg, *Handbook of the Economics of Innovation*. Amsterdam: North Holland, 2010.

[93] Henderson, V., "Externalities and industrial development", *Journal of Urban Economics*, 1997, 3: 449—470.

[94] Huang, L., X. Liu, and L. Xu, "Regional innovation and spillover effects of foreign direct investment in China: A threshold approach", *Regional Studies*, 2012, 5: 583—596.

[95] Inkmann, J., and W. Pohlmeier, "R&D spillovers, technological distance and innovative success", presented at the IFS conference on *R&D Innovation and Productivity*. London, 1995.

[96] Inkmann, J., "Horizontal and vertical R&D cooperation", Cofe Discussion Paper, Working Paper, 2000.

[97] Inkpen, A. C., and E. W. K. Tsang, "Social capital, networks, and knowledge transfer", *Academy of Management Review*, 2005, 1: 146—165.

[98] Isaksen, A., and J. Karlsen, "Organizational learning, supportive innovation systems and

implications for policy formulation", *Journal of the Knowledge Economy*, 2011, 4: 453—462.

[99] Ito, B., Z. Xu, and N. Yashiro, "Does agglomeration promote internationalization of Chinese firms?", *China Economic Review*, 2015, 109—121.

[100] Jaffe, A. B., "Demand and supply influences in R&D intensity and productivity growth", *The Review of Economics and Statistics*, 1988, 3: 431—437.

[101] Jaffe, A. B., M. Trajtenberg, and R. Henderson, "Geographic localization of knowledge spillovers as evidenced by patent citations", *The Quarterly Journal of Economics*, 1993, 3: 577—598.

[102] Jaffe, A. B., "Real effects of academic research", *The American Economic Review*, 1989, 5: 957—970.

[103] Jaffe, A. B., "Technological opportunity and spillovers of R&D: Evidence from firms' patents, profits and market value", NBER Working Paper No. 1815, 1986.

[104] Keller, W., "International technology diffusion", *Journal of Economic Literature*, 2004, 3: 752—782.

[105] Krugman, P. R., *Geography and Trade*. Massachusetts: MIT Press, 1991.

[106] Kuiken, Janna, and Peter Sijde, "Knowledge transfer and disseminative capacity: A review and propositions for further research on academic knowledge transfer", The 18th Annual High Technology Small Firms Conference, 2010.

[107] Leyden, Dennis, P., N. Albert, Link, and S. Donald, Siegel, "A theoretical analysis of the role of social networks in entrepreneurship", *Research Policy*, 2014, 7: 1157—1163.

[108] Lin, S., "Are ivory towers truly ivory? Knowledge spillovers and firm innovation", *Journal of Economics and Business*, 2015, 21—36.

[109] Liu, F., D. F. Simon, Y. Sun, and C. Cao, "China's innovation policies: Evolution, institutional structure, and trajectory", *Research Policy*, 2011, 7: 917—931.

[110] Liu, X., P. Siler, C. Wang, and Y. Wei, "Productivity spillovers from foreign direct investment: Evidence from UK industry level panel data", *Journal of International Business Studies*, 2000, 3: 407—425.

[111] Lockett, A., and M. Wright, "Resources, capabilities, risk capital and the creation of university spin-out companies", *Research Policy*, 2005, 7: 1043—1057.

[112] Love, J. H., and S. Roper, "Location and network effects on innovation success: Evidence for UK, German and Irish manufacturing plants", *Research Policy*, 2001, 4: 643—661.

[113] López-Bazo, E., E. Vayá, and M. Artís, "Regional externalities and growth: Evidence

from European regions", *Journal of Regional Science*, 2004, 1: 43—73.

[114] MacKinnon, D., A. Cumbers, and K. Chapman, "Learning, innovation and regional development: A critical appraisal of recent debates", *Progress in Human Geography*, 2002, 3: 293—311.

[115] Maggioni, M. A., M. Nosvelli, and T. E. Uberti, "Space versus networks in the geography of innovation: A European analysis", Papers in Regional Science, 2007, 3: 471—493.

[116] Mansfield, E., and J. Lee, "The modern university: Contributor to industrial innovation and recipient of industrial R&D support", *Research Policy*, 1996, 7: 1047—1058.

[117] Marshall, A., *Principles of Economics*: 8editions. London: Macmillan, 1920.

[118] Mayer, K. J., "Spillovers and governance: An analysis of knowledge and reputational spillovers in information technology", *Academy of Management Journal*, 2006, 1: 69—84.

[119] Mcdonald, L., G. Capart, B. Bohlander, M. Cordonnier, L. Jonsson, L. Kaiser, J. Lack, J. Mack, C. Matacotta, and T. Schwing, "Management of intellectual property in publicly-funded research organisations: Towards European guidelines", Office for Official Publications of the European Communities, Luxembourg, 2004.

[120] Miner, A. S., P. Bassof, and C. Moorman, "Organizational improvisation and learning: A field study", *Administrative Science Quarterly*, 2001, 2: 304—337.

[121] Miyata, Y., "An empirical analysis of innovative activity of universities in the United States", *Technovation*, 2000, 8: 413—425.

[122] Moreno, R., R. Paci, and S. Usai, "Geographical and sectoral clusters of innovation in Europe", *The Annals of Regional Science*, 2005, 4: 715—739.

[123] Mowery, D. C., R. R. Nelson, B. Sampat, and A. Ziedonis, "Ivory tower and industrial innovation", *Palo Alto: Stanford Business Books*, 2004.

[124] Nelson, R. R., "The simple economics of basic scientificresearch", *Journal of Political Economy*, 1959, 3: 297—306.

[125] Nooteboom, B., *Learning and Innovation in Organizations and Economies*. OUP Oxford, 2000.

[126] Park, W. G., "International R&D spillovers and OECD economic growth", *Economic Inquiry*, 1995, 4: 571—591.

[127] Perkman, M., and K. Walsh, "Engaging the scholar: Three types of academic consulting and their impact on universities and industry", *Research Policy*, 2008, 10: 1884—1891.

[128] Polenske, K. R., *The Economic Geography of Innovation*. Cambridge University Press, 2007.

[129] Ponds, R., "The limits to internationalization of scientific research collaboration", *The Journal of Technology Transfer*, 2009, 1: 76—94.

[130] Portes, A., "Social capital: Its origin and application in modern sociology", *Annual Review of Sociology*, 1998, 1: 1—24.

[131] Powell, W. W., K. W. Koput, and L. Smith-Doerr, "Interorganizational collaboration and the locus of innovation: Networks of learning in biotechnology", *Administrative Science Quarterly*, 1996, 1: 116—145.

[132] Richardson, H. W., *Regional Growth Theory*. Macmillan, 1973.

[133] Schiller, D., and J. R. Diez, "Local embeddedness of knowledge spillover agents: Empirical evidence from German star scientists", *Regional Science*, 2010, 2: 275—294.

[134] Schmandt, J., and R. H. Wilson, *Growth Policy in the Age of High Technology: The Role of Regions and States*. Allen & Unwin Australia, 1990.

[135] Sharma, S., and V. J. Thomas, "Inter-country R&D efficiency analysis: An application of data envelopment analysis", *Scientometrics*, 2008, 3: 483—501.

[136] Siegel, D. S., and P. H. Phan, "Analyzing the effectiveness of university technology transfer: Implications for entrepreneurship education", *Advances in the Study of Entrepreneurship, Innovation & Economic Growth*, 2004, 5: 1—38.

[137] Siegel, D. S., D. A. Waldman, L. E. Atwater, and A. N. Link, "Commercial knowledge transfers from universities to firms: Improving the effectiveness of university-industry collaboration", *The Journal of High Technology Management Research*, 2003, 1: 111—133.

[138] Siegel, D. S., D. Waldman, and A. Link, "Assessing the impact of organizational practices on the relative productivity of university technology transfer offices: An exploratory study", *Research Policy*, 2003, 1: 27—48.

[139] Singh, J., and M. Marx, "Geographic constraints on knowledge spillovers: Political borders vs. spatial proximity", *Management Science*, 2013, 9: 2056—2078.

[140] Slaughter, S., and L. L. Leslie, *Academic Capitalism: Politics, Policies, and The Entrepreneurial University*. Baltimore: Johns Hopkins University Press, 1999.

[141] Smith, H. L., and S. Bagchi Sen, "University-industry interactions: The case of the UK biotech industry", *Industry and Innovation*, 2006, 4: 371—392.

[142] Smith, P. J., "Do knowledge spillovers contribute to US state output and growth?", *Journal of Urban Economics*, 1999, 2: 331—353.

[143] Tether, B. S., "Do services innovate (differently)? Insights from the European innobarometer survey", *Industry & Innovation*, 2005, 2: 153—184.

[144] Tsai, W., "Social structure of 'coopetition' within a multiunit organization: Coordination, competition, and intraorganizational knowledge sharing", *Organization Science*, 2002, 2: 179—190.

[145] Yang, H., C. Phelps, and H. K. Steensma, "Learning from what others have learned from you: The effects of knowledge spillovers on originating firms", *Academy of Management Journal*, 2010, 2: 371—389.

[146] Zahra, S. A., and G. George, "Absorptive capacity: A review, reconceptualization, and extension", *The Academy of Management Review*, 2002, 2: 185—203.

[147] Zucker, L. G., M. R. Darby, and J. Armstrong, "Geographically localized knowledge: Spillovers or markets?", *Economic Inquiry*, 1998, 1: 65—86.

第四章 产业创新研究：基于系统的视角

4.1 引言：产业创新与产业创新系统

产业创新理论是创新理论的一个重要组成部分，源于对产业革命的研究，并随着创新理论和实践的发展而不断深入。产业创新理论最早可以追溯到 Schumpeter(1942)的"连续产业革命"，他认为创新"不断从体系内部革新经济结构，不断破坏旧的结构并创造新的结构的'产业突变'构成了一种创造性的破坏过程"，并提出了如今被称为产品创新、技术创新、市场创新、资源配置创新和组织创新的五种创新情况，产业创新的概念呼之欲出，被认为是产业创新思想的萌芽。20 世纪 60 年代，学术界开始讨论创新是如何改变产业结构和竞争力的。1960 年，Cunningham(1960)最早使用了"产业创新"一词，他在《产业创新》(Industrial Innovation)中讨论了"创新"术语的使用和创新普及的困难，分析了产业问题的差异性、绩效标准和产业比较等问题，但主要是评述与产业相关的创新研究，不具有系统性，也未关注"产业"范围，没有给出产业创新的明确定义。

对产业创新进行更深入研究的是弗里曼(Freeman)和苏特(Soete)在 1974 年[①]出版的《产业创新经济学》(The Economics of Industrial Innovation)，强调在历史背景下研究特定产业的创新问题，覆盖了技术创新、产品创新、流程创新、组织创新、材料创新等创新范畴，并指出不同产业有不同的创新内容(Freeman &

---

① 该书于 1982 年、1997 年分别出版了第二、第三版，并添加了 20 世纪八九十年代新的研究成果。

Soete,1997),奠定了产业创新理论发展的基础。在随后的二十多年中,学者从国家、产业、区域、技术和企业等多种角度深入探讨了产业创新的系统本质、影响、产业特征等问题。同时,随着创新研究重点由创新的影响转向创新过程,涌现出一大批研究产业创新影响因素的文献,在一定程度上体现了系统性特征。这些成果被收录在 1995 年道奇森(Dodgson)和罗斯韦尔(Rothwell)主编的《产业创新手册》(The Handbook of Industrial Innovation)中,对后续产业创新的研究产生了广泛而深远的影响,推动了后续产业创新的研究。

近年来,随着创新研究的重点由创新对经济增长和竞争力的影响转向创新是如何发生的(Pitt & Nelle,2008),产业创新研究涌现出一大批关注创新过程和影响因素的文献,并发展出相互区别却又相互联系的研究方法和研究框架,具体包括如下几类。[①]

第一类方法主要出现在早期研究中,可以追溯至熊彼特的理论,被 Kamien & Schwartz(1982)称为"市场结构和创新"(market structure and innovation)方法。该方法的关注点在于检验创新和企业规模(即垄断力量)的关系,涌现出一大批文献(Nelson & Winter,1982;Methe,1992;Stock et al.,2002),但这些早期研究存在很大缺陷。首先,该方法并未能很好地识别创新与市场结构、企业规模之间的因果关系(Dasgupta & Stiglitz,1980;Nelson & Winter,1982)。其次,在不同产业部门里,创新与企业规模的关系有很大不同,这意味着还存在其他因素(主要是技术特性)可以解释产业创新模式(Malerba,2005)。

第二类方法把学习条件和技术背景纳入产业创新的考虑范围,并提出了"技术体制"(technological regime)的概念。这一概念最早可以追溯至 Nelson & Winter(1982)的研究,他们指出,包括技术机会(opportunity)及专用性(appropriability)在内的技术特性和技术环境对产业内部的创新强度与市场结构有重要影响,技术体制设定了企业行为所能实现的目标边界和自然轨迹(natural trajectories),并根据相关的知识基础区分了两种不同的基本技术体制。[②] 随后的研究进一步从理论和实证角度发展了这一概念,技术体制被定义为四种基础性因素的特定组合——技术机会(technological opportunities)、创新的专用性

[①] 分类方法借鉴了 Malerba(2005)和 Geels(2004)的研究,并结合新的研究进行了补充完善。
[②] 这两种不同的基本技术体制,一是创业性的体制(entrepreneurial regime),知识基础主要是科学的、普遍的、非累积性的,因而可以推动新企业的进入;二是常规化的体制(routinized regime),知识更具有累积性和内部性,因而可以推动现有企业的创新。

(appropriability of innovation)、技术进步的累积性(cumulativeness of technological advances)和知识基础的性质(properties of the knowledge base)(Malerba & Orsenigo,1990,1993;Breschi et al.,2000)。许多研究者也进行了不同程度的探讨,比如 Rosenberg(1976,1982)对技术变动多种来源的研究,Levin et al.(1987)对专用性条件的研究,Pavitt(1984)对创新来源和专用性机制的产业分类法的研究等。技术体制这一方法综合地体现了创新活动中技术的经济特征和学习过程的特点,从而识别出创新过程中所必需的能力、激励和动态性质(Breschi et al.,2000)。

第三类方法是产业创新研究的新兴领域,主要从系统和演化的视角来研究产业创新问题。"创新系统"的概念最早来源于 Freeman(1987)的"国家创新体系",这一方法扩展到产业领域,发展出考察产业创新的不同系统研究方法,代表性方法有由 Breschi & Malerba(1997)提出的产业创新系统、由 Carlsson & Stankiewicz(1991)提出的技术系统(Technological Systems,TS)和由 Mayntz & Hughes(1988)发展的大技术系统(Large Technical Systems,LTS),这三种方法有不同的侧重点,但都强调要素之间的相互联系,并把创新作为共同演化的过程。技术系统是指在特定的制度环境下和特定的技术领域中,各主体通过互动来创造、扩散和使用技术的网络。这一系统方法不仅强调技术创造的重要性,也强调技术扩散和使用的重要性;但却把系统范围缩小到了社会系统(即参与主体的网络),对系统的物质方面有所忽视(Geels,2004)。与技术系统不同,大技术系统以物质方面为核心内容,涉及一类特定的技术,如电力网络、铁路网络、电话系统、信息传输系统、互联网等,构成大技术系统的要素有物质产品(如涡轮发电机、转换器、电力输电线路)、组织(如制造企业、投资银行、R&D 实验室)、自然资源、科学要素(如书、文章)、法律和大学教学项目等。产业创新系统由 Breschi & Malerba(1997)提出,强调企业、非企业组织、制度等一系列联系和网络对产业创新的作用,这一概念与国家创新体系、区域创新系统类似,但却基于产业层面。

第四类方法是在创新系统的基础上,与生态系统融合,强调系统内部的自组织性、多样性,以及系统内部不同主体之间的相互作用,即产业创新生态系统理论。美国总统科技顾问委员会(PCAST)于 2004 年发布的报告《维护国家的创新生态系统、信息技术制造和竞争力》中正式提出了"创新生态系统"概念,这一概念开始受到发达国家政府的重视,并发展出国家、区域、产业和企业等多种范式。产业创新生态系统具有系统性、多样共生性、动态性、演化性和栖息性（何向武等，2015），目前已有不少学者从要素构成、影响因素、功能、演化运行等角度进行了研究（Fransman，2007；李其玮等，2018）。

本章对产业创新的文献梳理和评述主要基于产业创新系统研究，这是出于以下三个方面的考虑。第一，从学术发展的历史看，产业创新系统具有承前启后的作用，既是在前人研究成果的基础上提出的，研究开展得相对较晚，处于产业创新研究的前沿，又对后续产业创新生态系统的研究具有基础性作用。第二，从研究的成熟程度来看，关于产业创新系统的研究还在探索中，特别是在实证研究方面，如何把案例研究与计量分析结合起来，如何定量研究产业创新系统，有待进一步深化。第三，从产业创新系统理论本身来看，这一概念为研究产业创新提供了动态、系统、全面的视角。近年来，基于产业创新系统方法进行研究的文献层出不穷，并在理论和实证的发展过程中，突破了早期的概念定义，融合了各种系统分析的方法，成为分析产业创新的重要工具，也成为政策制定者进行决策的重要依据。因此，借助于产业创新系统这一视角来理解和研究产业创新是必要的。本章的文献评述就以产业创新系统研究为核心，在这一概念和框架下，分别从理论和实证两个方面，对国内外的产业创新系统研究进行概述、总结和比较，为未来进一步的研究提供可能的方向；并在此基础上，对产业创新系统概念的国内应用进行初步探讨。

本章的结构如下：第二部分介绍产业创新系统的思想基础、含义和分类，这是进行产业创新系统分析的基础；第三部分概述国内外的产业创新系统模型和理论；第四部分评述对国内外的产业创新系统的实证研究；第五部分从产业创新系统的政策干预和评价指标体系两个方面，初步探讨产业创新系统概念和理论在国内实践中的作用；第六部分对全章进行总结，并讨论未来可能的研究方向。

4.2 产业创新系统的概念和分类

4.2.1 产业创新系统的思想和理论基础

产业创新系统的提出者之一 Malerba（2004，2005）指出，产业创新系统的思想和理论基础是创新系统方法（innovation system approach）和演化理论（evolutionary theory)。

创新系统方法是产业创新系统的思想基础之一。该方法把创新视为各种参与者之间相互作用的过程,重视相互关系和网络在创新与生产过程中的关键性作用。在创新系统里,企业的创新活动不是孤立的,而是一个集体行动的过程,企业不仅与其他企业发生互动,还会与大学、科研中心、政府机构、金融组织等非企业组织发生互动,在这些互动过程中,所有参与者的行为都受到制度的影响、制约和塑造。这种方法强调交叉研究、历史视角和学习过程的作用。在这一方法之下,发展出了一系列特定创新系统的概念和思想,比如关注国家边界和非企业组织制度的国家创新体系、关注区域边界的区域创新系统、关注特定技术而不是参与者的技术系统等,产业创新系统可以被视为对这些创新系统的补充。

演化理论是产业创新系统思想的另一个重要基础,为产业创新系统的提出提供了重要的理论框架。首先,演化理论的分析以动态、过程和转型为核心,经济系统转变的关键要素是学习和知识。有限理性的主体在不确定的、变化的环境中行动、学习和搜寻,相应地,能力与知识组合的特定方式相适应,并有内在的组织内容,不同的主体用不同的方式进行不同的活动。因此,学习、知识和行为决定了各主体在经验、能力、组织上的异质性,以及持续的差异性表现。其次,演化理论强调信念、目标、预期等认知方面的内容,这受到先前学习、经历和环境的影响。演化理论的核心是三种经济过程,分别是技术、产品、企业和组织多样性的创造过程,造成惯性和连续性的复制过程,以及减少多样性的选择过程,这三种过程推动了经济的变化。最后,在演化理论里,加总现象并不是均衡的,而是处于一种亚稳定状态,会因为互动而发生突变,各主体活动的环境和条件可能会彻底发生变化。该理论强调科学技术、知识基础和制度背景所带来的机会条件的关键性差异,它们制约了各主体的学习、行为和能力。异质企业面临相似的技术和相同的制度设定,围绕相似的知识基础展开搜寻,并进行相似的生产行为,这就使得这些企业有共同的行为和组织特性,并发展出相似的学习模式和行为组织方式。比如,特定的技术体制定义了企业创新活动中需要解决的问题的本质,影响了技术学习的方式、特定行为和组织的激励与约束,以及多样性创造和选择的基础过程,从而影响了企业演化的动态过程。

产业创新系统把演化理论的这些主要观点与创新系统的视角结合在一起,确定了产业创新系统理论的出发点,即产业以特定的知识基础、技术、生产过程、互补性、需求、制度及一系列异质企业和非企业组织为特征,不同的产业在这些维度上存在很大差异。

4.2.2 产业创新系统的概念

尽管产业创新的理论提出得很早,但是"产业创新系统"这个概念的提出则相对较晚。一般认为,马莱巴(Malerba)是产业创新系统研究的开拓者和重要贡献者。Breschi & Malerba(1997)提出了产业创新系统的概念,将其定义为开发、制造产业产品和产生、利用产业技术的企业活动的系统(或集合),在这一系统内的企业通过两种方式相互联系,一是通过发展制造技术中的互动与合作过程,二是通过创新和市场活动中的竞争与选择过程。

随后,马莱巴又深入研究了产业创新系统理论。在2004年出版的《产业创新系统:概念、问题和欧洲六个主要产业的分析》(Sectoral Systems of Innovation: Concepts, Issues and Analyses of Six Major Sectors in Europe)一书中,马莱巴对产业创新系统的含义进行了概括:产业创新(和生产)系统由一组有特定用途的新产品,以及一组为创造、生产和销售这些产品而采取行动并进行市场、非市场互动的参与者构成。其中,参与者包括组织(如企业中的使用者、生产者和供应商,非企业中的大学、金融机构、政府、工会或技术协会)和个人(消费者、企业家或科学家),这些参与者都具有特定的学习过程、能力、信念、目标、组织结构和行为,通过交流、贸易、合作、竞争和命令等过程进行互动,并受到制度的约束。同时,他指出了产业创新(和生产)系统的五个关键点,分别是:(A)同时关注供给、需求和市场;(B)不仅关注企业,也关注其他类型的参与者;(C)除了关注市场互动,也强调非市场互动;(D)关注制度;(E)关注系统的转变过程,产业的边界并不是给定的、静态的。

值得注意的是,这里的"产业"一词与传统定义有所不同。马莱巴不再使用"industry",而是用"sector"作为产业创新系统中的"产业"一词,他认为,产业是将针对已出现或正在出现的需求,为创造和使用一组新的或已有的技术,生产和整合一系列相互联系的产品群,由不同的行为主体进行市场和非市场作用的系统。在此基础上,马莱巴提出的产业创新系统强调对产业创新发生作用的企业、非企业组织、制度等一系列联系和网络的作用(Malerba,2002)。这种产业的定义方法拓展和延伸了传统产业概念,不仅使生产链条的前端延伸至科学创造和知识积累,而且把市场渠道的后端延伸至包括消费者在内的整个社会群体；不仅包含企业、供应商、消费者等行为主体，而且把能够对产业创新产生影响的大学、科研机构、金融机构、政府机构、中介机构等都纳入创新系统中，在相互作用中构成各个层次的网络联系（孔欣欣，2008）。

我国关于产业创新系统的研究大致始于1999年，这一概念最早是基于国家创新体系的研究而提出的，张凤和何传启（1999）认为，产业创新系统是指与产业相关的知识创新及技术创新的机构和组织构成的网络系统，这些国内或国际机构的活动与行为可以促进和提高本产业的创新能力及竞争能力；柳卸林（2000）认为，产业创新系统是对关联性很强的企业、知识生产机构、中介机构和用户作为网络结点而通过附加值生产链相互联系的网络的确认。随后，许多研究在前人所提出的概念的基础上，进一步概括和发展了产业创新系统的含义，比如，张治河（2003）提出，产业创新系统是国家创新体系的二级结构，是以市场需求为动力，以政策调控为导向，以良好的国内外环境为保障，以创新性技术供给为核心，以实现特定产业创新为目标的网络体系；胡明铭和徐姝（2009）则从四个方面概括了产业创新系统的内涵：（A）产业创新系统是网络系统，结点是生产链上的相关企业、知识生产机构、中介机构和用户等；（B）不仅强调行为主体的创新绩效，更重视企业与非企业组织间的互动作用；（C）突出考虑知识和技术体制、制度；（D）以促进产业创新为目的。

比较国内外产业创新系统的内涵，我们可以看出，与马莱巴提出的概念相似，国内的定义都强调了产业创新系统是一个网络系统，关注企业与非企业机构和参与主体的相互作用。但是，这些定义又与国外的概念存在差异。首先，马莱巴强调产业创新系统与其他创新系统（如国家创新体系、区域创新系统等）的互补性，这些创新系统在研究中更倾向处于一种并列的地位，而国内的一些概念界定或在国家创新体系的框架下进行（张凤和何传启，1999；柳卸林，2000），或直接把产业创新系统看作国家创新体系的子结构（张治河，2003），这种定义方式实际上隐含了地理范围的限制，但实际上，国家创新体系的边界是国家边界，产业创新系统的边界是产业或技术边界，它不仅可以是一个国家、一个地区的，也可以是跨国家、跨边界的，因此，把产业创新系统仅看作国家创新体系的构成部分是不全面的。其次，国内的一些定义，特别是早期的定义，主要关注参与主体之间的关系及其所形成的网络对创新的作用，对于知识和技术基础、制度等要素的关注有所欠缺。基于此，本章对产业创新系统的理解主要参照马莱巴的定义。

4.2.3 产业创新系统的分类

产业创新系统的研究是基于产业进行的,因而产业创新系统的分类在某些方面近似于产业的分类(部分研究是以某项技术作为产业来对待的),因此本部分从产业分类的角度对产业创新系统进行划分。Malerba(2004)指出,可以按照各产业在创新活动中的区别,从实证角度划分产业类型,为此,他归纳了典型的四种分类方法:

第一种分类方法通常为 OECD、欧盟和其他国际组织采用,把产业分为"高 R&D 密集度"产业(如电子、药物)和"低 R&D 密集度"产业(如纺织业)。

第二种分类方法是基于熊彼特的研究,按照市场结构和产业动态进行划分的,分为"熊彼特Ⅰ型部门"(Schumpeter Mark Ⅰ sectors)和"熊彼特Ⅱ型部门"(Schumpeter Mark Ⅱ sectors)。前者以"创造性毁灭"、易于进入的技术、企业家的重要角色和新企业参与创新活动为特征,后者以累积性的技术进步、大型企业的存在和新创新者的进入壁垒为特征。

第三种分类方法则按照技术的净供给部门和使用部门划分。Scherer(1982)基于 400 家美国企业的技术使用和跨部门流动状况,把计算机、仪器仪表等行业归为技术的净供给者,把纺织业、冶金业等归为技术的净使用者。相似的,Robson et al.(1988)对 1945—1983 年英国 4 378 件创新发明进行研究,把电子工业、机械业、仪器仪表业、化学工业等产生了大部分创新产品的行业归为核心部门(core sectors),把汽车业、冶金业等在创新中起次要作用的行业归为次级部门(secondary sectors),而把服务业等吸收技术的行业归为使用部门(user sectors)。

第四种分类方法由 Pavitt(1984)提出,他按照创新的来源(sources of innovation)和专用性机制(appropriability mechanisms)对行业进行划分,提出了四种创新行为的产业模式:(A)供给主导型产业(supplier-dominated sectors),如纺织业和服务业,在该产业类型中,新技术被具体化在新的要素和设备中,新技术的扩散和学习主要通过"干中学"实现;(B)规模密集型产业(scale-intensive sectors),如汽车业和钢铁业,在该产业类型中,往往涉及流程创新(process innovation),创新既来自内部(研发活动和干中学),又来自外部(设备制造业),创新技术的专属性往往通过保密和专利实现;(C)专门供给产业(specialized suppliers),如设备制造业,创新通常集中于性能改进、可靠性和客制化服务,其来源也同时依赖于内部的隐性知识、熟练技术人员的经验和外部的使用者-生产者互动,而创新产品的专用性往往基于知识局部和交互式的性质;(D)基于科学的产业(science-based sectors),如制药业、电子工业等,在该类产业中,产品和流程创新层出不穷,大学、公共研发实验室参与内部研发和科学研究,创新的专用性体现在多种形式上,包括专利、前置时间(即从最初设计到投产的时间,lead times)、学习曲线和保密性。

在国内的研究中,柳卸林(2000)根据所处技术系统和产业所处环境有关的技术范式的复杂性,特别是创新必需的知识基础、能力和技艺的多样性,把产业创新系统划分为四类:(A)传统的分包契约型,如纺织、制鞋、家具、金属和食品业等传统产业,这种产业创新系统是一个多中心网络,信息流动是单向的,由中间商和组装企业到达供应商,所需的知识基础相对简单;(B)模块组装型,如汽车、计算机、电子设备等产业,这种产业创新系统中的技术-生产率收益通常与规模经济和范围经济有关,信息流动具有双向特点;(C)复杂产品型,如航空控制系统、飞机发动机、银行自动化系统等具有高度技术复杂性的产业,网络成员之间要有密集的信息流动和网络层次上的互动学习过程,建立在组件和子系统复杂界面及用户积极参与的基础上;(D)以技术为基础型,如生物技术、光电子、新材料、软件业等产业,信息流动非常复杂,涉及研究开发不同阶段之间的反馈回路,需要集成复杂的知识及对研发的大量投资。林海芬和苏静勤(2010)在分析 Abernathy 和 Utterback 的生命周期理论的基础上,结合企业微观层面的创新活动和知识生产机制理论,把产业创新系统区分为持续动态不稳定创新系统、产品创新主导系统、工艺创新主导系统、产品创新和工艺创新持续动态交互主导系统这四个系统,他们指出,不同的产业处于不同的创新系统中,生物技术行业、数字行业、石油化工行业和汽车行业分别对应于这四种系统。

对产业和产业创新系统的划分是进行产业创新系统研究的基础,上面所提到的产业类型划分是一个相对加总的划分方法,每一种划分类型下面又可以进行细化,相似或相同类型的细化产业可能会具有一些相似的性质。在后面的内容里,我们将看到更多细化的产业创新系统,这就涉及产业边界的决定问题,往往需要依据知识和技术基础进行区分,当然,产业的边界并不是一成不变的,这也决定了产业创新系统所涵盖的范围是不断变化的。

4.3 产业创新系统模型和理论发展

产业创新系统理论的研究主要体现在产业创新系统模型的构建上,产业创新系统模型是理解和分析产业创新过程的一种重要手段,国外文献涉及的模型以马莱巴的产业创新系统模型为典型代表,并在此基础上,进行了进一步的扩展;国内的文献模型较为多样,但基本上都具有很大的相似性。

4.3.1 国外产业创新系统模型和理论发展

4.3.1.1 基本模型——马莱巴的产业创新系统模型

马莱巴作为产业创新系统理论的重要提出者和发展者,所提出的产业创新系统模型是该理论的基础模型。

马莱巴在2002年提出的产业创新系统模型是较为初步的,他指出,产业系统的基本要素包括:(A)产品;(B)主体,包括企业和非企业组织、低层次和高层次的组织(如企业、联盟)、个体;(C)知识和学习过程;(D)基础技术、投入、需求和相关的联系、互补性;(E)企业内外相互影响的机制;(F)竞争和选择过程;(G)制度,包括标准、规定、劳动力市场等。在随后的发展中,这个模型进一步概括和精练,目前,Malerba(2004,2005)的产业创新系统模型主要包括两方面内容:(A)基本构成要素,(B)产业系统的动态和转型。

(1) 产业创新系统的构成要素

产业创新系统由三个部分构成,分别是知识和技术、参与者和网络,以及制度,需求则为创新提供了激励和主要的约束条件。

① 知识和技术

每个产业都有自己特定的知识基础、技术和投入要素,知识和技术决定了一个产业的边界,并限制了企业行为和组织多样性的范围。同时,行为之间的联系和互补性也在界定边界中发挥了作用,这些联系和互补性可以是静态的(如投入产出联系),也可以是动态的。动态互补性考虑到需求和生产上的相互依赖与反馈问题,带动了产业系统的转型和发展,并可能实现创新和变化的有效循环。实际上,知识和技术这一要素与 Nelson & Winter(1982)提出的技术体制相似。

② 参与者和网络

一个产业包括许多异质性的组织和个体。这些组织不仅包括企业（如使用企业、生产者和要素供给者），还包括许多非企业组织（如大学、金融机构、政府部门、工会、技术协会）；个体则包括消费者、企业家、科学家等。企业是产业系统中的关键参与者，企业的异质性是产业系统的关键特征。在产业系统中，异质性的主体都有特定的学习过程、能力、信念、目标、组织结构和行为，并通过交流、交易、合作、竞争和命令等方式进行互动。在一个产业系统内，这些主体可以通过市场关系和非市场关系联系在一起。由于不同的产业系统有不同的知识基础、学习过程、基础技术、需求特征、关键联系和动态互补性，因而会呈现出不同的关系和网络结构与类型。所以，创新过程就是为创造和交换与创新相关的知识，并进行商业化而进行的系统性互动过程。

③ 制度

制度包括规范、惯例、常规、规定、法律、标准等正式和非正式的形式，可以影响到参与者的认知、行为和互动关系。制度可能是国家范围内的，如专利制度；也可能是某一产业系统所特有的，如产业劳动力市场或产业特定的金融制度。因此，我们要注意国家制度和产业系统之间的关系。首先，国家制度（如专利制度、产权、反垄断规定）对不同产业系统内的创新活动有不同的影响；其次，相同的制度在不同的国家可能会呈现不同的特征，因而会对创新产生不同的影响；再次，与某一产业特殊性相适应的国家制度将会促进该产业的发展，反之则会约束创新；最后，如果一个产业内部的制度对国家的就业、竞争力和战略蓝图非常重要，那么这项制度就有可能成为国家制度。

④ 需求

需求是产业系统的关键构成，上面所提到的产业创新系统构成要素都强调了需求的存在。需求来源于个体消费者、企业和公共机构，并受到社会因素和制度的影响。所以，在一个产业系统中，需求不是相似的购买者的加总，而是由异质性的主体构成的，这些主体与生产者进行互动，并受到制度的影响。需求的产生和变化推动了产业系统的动态和演化。

总体来看，产业创新系统是对产业创新过程进行描述分析的有效工具，能够识别影响创新的要素，研究创新和产业边界之间的关系，有助于理解产业短期与长期的动态和转型过程，并进而考察企业和国家在世界市场中竞争力的影响因素，为公共政策的提出和发展奠定基础。

（2）产业系统的动态和转型

① 产业系统动态和转型的过程

产业系统的动态和转型是许多过程的结果，在一般意义上，我们可以识别出两种基本的演化过程——多样性创造过程和选择过程。

多样性创造过程是指产品、技术、企业、制度、战略和行为多样性的创造过程，往往与企业进入市场、研发、创新等联系在一起。比如，新的产业机构和组织的产生与发展（如大学建立新的专业院系、新科技和教育领域出现）可以扩大多样性，且伴随着新技术和新知识的产生。值得注意的是，产业系统中新的主体的创造特别重要，比如新企业会在创新和生产过程中带来多样化的途径、知识和专业化，从而有助于改变参与主体的数量，实现产业技术产品的转型。

选择过程包括市场选择和非市场选择，在减少企业、产品、活动、技术多样性方面具有重要的作用。选择过程影响了一个产业内参与者群体的扩大和缩小，也影响了产业内行为和组织的可行范围。

② 产业系统要素的共同演进

产业系统中的变化不仅意味着产业系统各变量数量上的增长，还意味着转型和演进。在演进过程中，技术和学习体系、创新模式会发生变化，创新行为的知识基础会产生两种变化——向主导设计演变或剧变，前者会导致集中和大型主导企业的产生，后者需要新的创新能力，从而导致新企业进入并获得领导地位。需求、使用者和应用的变化可能会有利于新企业的发展。这样一个转变过程是各要素共同演进的过程，其涵盖了技术、需求、知识基础、学习过程、企业、非企业组织和制度各个方面。在一个产业系统内，知识基础或需求的变化会影响到参与者的特征、研发活动和创新过程的组织、网络类型、市场结构及相关制度，这些变量反过来也会对技术、知识基础和需求进行进一步的调整和修正。

需要注意的是，共同演进过程具有产业特殊性，不同的产业有不同的共同演进过程。比如，在一些产业里，需求有极大的相似性，共同演进就会带来主导设计的产生及产业集中；而在其他一些产业里，需求具有异质性，或竞争技术是锁定的，或存在网络外部性和标准，那么，专业化的产品和分割性的市场结构就可能会出现。此外，产业转型可能不仅包括传统上定义的产业，还包括横跨多个产业的新集群的产生，如互联网、软件、电信、生物技术、制药和新材料等，转型就意味着先前相互割裂的知识和技术的融合，以及不同类型、不同产业内的参与者新型关系和动态关系的产生。

马莱巴的产业创新系统模型不仅为产业创新的实证研究奠定了基础,也为产业创新的理论研究提供了很好的发展背景和框架。许多研究者在该模型的基础上,针对模型的疏漏之处,结合其他理论模型(如技术系统、大技术系统等),进行了完善和发展,极大地丰富了产业创新系统的理论构架,并发展出产业创新系统的政策理论。

4.3.1.2 国外产业创新系统模型和理论的进一步发展

在产业创新系统提出的早期,该模型必然存在很多疏漏之处。比如,Geels(2004)认为,产业创新系统的定义把选择环境纳入其中,但是并没有明确地考虑使用者方面,而且该定义侧重于企业,对其他类型的机构组织不够重视。Hekkert et al.(2007)则指出,创新系统方法是一种拟静态的分析方法,重点在于比较不同创新系统的社会结构并解释绩效差异,忽视了创新系统的动态分析;此外,该方法主要关注宏观层面的制度,对微观层面的企业家行为有所忽视。① 在这些批评的基础上,许多研究者结合其他理论模型,对各种系统分析方法进行融合,完善和发展了产业创新系统理论。本部分以一些代表性研究为例,列举了部分国外产业创新系统模型和理论的发展方向(见图4.1)。

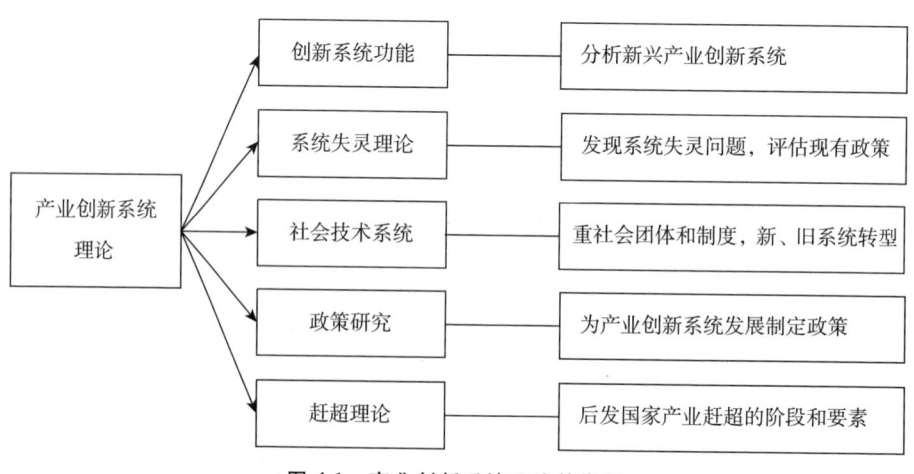

图 4.1 产业创新系统理论的发展

---

① 值得注意的是,近年来采用产业创新系统方法的实证研究实际上已经突破了最早的概念定义,不仅对上述缺陷进行了弥补,而且对各种系统分析方法进行了融合。此外,Hekkert et al.(2007)的批评是针对创新系统这种比产业创新系统更广泛的方法提出的,但产业创新系统作为创新系统的一种,这些批评对其是适用的。

(1) 产业创新系统的重要补充——创新系统功能与系统失灵理论

创新系统功能(functions of innovation systems)这一概念和方法实际上并不是单独针对产业创新系统提出的,而是针对创新系统这种方法提出的。作为一个一般性概念,创新系统功能这一分析方法也可以被用于产业创新系统的动态分析。把创新系统功能分析纳入产业创新系统分析,将有助于政策制定者的决策选择。因此,本部分在对产业创新系统理论发展的综述中,也把创新系统功能这一理论纳入其中。①

创新系统的目标是发展、应用和扩散新的技术知识,而创新系统功能就是能够对创新系统目标产生作用的行为和活动。这里,"功能"已经超越了系统要素和要素之间的关系,一个功能可能由不同的参与者共同进行,每个参与者也可能执行不同的功能(Edquist,2001)。目前,已有不少文献对创新系统功能进行了探讨,早期研究有 Edquist & Johnson(1997)和 McKelvey(1997)的研究,前者提到了创新系统中制度的三种功能,包括通过提供信息降低不确定性、管理冲突与合作,以及为创新提供激励;后者在明确定义了创新系统后,提出了三种不同的功能,包括保留和传递信息、通过创造新物品来增加多样性,以及进行选择过程,后续大量研究则进一步发展了创新系统功能理论,并逐渐形成了完整的体系。本部分依据 Bergek et al.(2005)和 Hekkert et al.(2007)的总结和归纳,在表 4.1 中列出了部分代表性理论成果,这些理论成果基本上可以归纳为七个方面。接下来,本部分将以 Hekkert et al.(2007)的研究为例,对创新系统功能进行详细介绍。

Hekkert et al.(2007)提出了七项功能及其度量指标,以描述创新系统中的关键活动,并解释创新系统的转变。这七项功能是相互影响的,某项功能的实现往往对其他功能的实现产生影响。这七项功能分别是:

① 企业家活动(entrepreneurial activities)

在创新系统中,企业家的作用是把新知识、网络和市场潜力转变为具体行动,创造或利用新的商业机会。新的技术、知识和应用会带来很大的不确定性,因而企业家的风险性试验是十分必要的。活跃企业家的存在是创新系统绩效的首要指标,一个发挥良好作用的系统会带来企业家活动的增多。该功能的指标包括新进入者的数量、在位企业多样化经营的数量,以及对新技术所进行的试验数量。

---

① 下文所提到的创新系统功能理论是突破了产业创新系统界限的。

表 4.1 创新系统功能的理论研究

功能类型	Galli & Teubal (1997)	Rickne (2000)	Johnson (2001)	Bergek (2002)	Carlsson & Jacobsson (2004)	Edquist (2004)	Bergek et al. (2005)	Hekkert et al. (2007)
知识发展	研发行为	创造人力资源		创造知识	创造知识基础	研发供给；能力建设	知识发展和扩散	知识发展
政策制定，引导搜寻，创造激励	政策制定、设计和实施与专利、法律、标准等相关的制度	引导技术、市场和合作研究；创造和扩散技术机会	引导搜寻方向；识别增长潜力；降低社会不确定性；激励企业创新	识别问题；引导搜寻方向，为进入提供激励；识别增长潜力	创造激励	提出质量要求（需求）；创造能够提供激励的制度，改变阻碍创新的制度	引导搜寻过程的方向	引导搜寻
市场形成		创造市场，市场知识；推动管理以扩大市场和市场准入	促进和创造市场	推动市场形成	创造市场或适宜的市场条件	新产品市场形成；提出质量要求（需求）	市场形成	市场形成
建立网络，进行知识扩散	向第三方提供科技服务；信息、知识和技术扩散；专业合作；扩散科学文化	扩大网络	推动信息和知识交流	推动信息和知识交流	提高正外部性或自由使用	建立网络	提高正外部性或自由使用	通过网络进行知识扩散

（续表）

功能类型	文献来源								
	Galli & Teubal (1997)	Rickne (2000)	Johnson (2001)	Bergek (2002)	Carlsson & Jacobsson (2004)	Edquist (2004)	Bergek et al. (2005)	Hekkert et al. (2007)
合法化		使技术和企业合法化	创造合法性，消除变动阻力	消除变动阻力		创造能够提供激励的制度，改变阻碍创新的制度	合法化	创造合法性，消除变动阻力
资源调动		推动金融发展；创造劳动力市场；提供设施孵化；创造和扩散产品	提供资源（资本和能力）	提供资源	创造资源（金融和人力资源）	创新过程金融支持；提供咨询服务；孵化行为	资源调动	资源调动
企业试验					促进企业试验	创造或改变组织	企业试验	企业家活动

资料来源：整理自 Hekkert et al.(2007) 和 Bergek et al.(2005)。

② 知识发展(knowledge development)

学习机制在任何创新过程中都处于核心地位,"知识发展"这项功能包括"搜寻中学习"(learning by searching)和"干中学",分析指标包括研发项目、专利、研发投资、学习曲线等。

③ 通过网络进行知识扩散(knowledge diffusion through network)

网络的主要功能是进行信息交换,网络活动是进行"互动中学习"(learning by interacting)和"干中学"的先决条件。该功能的分析指标包括对于特定技术主题所进行的研讨和会议数量,以及网络规模和时间强度。

④ 引导搜寻(guidance of the search)

当存在多种技术选择时,只有一部分才能进行进一步投资,引导搜寻功能实际上就是选择过程,指在创新系统内,能够对技术使用者特定需求的可见性和清晰度产生正向影响的活动。该功能的分析指标包括:政府或产业针对特定技术的使用而设定的特定目标,以及发表在专业杂志、能够加强对新技术发展预期的文章数量。

⑤ 市场形成(market formation)

新技术的发展需要一定保护,这一方面可以形成暂时性的小众市场(niche markets),使参与者可以学习新技术,提高技术预期;另一方面可以通过有利的税收体制或最低消费报价来创造暂时性的竞争优势。该功能的分析指标包括:小众市场的数量、为发展新技术而采取的特定税收体制、为发展新的环境技术而采用的新的环境标准等。

⑥ 资源调动(resources mobilization)

资源是创新系统中各种活动的基础投入,但这项功能难以度量,通常可以通过采访的方式,来了解内部的核心参与者是否觉得能够得到充足的资源。

⑦ 创造合法性,消除变动阻力(creation of legitimacy/counteract resistance to change)

为了能够得到良好的发展,新技术必须成为现有体制的一部分,甚至推翻现有体制,即近似于"创造性毁灭",通常可以通过分析利益集团的崛起和发展,以及其游说行为来进行分析。

Hekkert et al.(2007)提出的七项功能基本上涵盖了大多数研究者提出的功能范围,但对于如何度量和评价一个创新系统的功能,该研究并未详细阐述。

Bergek et al.(2005)的研究则为创新系统功能的度量和评价提供了较为全面的说明(见表4.2)。

表4.2 产业创新系统的功能模式及分析指标

功能	内容	分析指标和方法
知识发展和扩散	类型:科学的、技术的、产品的、市场的、物流的、专用的,设计的等; 来源:研发活动,从新应用中学习、模仿、进口等	文献计量学(引用、出版量、方向); 研发项目的数量、规模和目标; 专利; 管理者的评估; 学习曲线
影响搜寻方向	对增长潜力的预期和信念; 参与者对不同知识的相关性的感知; 管理规定和政策; 主要消费者需求的表达; 技术瓶颈或反向凸角; 现有企业的危机	对增长潜力的信念(采访); 要素和产品价格带来的激励(二手数据); 管制压力的程度(研究规章制度、二手数据); 主要消费者需求的表达
企业家试验		企业家试验的数量,如新进入者和多元化公司的数量(采访、贸易展销会、手册、行业杂志); 企业家试验的多样性,如不同类型应用的数量、所用技术的广度、互补性技术的特征(采访、行业杂志)
市场形成	孵化市场(nursing markets); 过渡市场(bridging markets); 大规模市场(mass markets)	市场规模、消费者团体、时间范围、参与者战略、标准的作用、购买过程、主要使用者 主要通过访谈和产业分析
合法化	合法性的力量; 影响合法性的因素和方式; 合法性如何影响需求、立法和企业行为	度量现在的合法性:调查问卷、访谈和二手资料; 考察合法化过程:政治辩论、企业和施压团体的行动
资源调动	在特定科技、创业、管理和金融领域接受教育的人力资源; 财务资本(原始资本、风险投资、多元化企业等); 互补性资产(互补性产品、服务、网络设施等)	资本量(访谈、行业杂志、年度报告、新进入者数); 风险资本量(产业协会、访谈、行业杂志、年度报告); 人力资源的数量和质量(访谈、教育数据); 互补性资产(访谈、行业杂志)

(续表)

功能	内容	分析指标和方法
正外部性的发展或自由使用	以企业的进入为核心,与前六项功能都相关	政治力量(访谈、文件、报纸等); 合法性(同合法化); 不确定性的解决(访谈、行业杂志); 混同的劳动力市场(劳动力市场数据、访谈); 专业化的中介(手册、访谈); 信息和知识流(问卷、访谈); 组合机会(访谈、行业杂志)

资料来源:整理自 Bergek et al.(2005)。

对创新系统功能的考察,极大丰富了创新系统(包括产业创新系统)理论,提高了理论应用的灵活性。首先,当两个创新系统内有不同的制度构建时,对功能的考察使这两个创新系统绩效的比较更为灵活,我们不仅可以静态比较构成产业创新系统的要素及要素间关系,而且可以考察系统内正在发生的事情,以及哪些功能的差异造成了绩效的差异,所以要更好地理解和解释创新过程,就必须同时关注创新系统的要素和功能(Edquist,2001;Hekkert et al.,2007;Bergek et al.,2005)。其次,把功能分析纳入创新系统理论,可以以一种更为动态的方式来考察创新的决定因素,特别是在进行长时段分析时,通过考察各功能之间的相互作用和反馈环路,可以更好地考察系统内部动态(Hekkert et al.,2007;Bergek,2002)。再次,对创新系统功能的分析有助于政策制定者发现系统内部的问题所在,从而为一整套完整政策的提出奠定基础。最后,对产业创新系统功能的分析,将特别有助于分析某个国家新兴产业和产业创新系统的产生,以及未来发展和完善的方向。

但创新系统功能的理论研究也存在局限性。创新系统中功能的类型在很大程度上是基于直觉提出来的,在一个创新系统中,哪些功能是最重要的,功能的重要性存在怎样的顺序,不同的创新类型是否会影响功能的重要性排序,哪些功能应该由什么类型的参与者提供等,都有待研究(Edquist,2001)。

与创新系统功能这一理论直接相关的概念是系统失灵,当创新系统的功能无法有效进行或存在缺陷时,参与者的创新活动就会受到阻碍,这种系统的不完美性就被称为"系统失灵"。有许多学者对系统失灵问题进行了研究,其中Woolthuis et al.(2005)的研究具有代表性和系统性,下面将以该研究为例,对系统失灵问题进行说明。在这之前,首先对 Woolthuis 等人之前的系统失灵研究进行概括总结(见表 4.3)。

表 4.3 系统失灵研究(Woolthuis et al.(2005)之前)

类型	含义	文献来源
基础设施失灵	参与者发挥作用所需要的基础设施(IT、电信、公路)与科技设施的失灵	Smith(1999) Edquist et al.(1998)
转型失灵	企业不能适应新的技术发展	Smith(1999)
路径依赖(锁定)失灵	社会系统不能适应新的技术范式	Smith(1999) Edquist et al.(1998)
硬制度失灵	正式制度(规定和法律系统)失灵	Smith(1999)
软制度失灵	非正式制度(政治文化、社会价值等社会制度)失灵	Smith(1999) Carlsson & Jacobsson(1997)
强网络失灵	当参与者有紧密的联系时,盲目无知会加强,并导致错过新的外界发展	Carlsson & Jacobsson(1997)
弱网络失灵(互补性失灵)	参与者之间缺乏联系,无法有效利用互补性、互相学习和创造新观点	Carlsson & Jacobsson(1997) Malerba(1997)
能力失灵	企业,特别是小企业缺乏迅速和有效学习的能力而被锁定在现有技术上,不能跳跃至新技术	Smith(1999) Malerba(1997)

资料来源:整理自 Woolthuis et al.(2005)。

在 Woolthuis 等人之前的这些研究,为探讨创新系统失灵问题提供了很好的借鉴,但是各种系统失灵的类型并没有被很好具体化,同样的概念可能用于说明不同的现象,不同的概念也可能彼此之间存在交叉,可以说,这些定义是不严格和不统一的。Woolthuis et al.(2005)的工作就是在前人研究的基础上,构建较为完整的系统失灵框架。对系统失灵的考察分为两条路径,一是参与者的缺失,二是制度(或规定)失灵。前者又被细分为需求(消费者、大型购买商)、企业(大型企业、跨国企业、中小企业、创业企业)、知识机构(大学、科研机构)和第三方机构(银行、风险投资、中介、咨询、产业组织、雇主);后者又被细分为基础设施(信息和通信技术、公路、铁路、电信)、制度(包括硬制度和软制度)、互动(强网络和弱网络)、能力等。这个框架就为综合系统地分析系统失灵提供了工具,后续的一些研究则在此基础上进行了进一步扩展和细化,比如 Pitt & Nelle(2008)构建了 6 个维度 24 小类的系统失灵分析框架(见表 4.4)。

表 4.4 系统失灵分析框架

6 个维度	24 个小类
基础设施失灵 (infrastructure failures)	科学技术
	合格劳动力池
	教育和培训
	知识传播
	支持创新的金融
	物质性基础设施
制度失灵 (institutional failures)	法律和管理框架
	产业关系
	研发规定
	专用性模式
互动失灵 (interaction failures)	产业与科学的联系
	价值链上的共同创新
	企业间合作
	产业层面上的开放创新
	创新的共享
企业能力失灵 (firm capability failures)	领导力和战略
	文化和系统
	学习组织
适应性失灵 (adaptive failures)	过渡失灵
	锁定失灵
	内部定位的短视
产业文化失灵 (sector culture failures)	企业家定位
	在新领域中的产业进入
	对创新型企业创建的支持

资料来源:Pitt & Nelle(2008)。

系统失灵这一概念对政策制定者来说有重要意义,有助于发现哪里出现了系统失灵,出现了怎样的系统失灵,以及哪些参与者或互动受到了阻碍,这就为制定新的政策提供了聚焦点;同时,还可以借助于系统失灵的概念评估现有政策,判断政策是否有助于解决系统失灵,是否还存在其他政策能够更好地解决问题(Woolthuis et al.,2005)。

但是,相较于创新系统功能这一方法而言,创新系统失灵方法倾向于关注在系统中所感知到的结构组成的缺陷,并没有关注这些要素和要素组合对创新过程的作用,因而在评估优劣时存在难度。也就是说,如果不识别出其对创新过程和关键子过程的影响,我们就无法判断特定参与者和网络究竟是优势还是劣势(Bergek et al.,2008)。

(2)借助其他模型对产业创新系统理论的补充和拓展——社会技术系统

马莱巴早期发展的产业创新系统模型还有一些不完善的地方,尽管这在后来其自己的理论与实证研究中得到了补充和发展,但在这个模型提出之后,就已经有理论研究针对早期概念的缺陷进行了探讨,有些理论是在创新系统的基础上引入其他模型来讨论产业创新问题的,本小节以Geels(2004)的社会技术系统(socio-technical systems,S-T systems)模型[①]为例进行说明。

Geels(2004)指出,Breschi & Malerba(2000)提出的产业创新系统方法过分关注了知识的发展,却忽略了技术扩散、使用、影响及社会转型这些问题,使用者方面被当作理所当然的或者被压缩到了"选择环境"这一范畴里,因此他结合社会学和制度理论,提出了社会技术系统的概念,把社会功能的实现作为核心,不仅关注创新,而且关注使用和功能,关注制度,关注动态和系统间的转变。

社会技术系统是指实现社会功能所必需的要素之间的联系,其中,技术是实现这些功能的关键要素,技术生产、扩散和使用是子功能,这些子功能的实现需要资源,图4.2展示了社会技术系统的基本要素和资源。在这里,吉尔斯特别强调了参与者构成的社会团体的角色,社会团体的形态是历史分化过程的结果,每个社会团体内部都有共同的特质和协调。不同的社会团体之间相互影响、相互依赖,并构成网络、相互协调。图4.3是对社会团体的一个总结。除此之外,吉尔斯还提出了社会技术体制(ST regimes)的概念,这是社会技术系统的深层结构,是由社会团体实行的。社会技术体制、技术体制、使用者和市场体制

[①] 其实,"社会技术系统"这一概念出现的时间可以追溯到第二次世界大战后,而吉尔斯把社会技术系统这一模型拓展到了产业创新系统的研究中。

(user and market regime)、社会文化体制(socio-cultural regime)、政策体制(policy regime)和科学体制(science regime)这六个体制之间存在相互协调的关系。

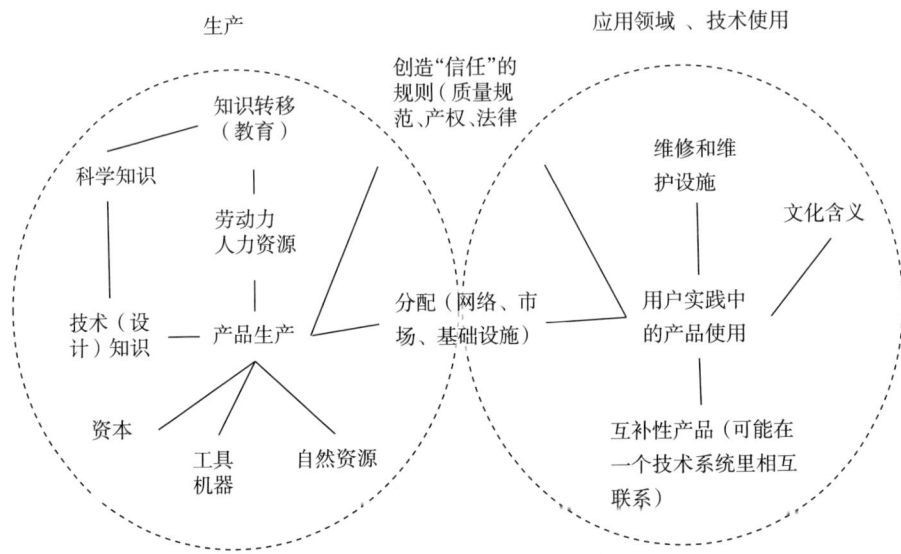

图 4.2　社会技术系统的基本要素和资源

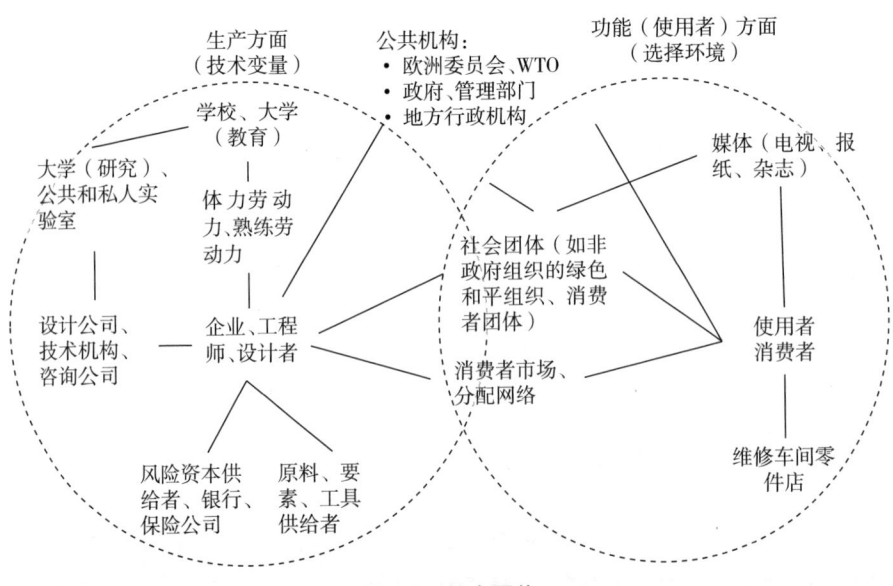

图 4.3　社会团体

社会技术系统、参与者和制度是在产业创新中发挥重要作用的三个维度，两两之间相互影响。社会技术系统通过社会团体来发挥作用，并为行动提供环境,推动或限制社会团体的活动;参与者在制度背景下行动,其感知和相互作用受到制度的引导,同时,参与者又实施和创造制度;制度不仅体现在参与者的脑海里,也体现在制造品中,社会技术系统塑造了制度,解释灵活性受到技术可能性的限制。

在社会技术系统里,存在共同演进的现象。社会团体内部和之间的博弈会带来社会技术系统的变化,参与者的行动会导致现有技术的改进和新技术的引入。为了对新技术做出反应,政策制定者可能会发展出新的制度来管理技术,使用者可能会发展出新的行为,由此带来的结果就是社会技术系统各要素的共同演进。

在社会技术系统的要素和演进模型的基础上,吉尔斯提出了系统稳定性和系统转型的理论。他指出,社会技术系统、制度和社会团体可以通过多种机制导致系统稳定性、路径依赖和锁定现象,这些机制包括:(A)制度和体制通过引导认知和行动来实现稳定性;(B)参与者和组织处于相互依赖的网络中,有助于稳定性的实现;(C)社会技术系统的某些特征使系统难以改变,如构成和子系统间的互补性、网络外部性、"干中学"等。这些机制导致了路径依赖,从而为社会技术系统内的渐进式创新提供了强有力的激励,根本性创新不得不存在于小众市场中,通过保护来规避主流市场的选择。那么根本性创新如何打破市场,新的社会技术系统如何取代旧的社会技术系统呢?这就取决于社会团体和社会技术体制中的冲突与错配[①]为根本性创新所提供的机遇。当冲突存在时,根本性创新可能会在大规模市场中实现突破,与现有系统进行竞争,并最终取代现有系统。这将是一个充满不稳定、重建和创造性毁灭的时期,有不少新的参与者进入和退出市场。最终,新的系统和体制形成了,社会团体创造并维护这个系统,新体制最终也将会影响到外生环境的发展。

相较于马莱巴的产业创新系统模型对知识和技术的强调,Geels(2004)的研究融合了更多社会学和制度理论的内容,更侧重社会团体和制度方面,其贡献可以概括为四点:(A)明确把使用者方面纳入分析,从而把分析单位从产业创新系统扩展到了社会技术系统;(B)考虑系统、参与者和制度之间的分析差

[①] 这些冲突和错配的来源有很多,包括(A)外生环境的变化可能会对体制产生压力并导致内部重构;(B)内部技术问题可能会推动参与者对新技术方向进行更多的探索和投资;(C)对其他系统的负外部性和影响可能会为体制带来压力;(D)使用者偏好的改变可能很难由现有技术来满足;(E)企业间的战略和竞争博弈可能会突破现有体制。

异;(C)制度不仅被用于解释惯性和稳定性,还被用于考察参与者和结构之间的动态相互作用;(D)在考虑系统动态方面,不仅解释了路径依赖、惯性和稳定性的来源,更重点考察了由原有系统向新系统转型的过程①,这对于分析产业创新的长期动态、系统转型和共同演化来说非常有意义。

(3) 基于产业创新系统的政策理论和框架

政策问题是产业创新系统理论不可回避的方面,如何基于产业创新系统来制定政策,制定怎样的政策来推动产业创新,都是产业创新系统理论所关注的焦点。国外关于产业创新系统的研究对于政策启示的讨论比较谨慎,往往将政策启示作为指导方向和一般原则,也有部分外文文献针对特定产业创新系统已经出现的问题提出政策建议,这些建议往往是作为实证研究的结论出现,这里不再赘述。

Edquist et al.(2004)提出了创新系统方法的一般性政策启迪。创新系统方法所涉及的五个一般性政策问题是:(A)组织的参与者可能需要被创造、再设计或取缔;(B)制度规则可能需要创造、再设计或废除;(C)创新政策不仅要关注系统的各个要素,也要关注各要素之间的关系;(D)创新政策要避免产业出现负面锁定情况,因此,要通过支持其他选择来保持技术竞争状态,通过支持企业进入和新企业存活的条款规定来提高产业内的多样性,通过共同设施支持多样性的产生;(E)政府可以加速产业结构和企业创造新产品的能力变化。因此,具体到产业创新系统里,要注意如下六点内容:(A)产业创新系统方法关注各要素的关系和共同演进过程,有助于确定政策目标;(B)一般性政策对不同部门的影响不同;(C)对政策效果的分析需要进行跨期、跨国和跨产业系统的比较评估;(D)为了鼓励一个产业的创新和技术扩散,不仅要重视技术和创新政策,还要考虑其他相关的政策;(E)政策制定者也是产业系统内的一个构成部分;(F)政策要考虑产业系统不同的地理维度,而不仅是加总的概念。

上面所提到的一般性政策问题为具体的政策制定方法提出了需要注意的地方,那么,具体应该怎样来制定推动产业创新系统发展的政策呢?Edquist(2001)指出,进行公共干预必须从两个方面进行考察,一是市场机制和企业无法实现规划的目标,即存在的问题;二是政府和公共研发机构有能力解决这些

---

① 此外,还有一些相关的研究,比如 Dolata(2009)用新技术的产业转型能力和产业适应性来解释转型模式差异。

问题或减轻这些问题造成的影响。这里特别需要值得注意的是前者,即问题的识别,一个问题不能通过比较现有系统和最优系统来进行识别,而应通过现有系统之间的互相比较,与现在流行的基准系统进行比较。在识别出问题后,要寻找这些问题产生的原因,即创新系统功能的缺陷,也就是系统失灵,包括功能、组织、制度、各要素之间的互动和联系的缺失及不合理之处。从总体上看,后续基于产业创新系统的政策理论和框架研究基本上都与 Edquist(2001)的思想是一致的,本部分就以 Bergek et al.(2005,2008)的研究为例进行说明。与此相类似的政策研究,可以参见 Pitt & Nelle(2008),只不过后者融合了企业系统(entrepreneurship systems)理论,把对创新系统功能的考虑着重放在了对系统失灵的考察上。

Bergek et al.(2005,2008)基于产业创新系统的结构要素和功能模式,提出了分析产业创新系统动态,并制定政策以推动产业创新系统良性发展的八个步骤①,在讲述这些步骤的过程中,作者还介绍了一些具体的实施方法。

第一步,定义所关注的产业创新系统。比如,可以从产品或产品群的角度来定义一个产业创新系统,也可以把知识领域或技术领域作为分析的起点。再比如,可以选择加总的水平及研究的宽度和专门程度,这取决于我们是想要有一个概括的把握,还是想要了解更多细节。此外,还要选择技术领域中应用的范围,是选择考察部分应用还是全部应用。对于不同的选择,产业创新系统会包括不同的参与者、网络和制度。

第二步,识别产业创新系统的结构构成——参与者、网络和制度。这一部分的内容与马莱巴的产业创新系统模型是相似的,可以采用的方法包括考察产业协会、专利分析、文献计量分析,以及对产业或技术的专家进行访谈等。

第三步,确定产业创新系统的功能模式。该研究对于产业创新系统功能的分析借鉴了前面所提到的系统功能理论,对其中的主要功能进行了详细阐述,并为考察这些功能提供了具体的指标建议(见表4.2)。

第四步,评估产业创新系统的功能性,并制定目标。有两种方法可用于评估——产业生命周期模型和系统比较。关于前者,可以区分产业是处于形成时期还是增长时期,主要指标有:时间维度(通常少于10年就处于形成期),技

---

① 在 Bergek et al.(2008)的研究中,这个步骤被简化为六步,省略了最后两步。

术、市场和应用上的不确定性程度,产品价格和表现,扩散和经济行为的程度,价值链的密度,需求的表达程度和供应商的形成,是否有自我强化的特征和自由使用的存在,等等。关于后者,可以采用专利研究、潜在消费者的市场调查等进行。

第五步,识别促进或阻碍功能发挥的机制。这里主要把促进或阻碍机制与功能联系起来,一个功能可能会受到很多机制的影响,一种机制也有可能影响多种功能。

第六步,明确关键的政策问题。这里主要是考虑结构构成对理想的功能模式的促进或阻碍作用,政策的目的是通过加强或引入诱导机制、削弱或消除阻碍机制,以改善表现不好的创新系统功能。

第七步,分析各种政策工具及其对功能模式的可能影响。主要是评估两个方面,一是评估特定政策工具对阻碍或诱导机制发挥作用的程度,二是评估特定政策工具对这七个功能、功能之间的相互作用和创新系统整体功能的影响。需要注意的是,随着时间变化,关键的政策问题和相应的政策工具都要重新考虑与评估。

第八步,反馈、学习和改善。

除了产业创新系统政策框架的研究,还有一些相关文献,比如产业创新系统中的要素在规划战略性计划中的作用的研究(Andersen et al.,2014)等,但一般这些研究着重于某一方面,并没有提供综合性的分析框架。

(4) 产业创新系统与赶超发展

赶超发展问题是经济学中经常关注的问题之一,创新系统的视角使得对赶超问题的研究重点从资源禀赋和比较优势转向了制度变量、能力和竞争优势的动态创造,而产业创新系统的研究方法把分析扩展到国际联系和转型机制,关注知识技术流动和国际生产链条的需求动态,从而为分析一个产业的赶超提供了较好的工具(Cusmano et al.,2010)。对一个国家而言,通过产业创新及其内部技术体制的跨越式发展来提升国际竞争力是非常重要的,目前,已有不少文献借助产业创新系统(或产业创新系统的构成——技术体制)的理论,探讨产业创新与发展中国家赶超和跨越式发展的关系,这类文献的理论模型较少,Lee & Lim(2001)构建的技术和市场赶超模型(a model of technological and market catching-up)是代表性模型之一,多次被实证研究所借鉴。

图 4.4 显示了 Lee & Lim(2001)所构建的技术和市场赶超模型。在这个模型里,企业的技术能力是研发资源和研发努力交互作用的结果。研发资源包括内部和外部的知识基础与金融支持,通常来自非正式学习、许可、外商直接投资、战略联盟、合作发展等。研发努力的水平则取决于研发努力的成功率,而成功不仅取决于目标产品被实际开发出来的概率,也取决于该产品的预期市场率和竞争力。其中,技术体制①决定了产品开发的预期概率,而成本优势、产品差异化、先动优势等决定了产品的预期竞争力。除此之外,企业战略与政府决策会同时影响产品开发成功率和预期市场率,并直接影响企业的研发投入。在这一过程中,不同的技术体制会带来不同组织形式的选择,决定了不同企业类型研发投入和产出的关系。随后,研发产出与企业能力结合在一起,构成价值链条、进入市场,而市场成功所带来的利润将会成为未来研发投入的来源,并构成企业研发能力的要素之一。

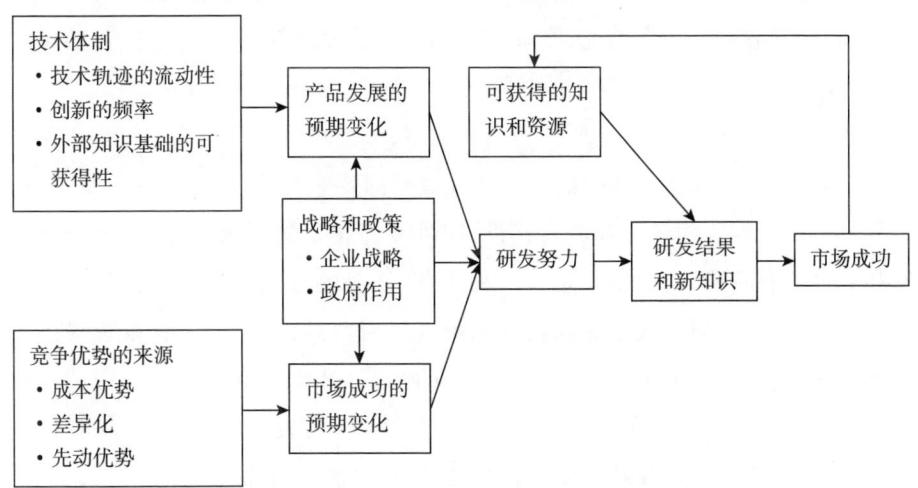

图 4.4 技术和市场赶超模型

资料来源:Lee & Lim(2001)。

在这个模型的基础上,Lee & Lim (2001)又提出了三种不同的技术赶超模式。第一种是路径跟随式赶超(a path-following catching-up),后来企业遵循与原有企业一样的路径,但所经历的周期要比原有企业的短。第二种是阶段跳跃

---

① 技术体制包括技术轨迹的可预测性、外部知识基础的可获得性、创新的频率等。

式赶超(a stage-skipping catching-up),后来企业在某种程度上跟随原有企业路径发展,但是中间跳过了部分阶段以节约时间。第三种是路径创造式赶超(a path-creating catching-up),后来企业探索自己的技术发展路径,这种赶超方式通常是后来企业在跟随原有企业一段时间后转向了新的路径。在这三种模式里,第一种是较为传统的模式,后两种则体现了跨越式发展。

Lee & Lim(2001)的模型展示了发展中国家后来企业实现技术和市场赶超的过程和主要影响因素,但是该模型主要侧重于技术体制,很少提及其他构成要素。一个更完整、更能体现产业创新系统思想的赶超理论来自 Malerba & Nelson(2007,2011)。

他们指出,在赶超过程中,企业的学习和能力最为重要,为实现赶超,企业必须获得各种各样的能力(包括获得互补性资产的能力、吸收能力和创新能力),从而接受、适应和调整已有的技术,实现渐进式创新,并最终创造出全新的产品和过程。然而,企业并非独自行动,必须被放置在创新系统的背景之下,考虑与其他要素的关系,因此,产业创新系统为分析不同产业赶超过程的影响因素提供了合适有效的框架。

影响产业赶超的因素主要分为两种类型,一是对所有产业都发挥相似作用的共同要素,二是在各产业间的作用存在差异的要素。表4.5列出了一些共同要素——国内企业的学习和能力建设、国外专门技术的可获得性、熟练人力资本和有效政府政策,这些要素是以一种系统、互补的方式共同发挥作用的。比如,企业学习能力的形成会受到教育系统及政府政策的支持,教育系统提供了熟练劳动力,政府政策则对学习、研究和获得国外知识有支持性的作用。除此之外,还有一些要素,在不同产业内有不同的表现(见表4.6),这就要求我们在考虑某一产业的赶超问题时,要进行具体分析,不能一概而论。

表 4.5 实现产业赶超的共同要素

共同要素	说明
国内企业的学习和能力建设	为后发国家提供了吸收国外知识和技术并使之适应国内需求、创造新知识、产品和技术并出口的能力
国外专门技术的可获得性	学习前沿国家企业的专门技术是国内企业学习过程的关键投入要素

(续表)

共同要素	说明
熟练人力资本	在高度依赖于熟练劳动力、企业家和新企业涌现的产业里更是特别重要的
有效政府政策	政府政策会对研发项目、公共研发机构、大学研究和培训支持、公共采购等领域内发挥作用

表4.6　要素在不同产业里的不同表现

要素	不同产业类型	不同表现
产业结构	熊彼特Ⅰ型部门	大型企业是关键动力（生产的规模经济）
	熊彼特Ⅱ型部门	新企业和多样化的参与者起关键作用
需求和垂直联系	出口产业	对标准产品的需求
	有特定要求的产业	差异化需求
	软件产业	本地集群
	半导体和软件产业	与先进的国际供应商的联系
大学和公共研究实验室	农业	研究和试验站
	电信业	大型公共研究实验室
	制药业	大学
金融	大企业主导的产业	内部资金来源
	创业企业为主的产业	风险投资
政府政策的类型	规模相关的产业	政府政策支持国内企业研发、研发联盟和公共研发组织
	知识基础依赖于个体、新企业带动发展的产业	对小企业研发资金支持、税收优惠、吸引外商直接投资
	对实践知识要求多的企业	发展技术和科学基础设施，以及私人和公共研发机构的合作

(续表)

要素	不同产业类型	不同表现
	以科学和研究为知识基础的产业	大学和大学研究的支持
	高科技产业	吸引外商直接投资,接受技术外溢并支持国内能力建设
标准规定	制度的作用和类型在不同产业里有本质的不同,有时有助于赶超,但有时却会阻碍赶超	

那么一个国家的产业如何实现赶超呢？Malerba & Nelson(2007,2011)指出,当企业累积起一定程度的能力后,赶超过程就成了一种良好的动态过程。在赶超过程的第一阶段,通常伴随着出口的开始,或在国内市场销售,或二者兼而有之。此时,学习国外知识与内部学习这两种途径是互补的,而且多是生产全球价值链中的分包和低成本产品。在赶超过程的第二阶段,企业的生产和专业分工则提升到更具创新性的高端产品市场,此时的创新多是改良或渐进式的产品创新,出口增多,而且国内企业与跨国企业的关系更多地变为合作关系和合作经营。最后阶段,国内企业可能转变为跨国企业,在其他新兴国家和发达市场中更为活跃,产品和技术具有高度的创新性。

但一个常见的问题是,为什么一个国家在某些产业里实现了赶超,在另外一些产业里却无法突破？这就取决于产业系统和国家系统的动态互动。国家系统和制度框架会对那些与国家系统基本特征相吻合的产业的发展和增长产生正向影响,在某一个特定产业系统中的参与者或制度,可以被具有相似特征的其他产业系统所复制。但国家系统或成功产业的基本特征与某一产业的特征不一致时,复制行为就不会带来产业赶超。

4.3.2 国内产业创新系统模型和理论发展

近年来,国内涌现了不少产业创新系统模型,主要分为描述性逻辑模型和数学逻辑模型两类。其中,描述性逻辑模型是最为常见的模型构建方法,在这些模型里,又包括两小类,一是侧重产业创新系统的要素构成,二是侧重考察产业创新的过程。表 4.7 列举了一些有代表性的描述性逻辑模型,与国外的研究有很大相似之处。

表 4.7　国内产业创新系统的描述性逻辑模型

第一类:产业创新系统的要素构成

文献来源	SIS 构成	构成说明	评价说明
张治河等（2006）	政策系统	供给政策、需求政策和环境政策三大类及十二小类	该模型侧重于产业创新所必需的条件及对产业创新的评价,但对产业创新系统中各类参与者的关注不够
	技术系统	包括产业共性技术和产业关键技术,是产业创新系统的供给系统和核心	
	环境系统	包括贸易和研发活动所需要的经济、政治和法律环境,以及创新主体的生产、生活所需的物质、文化环境	
	评价系统	对产业创新的政策系统、技术系统、环境系统和创新效果进行评价,可以采取 OECD 关于知识流动的分析框架,并辅以世界银行分析框架、区域发展分析框架和经济竞争力分析框架	
	主体要素	企业、研究机构、高等教育机构、政府机构、中介服务机构	
	政策和环境体系		
张珺和刘德学（2007）	主体	企业、大学、科研机构、中介服务机构、金融机构、用户和供应商、政府	该模型基于全球生产网络,构建了开放式的产业创新系统,但是该模型未对各主体之间的相互作用进行分析,也未能提供一个有效的分析框架
	资源要素	知识技术资源、科技基础设施、中介服务等	
	对象要素	技术创新、组织创新、管理创新	
	运行机制	政府法制调控和政策引导,行业协会的标准和规则,产业创新体系产生的相关机制	

(续表)

第一类:产业创新系统的要素构成

文献来源	SIS 构成	构成说明	评价说明
李庆东 (2009)	边界和需求		该模型与马莱巴提出的产业创新系统模型极为相似,都在分析构成要素的基础上,强调了产业创新系统的动态特征
	知识基础与技术	可获得性、机会、累积性	
	参与者与网络	企业和非企业型组织(科研院所、大学、金融机构、中介机构、政府机构、地方当局等),通过市场与非市场的关系联系,组成关系和网络	
	制度环境	规范、普通的习惯、已建的惯例、规则、法律、标准等	
土明明等 (2009)	系统目标		该模型三个子系统的构成,与马莱巴的模型相似,但没有说明产业创新的动态性
	三个子系统	核心:技术子系统 主体:组织子系统 保障:制度子系统	
	系统环境		
潘福林等 (2012)	构建并分析了产业创新系统中的创新网络——开发型创新网络机制和探索型创新网络机制		该模型的侧重点在于创新网络的构建,是对产业创新系统模型某个要素的深化探讨
	优化网络结构,需要结合产业创新系统所处的阶段,从关系持续时间、接触频率、公开性和关系内容范围等角度,分析关系的强度和它吸收外部知识的潜能		

第二类:产业创新过程

文献来源	主要内容	评价说明
林海芬和苏静勤 (2010)	知识的持续生产确保创新系统的持续性,创新活动间的互动关系产生创新动态性,两者共同构成了产业持续动态创新系统模型	该模型强调产业的持续动态创新,并为不同产业的创新系统提供了分类依据。但是该模型强调创新过程,并没有为产业创新的静态架构和动态演变提供分析框架
	区分持续动态不稳定创新系统、产品创新主导系统、工艺创新主导系统、产品创新和工艺创新持续动态交互主导系统这四个系统,不同的产业处于不同的创新系统中	

(续表)

	第二类：产业创新过程	
文献来源	主要内容	评价说明
李春艳和刘力臻（2007）	产业内的创新过程：企业技术创新→产品创新阶段→市场创新阶段→产业创新	该模型更强调产业创新的过程（技术开发阶段—产品创新阶段—市场创新阶段—产业创新），并未提供系统性的分析框架，也未能搭建完整的创新系统模型
	在这一过程中，政府的创新政策体系和创新环境体系起到重要的作用	

除了这些描述性逻辑模型，还存在一类数学逻辑模型，刘志迎等（2007）利用复制动态机制建立了产业创新复制动态系统的数学模型，并研究了需求约束下的产业创新复制动态系统的进化稳定状态。模型显示，复制动态机制下，尽管创新策略可能取得较高收益，但在整个产业中并不必然成功，创新的成功是有条件的；只有首先进行产业创新的企业能够获得超额剩余价值，创新才可能在整个产业中扩散；即使所有企业都采用创新策略，创新策略的收益依然高于保守策略，此时，产业中的所有企业都将采用创新策略。在此基础上，范云和刘志迎（2008）进一步指出，产业创新的成功取决于创新的收益、成本及保守策略的收益三者之间的关系。这样的数学逻辑模型的侧重点在于产业创新的过程，强调企业的收益，只是针对产业创新系统内部的一个方面展开的研究。

总体来看，产业创新系统理论是一个庞大的框架体系，它从系统和动态的角度来考察影响产业创新的各类要素和创新过程。一方面，产业创新系统的各个组成部分可以被作为研究重点单独考虑，从而以往一些侧重于产业创新某一方面的理论研究可以被纳入这一框架，从纵向深度上扩展了产业创新系统的应用范围，比如关于技术体制的讨论、关于校企合作的讨论等，都可以被认为是产业创新系统研究的子课题；另一方面，产业创新系统又强调网络联系、各个要素之间的相互关系及共同演进过程，因而又可以从横向广度上来全面把握一个产业的创新情况。除此之外，产业创新系统理论具有很强的政策意味，该系统的理论研究及其后的理论发展不仅为政策制定者提供了考察产业创新的框架和步骤，而且提出了政策制定所需要注意的地方。从这些方面来看，产业创新系统理论是分析产业创新的有效工具。

4.4 产业创新系统的实证研究

4.4.1 国外产业创新系统实证研究

目前,国外已有大量文献对特定国家、特定产业的产业创新系统进行实证研究,其中最为典型的是 Malerba(2004)主编的《产业创新系统:概念、问题和欧洲六个主要产业的分析》(Sectoral Systems of Innovation: Concepts, Issues and Analyses of Six Major Sectors in Europe)和 Malerba & Mani(2009)主编的《发展中国家的产业创新和生产系统:参与者、结构和演化》(Sectoral Systems of Innovation and Production in Developing Countries: Actors, Structure and Evolution),这两本著作为后续研究提供了很好的范例,并引发了大量的实证研究。但这里所采用的实证方法大多基于专家访谈或历史友好模型,前者更偏向于管理学的研究,后者更侧重于产业创新系统的历史发展过程,然而关于产业创新系统的计量研究却并不多,还需要进一步发展。

4.4.1.1 特定产业创新系统研究

这一类实证文献是产业创新系统实证研究的基本类型,文献数量较多,往往是对某一个或某几个国家特定的产业创新系统进行研究,侧重于对产业创新系统的结构、关键要素、动态演化的分析。

(1) 成熟或上升期产业创新系统研究(单一或同类国家)

这一类实证文献非常多,不仅侧重于对产业创新系统的结构分析及该系统中某一种或某几种关键要素的作用分析,也会从历史发展的视角关注产业创新系统的动态和演化。但是,这些研究多是基于专家访谈和发展历史考察展开的案例研究,虽然有一些定量研究,但多是数据的统计分析和描述,采用计量模型进行的研究相对较少。

① 案例研究

关于成熟或上升期产业创新系统的结构,有些文献针对特定的产业构建了创新系统,为特定产业应该建立怎样的创新系统提供借鉴。比如,Oltra & Jean (2009)利用产业创新系统的概念,构建了环境科技的创新系统,该系统由三个基本要素——技术体系、需求条件、环境和创新政策——构成,环境科技创新是这三个要素相互作用的结果。这一框架的概念被应用于法国汽车产业低排放技术的发展,研究发现,制度、技术和产业结构共同演进,技术体系及需求条件会带来技术惰性和主导设计的持续性,环境和创新政策与技术体系、需求条件相互影响。Köhler et al.(2013)利用产业创新系统方法,构建了低碳汽车产业的创新系统,并借助由产业创新系统发展而来的技术创新系统框架分析欧盟低碳汽车产业的创新过程。文章指出,低碳汽车产业创新系统的子系统包括汽车行业、教育和研究、政治系统三个部分,核心是原始设备制造商(OEMs),参与创新的要素包括 OEMs、供应商、电池和汽车制造商、能源公司、大学和科研机构、政府和政策等,两类网络——知识和游说网络——共同发挥作用。研究发现,欧盟低碳汽车产业的创新系统是有效的,能够快速进入大规模技术扩散的增长阶段,但为保证相关技术的发展,公共研发政策必须提供必要的支持。

关于产业创新系统要素和动态的案例研究[①],当首推《产业创新系统:概念、问题和欧洲六个主要产业的分析》(Malerba,2004)和《发展中国家的产业创新和生产系统:参与者、结构和演化》(Malerba & Mani,2009)这两本专门性的书籍中所涉及的相关案例研究。其中,前者是针对以欧洲为主的发达国家的制药产业、化学产业、固定互联网和移动通信产业、软件产业、机床制造业及服务业等六个产业的产业创新系统展开的;后者是针对发展中国家和地区的产业创新系统进行探讨的,包括制药业(印度)、通信业(印度、巴西、中国台湾)、制浆造纸业(巴西)、软件产业(乌拉圭)、摩托车产业(泰国、越南)、鲑鱼养殖业(智利)、机床制造业(韩国)、生物燃料产业(坦桑尼亚)、航空业(巴西)。表4.8 对这两本书中的案例研究进行了总结。

表4.8　产业创新系统要素和动态的案例研究(来自两本专著)

文献来源	国家和地区	产业	结论
Cesaroni et al.(2004)	欧美国家	化学产业	化学产业的产业创新系统的发展历程同时呈现出不连续性(如知识基础)和连续性(大型企业)的特征。网络起到了重要作用。知识和研发是企业、国家和地区增长的竞争优势的来源

---

① 原则上,关于要素和要素之间关系的研究与关于系统动态的研究是两类研究,但是在实际的研究中,这二者不可分割,特别是对成熟或处于上升期的产业而言,要考察对产业创新至关重要的要素,就必须分析该产业的发展历程;而考察产业创新系统动态,则必须考察各要素和要素关系的共同演进。因此,本书在这里不对这两类文献进行区分。

(续表)

文献来源	国家和地区	产业	结论
Edquist（2004）	欧美国家、日本	固定互联网和移动通信产业	不同组织之间、制度和组织之间的关系对于产业创新系统的功能及绩效具有关键的作用。该系统呈现出功能分化和组织多样化的特点，同时呈现出子系统收敛和发散的特征。公共政策干预在产业系统发展早期具有重要的意义
Steinmueller（2004）	欧美国家	软件产业	软件产业的产业创新系统可以从三个因素的相互作用理解，包括创造软件的特定目的、实现这些目的的能力和商业化的途径，这三者都与特定的参与者联系在一起，但是这些参与者的作用可塑性很大，在演化过程中发生了很大变化
Wengel & Shapira（2004）	日本、德国、意大利、美国	机床制造业	机床制造业的产业创新系统在今天变得更为开放、灵活、国际化，更注重合作及与其他参与者的联系，信息密集程度更高。该系统的特定形式受到不同国家和区域创新系统里的地理位置、企业创新战略及创新文化的影响
Tether & Metcalfe（2004）	欧洲国家	服务业	服务业的产业创新系统可以细分为不同的子系统，系统不仅是相互作用的，而且是相互依存的。该系统的知识基础是分散的，且不断变化的。企业、非企业组织及制度都发挥了重要作用
Perini（2009）	巴西	信息和通信技术产业	知识基础显著影响了创新活动边界和网络内资源的可获得性。不同的知识基础需要特定的管理机制，从而导致知识网络的专业化；不同产业的知识基础需要不同的组织，影响了知识流动模式；不同类型的参与者（或组织）在不同领域内发挥作用
Toivanen et al.（2009）	巴西	制浆造纸业	公共政策的成功是基于互动、有响应、适应性的产业创新系统的，私人企业是产业创新系统的关键要素

(续表)

文献来源	国家和地区	产业	结论
Caniëls et al. (2009)	乌拉圭	软件产业	高水平的人力资本、充满活力的企业家精神、频繁发生的衍生技术和劳动力流动是技术密集型产业创新活动集群的核心,政策尚未在该系统中发挥应有作用
Marques & Oliveira (2009)	巴西	航空业	本国供应商在全球性的产业创新系统中的作用可能会逐渐降低,必须提高创新能力、扩展技术知识来源
Iizuka(2009)	智利	鲑鱼养殖业	低科技产业可能会随着时间变化而具有更高的知识密集度和创新性,可以通过建立产业层面上的集体能力实现发展,企业集群和产业协会有重要作用
Kim & Lee (2009)	韩国	资本品产业	由于需求不足、在位企业的掠夺性价格和专利法律诉讼等问题,在资本品产业实现赶超较为困难;但由于其他因素的推动,韩国实现了缓慢的增长
Lee(2009)	中国台湾	信息和通信技术产业	政府研究院有决定作用;私人企业的重要性;金融机构、大学和支持性产业对于信息和通信技术产业的发展也具有重要意义

注:McKelvey et al.(2004)比较了美国和欧洲制药产业的产业创新系统,Intaralcumnerd & Fujita(2009)比较了泰国和越南的摩托车产业的产业创新系统,Mani(2009)比较了印度制药业和通信业的产业创新系统,均被归为"产业创新系统的比较研究"部分;Van Eijck & Romijn(2009)对坦桑尼亚的新兴产业——生物燃料产业进行分析,被归为"新兴产业创新系统研究(单一国家)"部分。

除了这两本著作里的案例研究,还有很多文献针对特定的成熟产业进行了考察。比如,Aldebert et al.(2011)把旅游业作为产业创新(和生产)系统,分析了该系统中的知识基础和学习过程、参与者和网络及需求,以 Tourism@(欧洲重要的贸易展览会)获奖的创新项目为例,分析了 2003 年以来旅游业产业创新系统的知识基础和技术、参与主体、市场和创新的演进过程,以及信息和通信技术在该演进过程中的重要作用,研究发现,旅游业的创新密集度较高,知识基础和新应用是持续变化的。Furtado(2011)以巴西用蔗糖发展生物乙醇的成功为案例,分析巴西蔗糖业产业创新系统的关键因素,着重探讨了研究机构、资本品产业、研究资助机构、大学、企业、创业公司等参与者的发展和作用,以及这些要素之间的产品流动、知识流动和资金流动的相互作用的动态机制,发现产业创新系统的构建是巴西蔗糖乙醇产业成功的核心。Liu et al.(2015)从企业、研究与教育机构、中介机构、市场需求、基础设施和框架条件等互相作用的角度来研究荷兰蔬菜育种业,发现地理邻近性、高水平的各领域内部和之间的联系等聚集特征是一个产业创新水平的关键指标。

总体来看,关于特定国家或地区的成熟或上升期产业创新系统的研究,通常都会涉及如下内容:对该产业发展历史进行考察,从而识别出知识基础、参与者和制度在不同发展阶段的不同作用;强调各要素的共同演进过程,关注演进过程中新技术知识、新参与者和新政策的出现;侧重一个或两个要素的分析,而这些要素在该产业的发展和竞争地位获得中具有关键性的作用;等等。此外,这类研究大多基于调查访谈和历史研究,数据描述和分析多用于呈现发展现状,倾向于提供一个更为广阔和综合的视角。

② 数量研究

对产业创新系统进行数量研究的文献相对较少,这或许是因为产业创新系统是一个范围较广泛的概念,难以把各方面都纳入考虑;或许是因为产业创新系统中的一些变量难以量化,比如制度和网络;或许是因为产业创新系统本身也存在度量上的多样性,每种度量方法都有合理和不合理之处;也或许是因为产业创新系统理论强调相互关系和相互作用,为计量模型的使用提出了难题。尽管如此,仍有部分文献在数量研究中做出了贡献(不一定都采用了计量模型),很多研究探究了产业创新系统中的某个要素对该产业生产效率和创新绩效的影响,为后续的定量研究提供一定的借鉴和启发。① 除此之外,还有很多文献是基于企业微观数据来考察一个产业的创新情况的,这与企业创新部分的实证内容有所重合,因此在这里只进行简单介绍。

关于政策的影响,Beerepoot & Beerepoot(2007)利用1996—2003年的数据,采用Logistic回归模型定量考察荷兰能源绩效政策对住宅建筑产业的能源节约技术创新的作用,发现能源绩效政策在一定程度上提高了传统热水生产技术的效率,但对太阳能热水锅炉或热泵来说没有显著效果;该政策对热水生产

---

① 上文所提到的Perini(2009)、Iizuka(2009)等的研究都有数量方法的采用。

技术真正创新的扩散而言并没有发挥应有作用。

关于需求的影响,Adams et al.(2013)借助专利、合作专利、研发联盟和创业公司的数据,研究了需求(定义为中间用户企业)在半导体产业中相对于其他要素对创新的重要性。研究发现,与其他要素相比,用户企业对创新的贡献更高;专利数量在不同的需求企业中分布不均衡,创新型用户企业存在高度异质性;研发和专利合作不仅存在于用户企业和半导体企业之间,在用户企业之间同样存在;创新型用户企业比其他要素的衍生企业存续时间更长。

关于人力资源的影响,Schneider et al.(2010)利用德国企业数据,检验人力资源(体现在正规教育、专业地位和工作经验)在制造业不同产业部门内对产品创新绩效的作用。描述性分析显示,不同产业的人力资本禀赋不同,拥有更大比例的高技能雇员的产业(专业供应商和基于科学的产业)体现出高于平均水平的产品创新表现。但是,以是否有产品创新为因变量、以人力资本为主要解释变量的 Probit 回归模型的回归结果却得出不同的结论,在产业间和产业内,更大比例的高技能雇员并没有显著提高企业创新的概率。这一结果的产生可能有两个原因,一是人力资本的资质与研发活动、企业规模和出口密集度等控制变量正相关,从而降低了主要解释变量的显著性;二是人力资本的质量可能更为重要,这在计量模型中没有得到体现。

(2)新兴产业创新系统研究(单一国家)

上一部分所述的文献都是关于较为成熟的或者正处于发展上升期的产业的,因而都会涉及这些产业的历史发展和演化过程。但也有一些产业正处于萌芽或起步阶段,尚未形成成熟的产业体系和创新系统,近年来,有部分文献开始关注这一类型的新兴产业,关注点不再是产业的发展过程,而是产业的产生,侧重于新兴产业出现的背后动力及现有条件对该产业未来发展的障碍,产业创新系统的功能理论常被用于这类研究。

Van Eijck & Romijn(2009)分析了坦桑尼亚创造和培育新兴产业创新系统——生物燃料业产业创新系统——的可能性和障碍,发现由麻风树生产生物燃料的创新系统仍处于幼稚产业阶段,发展前景并不明朗,尽管存在一些有利因素,但坦桑尼亚现有的能源体系和农业体系内却存在很多不利因素,比如结构、基础设施和组织问题,技能和知识差距,有限的研究设施,有强大影响力的既得利益者,文化、心理障碍和价格劣势等。Vidican et al.(2012)采用产业创新系统方法,分别对阿联酋太阳能产业的产生和形成进行了结构分析及功能分析,作者认为,对于一个正在兴起的产业创新系统,不仅要实现五大结构要素(参与者、制度、网络、知识、技术)的结合,而且要使所有功能(创业活动、知识发展、知识扩散、搜寻导向、市场形成、资源调动、合理性的创造)都服务于这个系统。对阿联酋太阳能产业创新系统来说,挑战在于如何发展本国内生创新能力,尽管已经具备大部分功能,但许多机制却阻碍了系统的发展,如薄弱的知识基础、风险厌恶和短期投资倾向、不充分合作、对化石燃料的偏好、缺乏有力的公民社会和透明度等。

(3) 产业创新系统的比较研究

这一类文献分为两种类型,一是不同国家同一产业的创新系统比较,即产业创新系统的跨国比较;二是同一国家不同产业的创新系统比较,即产业创新系统的跨产业比较。这两类文献通常都在产业创新系统的框架下,探究不同国家同一产业或者同一国家不同产业创新绩效不同的原因。

① 产业创新系统的跨国比较

McKelvey et al.(2004)探讨了美国和欧洲大陆国家制药业的产业创新系统,通过比较三个时期内不同国家的参与者、网络关系和法律制度,说明不同国家产业发展轨迹和表现不同的原因。他们指出,生物医学教育和研究体系的规模与结构、劳动力市场的制度、公司治理和金融、知识产权和专利法,以及最终市场上的竞争性质和强度,是决定美国和欧洲大陆国家制药业产业创新系统发展趋势不同的关键因素。

Intaralcumnerd & Fujita(2009)对泰国和越南摩托车业的产业创新系统的演化进程进行分析,发现在面临相似的挑战和机遇时,不同的产业创新系统会有不同的演化进程。产业创新系统的演化方向和速度在很大程度上依赖于现有主体的吸收能力、联系强度和集体学习过程,当同样面对来自中国的进口竞争压力时,与越南相比,泰国摩托车业产业创新系统的主体更有能力,政府战略更为灵活和具有目标性,大学和科研机构的支持行为更为活跃,需求条件更为精细,主体间互动联系更多,因而能够更好地应对挑战、利用机遇。

② 产业创新系统的跨产业比较

Mani(2009)以印度制药业和通信业两个技术密集型产业为例,探讨了产业创新系统结构差异导致的创新和竞争表现差异。尽管政府在两个产业发展初期都提供了支持性制度和干预,但制药业的创新表现要远优于通信业,因为在制药业里存在进行创新投资的私人企业、具有前瞻性的政府政策体系和强有力的政府科研机构,而在通信业里,僵化的政府政策、缺乏内部研发能力的国内企业阻碍了创新水平的提高。

那么,为什么跨国、跨产业的产业创新系统在创新绩效和经济表现上存在如此大的差异呢?除了上面文献分析的具体原因,还有重要的一点需要注意,即不同产业创新系统发展和领导地位的建立是依赖于不同的决定性因素的(Coriat et al.,2004),当一个产业创新系统内的决定性因素不能很好地发挥功能时,系统表现就会出现偏差。Coriat et al.(2004)总结了不同产业创新系统的决定性要素(见表4.9)。

表4.9 不同产业创新系统的决定性要素

决定性因素		受影响较大的产业系统
企业能力与三大要素的共同演进		制药、化学、固定互联网和移动通信、软件、机床制造、服务
技术和科学研究能力	早期公共投入的水平和形式	制药、生物技术、软件
	内部研究与技术转移的融合	化学工程、自动化和机器人、计算机、生物技术、微生物学、药物化学
需求与有经验的使用者的互动	互动	机械制造、化学、软件和生物技术内的部分领域
	需求的规模	化学、制药、软件包
	需求的质量	欧洲的机械制造、美国的化学工程
	需求的构成	欧洲的软件和机械制造
	需求的特定要求	化学工程、通信、美国和日本的机械制造
市场规模	分割状态	软件包、制药
	异质市场和使用者	机械制造、集成软件
技术和创新政策	制度组合	所有产业
	专利政策	生物技术、化学
	标准化政策	移动电话

(4)系统失灵的产业创新系统研究

一个国家特定产业的创新绩效和技术发展水平往往关系到该产业的经济绩效与国际竞争力,但有些国家的产业并不能很好地实现创新,许多文献基于这种现象,探讨了特定产业内存在的系统失灵问题。

Klagge et al.(2012)指出,中国风能产业在制造和安装上取得了很大进步,但要成为涡轮制造和风能创新的世界领导者还面临很多问题,比如国内企业的专利主要是实用新型和外观设计,代表关键技术进步的发明专利很少。他们从风能产业的支持性政策、参与者数量和专业化、技术进步、政府支持的研发四个方面分析了中国风能产业的创新系统,发现阻碍中国风能产业创新的因素有:缺少综合性的风能创新战略;研发投资额较低,结构不合理;学术界和业界的合作关系较薄弱;缺乏熟练劳动力;技术转移存在障碍,如法规不确定性、知识产权强制性不足、信息不充分、资金不充足、关税和非关税障碍、保护性产业政策、有限人力资源、官僚和腐败现象等。

Faber & Hoppe(2013)发现,荷兰的住宅建筑产业未能利用提高住宅能源效率的技术机会,因此他们采用产业创新系统方法评估阻碍该产业能源效率提高的系统障碍,并把这些障碍与产业创新系统的关键维度相联系。研究发现,糟糕的管制设计、市场需求的不足和制度上的缺陷是阻碍荷兰住宅建筑产业绿色能源创新技术扩散的关键障碍。

Hu & Hung(2014)针对在存在强有力的政府支持的情况下,中国台湾制药业产业创新系统仍不能提高国际竞争力的问题,采用产业创新系统的概念分析中国台湾的制药业,通过专家采访和数学演绎方法分析了制药业的创新绩效,并以印度为基准进行比较研究。文章指出,中国台湾的制药业在产业创新基础设施、产业集群、上下游创新过程的联系之间和内部存在失调问题,中国台湾的研究活动主要集中于公共研究机构,而私人部门的创新能力没有得到很好的发展,这是由中小规模的家族企业对风险的保守态度、创新网络和产业集群的有限开放程度导致的;中国台湾的产业政策重视内生的技术能力,没有把全球市场需求纳入考虑,再加上风险投资的保守性,阻碍了创新与合作,从而降低了制药业的创新绩效。在此基础上,文章对缺乏效率的产业创新系统提出了相应的政策和管理建议。

4.4.1.2　产业创新系统与赶超发展

对后发国家而言,引进、学习和模仿国外的先进技术知识,培养本国产业创新能力,构建自己的产业创新系统,并最终实现产业赶超发展,是一个重要命题,许多文献基于产业创新系统观点、围绕赶超发展进行实证研究。在

4.4.1.1部分"特定产业创新系统研究"的综述中,有许多实证文献与赶超发展相关联,特别是《发展中国家的产业创新和生产系统:参与者、结构和演化》(Malerba & Mani,2009)这本书中,案例均来自广大发展中国家及地区,通过创新实现赶超发展的问题特别突出,因此这些研究都或多或少地带有"赶超发展"的色彩,尤其Iizuka(2009)、Kim & Lee(2009)更是在研究中直接提到了赶超问题。此外,还有很多文献对后发国家通过产业创新实现赶超的问题进行了实证研究。

Malerba & Nelson(2011)对六个产业创新系统的赶超研究是较为系统和综合的,他们通过比较每个产业内已经实现赶超、正在进行赶超和赶超失败的国家和地区,总结出影响不同产业赶超成功与否的关键因素(见表4.10)。除此之外,还有一些学者利用产业创新系统的框架,分别对不同国家、不同产业的赶超问题进行了考察(见表4.11)。

表4.10 六个产业创新系统与赶超问题(Malerba & Nelson,2011)

产业	赶超现状	对应国家和地区	相似影响因素	不同影响因素
制药	成功赶超	印度	国内企业的学习和能力建设;国外知识可获得性;教育和人力资本;积极的政府政策	大学研究、知识产权、对目标研发的政策支持
制药	赶超失败	巴西		
汽车	成功赶超	韩国		供应商(跨国企业和当地企业)
汽车	正在赶超	中国、巴西		
软件	第一波赶超	印度、爱尔兰、以色列		培训组织和熟练劳动力、风险投资
软件	第二波赶超	中国、菲律宾		
软件	第三波赶超	俄罗斯、东欧、巴西、阿根廷、墨西哥		
通信设备	成功赶超	中国、韩国		支持目标研发的政策、公共研发组织
通信设备	赶超失败	印度、巴西		
农产品	出口赶超	哥斯达黎加(咖啡)、巴西(大豆)		农业研发组织、市场机构
农产品	产业转型	中国(蔬菜)、尼日利亚(木薯)		
半导体	成功赶超	韩国、中国台湾		目标研发的支持政策
半导体	正在赶超	中国、马来西亚		

表 4.11 产业创新系统与赶超问题的文献总结(非计量方法文献)

文献来源	产业	国家	关注要素	主要结论
Lee & Lim（2001）	汽车、D-RAM、移动电话、个人电脑、消费性电子产品、机床制造	韩国	技术体制	路径跟随式赶超或阶段跳跃式赶超更容易由私人企业实现，发生在创新相对不频繁、累积性相对不高、创新路径更容易预测、赶超目标更容易识别的产业；路径创造式赶超更容易由公共-私人合作实现，发生在技术流动性较大、风险较高、资本要求较大的产业
Mu & Lee（2005）	通信	中国	技术体制、知识扩散、市场分割、政府支持	有助于实现国内企业赶超的因素包括：通信业技术轨迹可预测性高、累积性弱，广阔的市场有助于在合资企业中实行"市场换技术"战略，公共研究机构的作用，国内市场分割，政府初始提供的保护和推动政策
Fan（2006）	通信设备	中国	创新能力	创新能力和自主开发的技术是国内领先企业赶超跨国企业的关键因素。国内领先企业的创新能力主要来源于内部研发，并以外部联盟为补充
Lee et al.（2009）	移动电话和汽车	中国	技术和知识体制、政府、市场和需求	由于具体化的技术变化和模块化，中国汽车业出现赶超，但考虑到隐性知识和综合能力，未来形势不明朗。在移动手机领域，出现早期赶超但随后出现后退，模块化和知识的明确性有助于未来赶超
Cusmano & Morrison（2010）	葡萄酒	智利、南非	需求、知识基础、参与者和网络、制度	面对国际需求的变化，新兴国家能通过不同的制度模式和创新战略，积极参与技术现代化和产品标准化的过程，实现赶超
Kim et al.（2013）	软件	中国	技术体制、政府作用	不同技术体制导致软件企业选择不同的学习和追赶战略，但成功离不开政府对本国产业的扶持和保护

（续表）

文献来源	产业	国家	关注要素	主要结论
Hu & Chung（2015）	生物制药学	中国	国际知识转移、产学研互动、政府政策	国际知识转移对建立知识基础、缩短赶超时间是重要的，企业和学界之间的合作是必要的，研发和产业发展的特定政策设计具有关键作用
Lee et al.（2016）	移动电话、通信、汽车、半导体	中国	技术体制和市场、政府和企业、	路径跟随战略在开始可以作为市场份额追赶的方法，但成功追赶需要本土企业通过培育自己的能力、创造路径或跨越阶段实现发展

表 4.11 中的文献主要采用历史研究和案例研究的方法[①]，与这些文献不同，有部分文献采用了计量方法来研究不同产业的赶超问题。比如，Park & Lee(2006)利用韩国和中国台湾的美国授权专利的数据，探讨在后发国家和地区里技术体制[②]与技术赶超发生与否及速度的关系，研究发现，如果一个技术领域的初始知识存量更多、技术周期更短，技术赶超就更容易发生，而技术赶超的速度取决于专用性和知识的可获得性；有不同组织结构和战略的企业在不同环境或技术体制下的适应程度不同，韩国企业更适应低专用性和高累积性的环境，中国台湾企业更适应高专用性和低累积性的环境。再比如，Jung & Lee(2010)利用 1985—2004 年韩国企业数据，以全要素生产率赶超指标为因变量，以产业层面和企业层面的变量为自变量，探究影响赶超的决定因素，研究发现，全要素生产率赶超更容易发生在技术明确性强和更容易体现在进口设备中的、市场垄断性更强的产业里，同时，产业层面的变量只影响了国家之间的全要素生产率赶超，而企业层面的变量决定了国家内部的赶超状况。

4.4.1.3 其他相关的实证研究

除了上面所提到的一些典型的实证研究，还有部分其他相关研究，这些研

[①] 除了 Fan(2006)在分析中采用了简单的线性回归模型，但该文献的重点不在于计量方法的采用。

[②] 这里的技术体制不仅包括前面所提到的专用性等内容，还被扩展到外部知识流动、技术路径的不确定性、技术知识的初始存量、技术周期。

究极大地丰富了产业创新系统的内容,也显示出产业创新系统这一概念应用的广泛性。

比如,一些文献突破了特定产业创新系统的限制,探讨了独立于该系统之外的因素对创新系统及其各要素的影响。如 Rogge & Hoffmann(2010)基于对专家的探索性访谈,回顾了欧洲碳排放交易体系(EU-ETS)对德国发电技术产业创新系统的影响,研究发现,EU-ETS 主要影响了发电技术的变动速度和方向,对知识和技术的作用主要体现在煤炭能源效率和碳捕获技术上,但对可再生能源来说作用不明显;对参与者和网络的作用主要体现在企业的反应和碳捕获技术的研发网络上;对政府和大学的直接影响相对较小;对制度的影响主要体现在企业内部制度上;对需求的直接影响仍十分有限。

再比如,许多产业会相互渗透和交叉,因此,一个产业内部的创新很可能不仅由该产业的创新系统决定,这就需要突破一个产业创新系统的限制。如 Kubeczko et al.(2006)以七个中欧国家的林业创新数据为基础,研究了产业创新系统和其他创新系统在支持林业创新中的绩效作用。现有的林业创新系统主要集中于木质产品创新,但其他非传统领域的创新,比如生物能源和环境服务等方面的创新和发展,主要由跨产业的地区创新所支持,并未成为现有林业创新系统的关注点。作者指出,为加快新领域的产品和服务创新,林业创新系统的参与者要与其他产业(如能源供应、旅游业、自然保护等)的参与者进行更多互动。

此外,还有一些研究采用全球视角来分析某一产业创新系统的发展(Ghiasi & Larivière,2015),有些研究通过案例分析,比较产业创新系统理论与其他理论的方法和有效性(Packinat et al.,2008;Fassio,2015),等等。

4.4.2 国内对特定产业创新系统的研究

目前,国内出现了不少对我国特定产业创新系统进行研究的文献,表 4.12 归纳了部分针对特定产业创新系统进行的研究。早期研究多是规范性表述,很少结合产业的历史发展过程对系统内各要素及要素间关系进行动态历史分析,缺少具体案例的说明和统计数据的支持,也缺少与其他国家或产业的横向比较。但近年来的研究逐渐把产业创新系统的演化历程、系统功能纳入分析范围,并增添了数据和案例分析,也出现了国家间或产业间的横向比较,对国内特定产业创新系统的分析日渐丰富、充实和成熟。

表 4.12 国内特定产业创新系统研究

研究产业	文献来源	文献内容		
		是否构建特定产业创新系统	是否分析产业创新系统的历史动态	是否有数据和案例分析
汽车产业	修国义和刘倩(2011)	√	×	×
	侯沁江等(2015)	√	√	√
	李进兵(2016)	√	√	√
石化产业	王明明等(2009)	√	×	×
电子信息和电子商务产业	苟仲文等(2006)	√	×	×
	苟仲文(2006)	√	×	×
	赵志田和杨坚争(2014)	√	×	√
战略性新兴产业	汪秀婷和杜海波(2012)	√	×	×
	汪秀婷(2012)	√	×	×
大飞机产业	彭勃和雷家骕(2011)	√	√	√
低碳产业	梁中(2013)	√	×	×
光伏产业	蒋振威和盖文启(2017)	√	×	√
风电产业	杨利锋(2013)	√	√	√
	陈虹村等(2016)	√	√	√
钢铁产业	张治河和谢忠泉(2006)	√	×	√
物流产业	刘露和杜志平(2008)	×	×	×

除了这些明确讨论特定产业创新系统的实证文献,还有一些计量研究并不是明确地在产业创新系统框架下进行的,但由于研究内容多是某些因素对产业创新绩效的影响,所以也可以被划归产业创新系统的研究体系内,表4.13总结了部分研究文献。但是,由于这些研究并未从系统角度来考虑产业创新影响因素问题,因此在自变量的选取上可能会存在遗漏变量的问题,而且对制度性因素、关系网络和动态过程的考察不够。

表 4.13　部分因素对产业创新的影响研究（计量方法）

文献来源	产业	数据类型	计量方法	考察要素
孙晓华和李传杰（2010）	装备制造业	产业面板	格兰杰因果关系检验、面板固定效应模型	有效需求规模、需求结构
董钰和孙赫（2012）	高技术产业	产业面板	面板回归模型	知识产权保护（主），研发支出、技术引进、国际贸易（辅）
孙早和宋炜（2012）	制造业	产业面板	面板随机效应模型	企业研发投入
张长征等（2012）	高新技术产业	地区面板	面板回归模型	产业集聚、金融市场
李培楠等（2014）	制造业、高技术产业	企业面板	面板回归模型	创新要素（人力资本、内部资金、外部技术、政府支持）

总之，从早期文献看，国内外对特定产业创新系统的研究存在很大差异，特别是在方法论上。首先，国外研究往往基于历史友好模型，具有强烈的历史感和演化经济学的特色，通过考察一个产业在长时期内各个要素及其相互关系的变化，来考察产业创新系统变动的动态过程，能够较好地把理论与历史实际结合起来；而国内研究往往只考察某一特定时点上的产业创新体系，更倾向于静态分析和政策建议，往往是"应该怎么做"，而不是"实际是怎样的"，理论色彩淡薄而管理色彩浓厚。其次，国外研究有时会进行跨国比较，通过比较不同国家产业创新体系中各要素和要素关系的不同，来说明不同产业发展轨迹的产生原因，更具指导价值；而国内研究通常只局限于中国的产业。再次，在产业选择上，国内产业类型要比国外产业类型细致，虽然可能会忽视很多行业的共同基础和相似性，但也可能会为该产业创新系统的构建提供更为具体的建议。最后，在分析方法上，国外不仅有基于大样本访谈的案例研究，也有部分定量研究；而国内研究以定性分析为主，一些考察产业创新影响因素的计量文献没有从系统角度来考虑问题，可能存在一定的估计偏差。

然而，近年来，国内研究在这些方面有了很大进展，对产业创新系统的动态发展和案例数据分析都有了很深刻的探讨，也出现了部分与其他国家或产业的比较分析。但需要注意的是,在分析的重点上,国外研究针对不同的产业有不同的关注点,在不同的产业中,对各要素、各参与者之间关系的关注程度也不同,具有很强的侧重性,能够很好地体现不同产业创新体系发展的不同之处,这是国内在未来研究时需要注意的地方。

4.5 产业创新系统研究的国内应用

4.5.1 产业创新系统的政策干预和评估

产业创新系统这一概念具有很强的实践含义,基于产业创新系统理论,制定产业发展政策,以提高产业的创新水平,推动特定产业赶超发展,对我国这样的发展中国家而言,具有重要意义。那么,如何利用产业创新系统概念对特定产业进行政策干预和评估呢?与此直接相关的理论是4.3.1.2部分所提到的"基于产业创新系统的政策理论和框架",这一部分所涉及的概念、理论和具体细节,则需要产业创新系统其他理论和实证研究的方法与结论支持。因此,本部分将基于 Bergek et al.(2005,2008)的政策框架研究,结合其他相关的具体研究,对产业创新系统研究的国内应用做出初步尝试。

制定政策以推动产业创新系统良性发展可以遵循如下步骤:

第一步——定义所关注的产业创新系统。根据国家发展战略的需要,我们更期望某些产业在创新方面实现跨越式发展或者赶超发展,因此,政策制定的第一步就是确定产业范围。具体定义的角度可以参见4.3.1.2部分中的"基于产业创新系统的政策理论和框架",但在实际应用及实证研究中,大多数定义都是依据产业划分标准来进行的。

第二步——识别产业创新系统的结构构成——参与者、网络和制度。正如我们在4.4.1.1部分"特定产业创新系统研究"中所看到的,产业创新系统的结构构成对产业创新绩效具有重要作用,因此,在确定了所要研究的产业范围后,就要识别和分析产业创新系统的结构构成。首先,要识别该系统的参与者,不仅要包括整个价值链的企业,也要包括其他非企业组织,如大学和科研机构、公共部门、利益团体、风险投资者、标准制定者等。识别产业创新系统参与者的方法有很多:产业协会可以提供企业目录;专利分析可以提供不同组织和个体的技术行为记录,从而识别企业、科研机构和个人;文献分析(出版物、引用分析)

可以从发表论文的角度提供较为活跃的组织的信息;对技术或产业专家及企业、研究组织、金融业的人员进行访谈,可以识别其他的参与者。其次,要关注正式与非正式的网络。有些网络是特意安排的,用于解决特定任务,如标准化网络、技术平台联盟、公共-私人合作等;有些网络没有经过特意安排,如购买者-销售者关系、大学和产业联系等。这些网络或围绕技术任务、市场形成而产生,或根据政治战略需要而产生,除此之外,社会团体如专业化的网络和协会、消费者利益群体等,也值得关注。网络一般有正式和非正式之分,正式的网络易于识别,而非正式的网络往往需要与产业专家等进行讨论或对共有专利、共有发表、合作情况进行分析。最后,要识别制度,包括文化、规范、法律、规定、惯例等。

第三步——确定产业创新系统的功能模式。这一步是通过描述该系统的功能模式,确定现有系统功能发挥的程度和水平,具体功能模式及识别、评估这些功能的方法可以参见4.3.1.2部分中的"产业创新系统的重要补充——创新系统功能与系统失灵理论"。

第四步——评估产业创新系统的功能性,设定目标。上一步是对系统功能模式的一个描述,但并没有告诉我们这个系统的功能是否良好,而且,某个特定功能表现较弱并不一定是一个问题,某个较强的功能也并不一定是重要的。除了上一步提到的评估办法,Bergek et al.(2005,2008)提出了两种评估的基础:系统的发展阶段和系统比较。

第一,关于系统的发展阶段,在产业形成阶段和增长阶段,功能性的定义是不同的,我们需要考察现有功能是否与当前阶段和下一期阶段的需要相适应,这就需要判断目前的发展阶段。在产业的形成阶段,新产业创新系统的构成要素开始出现,一些企业和其他组织开始进入市场,制度安排开始出现,网络开始形成,基本结构开始具备,除此之外的一些判断指标包括:(A)时间维度,一般发展短于十年的产业属于形成阶段,有些产业的形成阶段甚至要延续几十年;(B)技术、市场和应用仍存在极大不确定性;(C)产品的价格和效果没有得到充分发展和体现;(D)扩散程度和经济行为仅是预估潜力的一部分[①];(E)需求方面仍然不清晰;(F)缺少自我强化的特征(正向反馈),正外部性较弱。在形

---

① 注意与增长阶段相区分,形成阶段并不是伴随扩散的高速率和经济行为的高增长率,相反,这些行为通常是小规模的,许多试验仍在大量发生。

成阶段,由于不确定性的存在,试验和多样性创造非常重要,这就要求"企业家试验"不断扩展,在不同的技术方法和应用上实现"知识发展"。为实现这一点,"影响搜寻方向"和"资源调动"这两项功能就必须吸引企业进入,并在多种方向上进行风险性探索。进一步,"合法化"进程必须开始,实现制度转变。最后,"知识发展"程度将不断提高,最终将依赖于网络中参与者的合作关系,特别是供应者与购买者之间的合作,这就需要"市场形成",因此,已有市场需要向新技术和新产品开放,或需要发展新的小众市场进行孵化。随着形成阶段的产业发展,在某些时点,产业创新系统逐渐可以自我维持,并进入增长阶段,此时关注的焦点转向了系统扩张和大规模技术扩散,过渡市场及随后的大规模市场形成了,"资源调动"大幅增加,但一般情况下我们仍无法确定何种应用将产生这些市场,所以"企业家试验"仍然必须持续,而当发展中的某个产业创新系统引起参与者更多关注时,"合法性"变得更为重要。需要注意的是,由于不同的产业创新系统有各自的特征,所以我们的分析不应局限于上述思路。

第二,关于系统比较,4.4.1.1部分中的"产业创新系统的比较研究"提供了范例,特别是跨国、跨区域的产业创新系统比较,不仅可以为合理预期该系统的发展提供依据,还可以帮助识别该系统发展的关键功能。通过这两种评估方法,我们可以了解一个产业创新系统的功能性,并在此基础上,依据所希望达到的功能模式,确定阶段性的政策目标。

第五步——识别促进和阻碍功能发挥的机制。这些机制不仅处于产业创新系统内部,也有可能超越该产业创新系统的范围,因此政策制定者不仅要关注产业创新系统内部的动态,也要关注内部和外部动态的相互作用。特别地,我们需要关注阻碍机制对动态的不利影响,这里可以与4.3.1.2部分中的系统失灵理论相联系,比如,新技术的支持者不能很好地组织起来,因而"合法化"受到了阻碍,不配套的制度会阻碍"市场形成",从而限制"影响搜寻方向"和"企业家试验"的功能发挥。具体的分析实例可以参见4.4.1.1部分中的"新兴产业创新系统研究(单一国家)"和"系统失灵的产业创新系统研究"。

第六步——从阻碍或促进理想的功能模式发展的结构要素出发,明确关键的政策问题。这里,政策目标在于通过加强或引入促进机制、削弱或取消阻碍机制,来修正相关创新系统里发挥不好的功能,即关注于功能上的系统失灵,而不仅是结构要素缺失。

第七步——分析各种政策工具及其对功能模式的可能影响。上一步确定了我们需要关注的政策问题,这一步所指的政策工具就要用于实现这些目标。有两种方法可以评估政策工具[①]:(A)评估一个政策工具预期可以削弱或消除(加强或引入)先前所识别的阻碍机制(促进机制)的程度;(B)评估一个政策工具预期可以对每个功能、功能间的互动及整个创新系统的功能性所产生的影响。

第八步——反馈、学习和改善。产业创新系统的发展是动态的,因此政策工具也要随着变化而发生变化,根据产业创新系统的绩效和功能发挥的反馈情况,进行政策调整。

这八个步骤为政策制定者制定产业发展和创新政策提供了基本框架,但在未来的实践中,仍然需要进一步的拓展和充实。同时,在制定政策时,我们要记住 Edquist et al.(2004)的忠告,详见4.3.1.2部分中的"基于产业创新系统的政策理论和框架"。

4.5.2 产业创新系统的评价指标

产业创新系统作为创新系统的一种类型,与其他种类的创新系统在分析和研究上具有很大的相似性,因而评价产业创新系统绩效的方法往往与其他系统的评价相似,很多指标体系和评价方法可以共用,因此,关于产业创新系统评价指标,本部分仅列举一二,具体可以参见本章的其他部分。

在定性评价方面,指标有很多共性,涉及产业创新的方方面面,如 Carlsson & Stankiewicz(1991)在对技术系统进行分析的时候,从经济竞争力的角度提出了四个方面的分析标准:(A)选择(战略)能力,指产业内部的企业对市场、产品、技术和整个组织结构进行创新的能力,以及从事创业活动、选择关键人员和获取主要资源的能力;(B)组织(协同)能力,指产业内企业间关系,不仅包括竞争,更重要的是合作关系;(C)技术能力,指产业中的企业生产、销售、工程、研究开发和产品特性化等方面的能力;(D)学习能力,指改变企业文化氛围、具有能根据环境变化而连续变化的能力。再如,Oosterwijk(2003)[②]提出

[①] 不同的产业创新系统里,面对不同的阻碍和促进机制,需要的政策工具不同,因而要具体问题具体分析。具体的范例可以参见 Bergek et al.(2005)的研究。

[②] Oosterwijk H. National-sectoral systems of innovation[A].//李庆东.产业创新系统协同演化理论与绩效评价方法研究.吉林:吉林大学,2008.

了一些评价产业创新系统的定性指标,并以此来比较两个产业创新系统的异同(见表4.14)。

表4.14 产业创新系统评价指标

指标	具体指标	指标描述
技术	创新的类型	渐进的或激进的
	创新的范围	当地、区域、国家或全球的
	领导或追随者	领导或追随
创新链的组织结构	垂直差异	简单的或复杂的
	水平差异	连续的、密集的、灵活的
	劳动力细分	简单的或复杂的
	相互依赖	系统的或不均匀的
	企业内部协同形式	层次的、市场的或网络的
	企业间的协同形式	层次的、市场的或网络的
	工人协同	高或低
	管理者或职员协同	高或低
制度环境	社会基础	狭窄或宽阔
	熟练工人供给	充足或不充足
	教育	在企业内或产业内
	科研资金	公共的或私人的
	规则影响	高或低
	训练或教育供应	高或低
	资金供应	高或低
产业特点	经济方向	私人服务、经济增长
	市场进入	关闭或开放
	市场参与者	多或少
	外部关系	多或少
	专有性	产业的特殊特征

资料来源:Oosterwijk(2003)。

在定量分析方面,学者往往在构建指标体系的基础上,采用层次分析方法、数据包络分析方法等方法,为开展产业创新系统效率的评价提供路径。如谢忠泉(2007)认为,产业创新系统的评价对象是产业创新系统整体体现出的产业创新能力,产业创新能力可以从产业创新的经济绩效、政策效率、技术水平、环境支撑能力和产业创新机制的作用进行考察[①],在此基础上,文章构建了产业创新系统的评价指标体系,并采用层次分析方法为开展评价提供了路径和方法。再如,李庆东(2008)从产业创新系统的综合运行能力评价和产业创新系统的效率评价两个方面来评价产业创新系统绩效。对于产业创新系统综合运行能力,运用研发经费内部支出、研发活动人员数量、科技机构数量、消化吸收经费、拥有专利数量、利润等40个指标进行主成分分析,并进而构建了综合运行能力的模糊综合评价模型;对于产业创新系统运行效率,以科研人员总数、研发活动人员折合全时当量、研发经费内部支出、研发活动其他支出、新增固定资产为输入指标,以专利申请数、科技论文数、新产品产值、新产品出口销售额为输出指标,采用数据包络分析方法来分析系统的技术有效性和规模有效性及整体的效率。

4.6 本章小结

产业创新是创新问题的一个重要方面,在这一领域中,涌现出一大批关注产业创新的影响和影响因素的研究文献,发展出相互区别却又相互联系的研究方法和研究框架。近年来,产业创新系统作为新的研究框架,为研究产业创新提供了动态和系统的视角,它处于产业创新研究的前沿,不仅成为分析产业创新的重要工具,也成为政策制定者进行决策选择的重要依据。因此,本章在产业创新研究的基础上,以产业创新系统研究为核心,对国内外产业创新系统文献进行评述。

产业创新系统理论的重要奠基者和发展者是马莱巴,他以创新系统方法和演化理论为基础,构建了产业创新系统的基本模型,强调知识和技术、参与者和网络、制度、需求的重要作用和相互联系,以及基于这些要素发展而实现的产业

---

① 其中,经济绩效主要体现在发明专利、技术标准、新产品、职工人均产值、产业国际竞争力等方面;政策效力可以从供给、需求和环境政策入手,考虑政策的有效性、有效率性和有机综和性;技术水平包括产业共性技术、产业关键技术和产业创新管理技术的水平;环境支撑能力可以从要素条件、需求条件、相关支撑产业、企业策略、结构和竞争程度等方面考虑;产业创新机制作用则主要包括需求动力和供给动力的完备性、产业联合水平、产业与大学研究所的相互作用、技术扩散和人员流动,其中产业创新运行过程中不同主体之间的相互作用要重点考虑,可以采用OECD对国家创新体系的分析来进行。

系统的动态和转型。这一模型不仅关注供给,也关注需求;不仅关注企业,也关注非企业组织;不仅关注市场互动,也关注非市场互动;不仅关注参与者,也关注制度;不仅关注系统的静态构成,也关注系统的转变动态。马莱巴的产业创新系统模型不仅为产业创新的实证研究奠定了基础,也为产业创新的理论研究提供了很好的发展背景和框架。许多研究者在该模型的基础上,针对模型的疏漏之处,结合其他理论模型,进行完善和发展,分别从创新系统功能与系统失灵、社会技术系统、赶超理论等方面丰富了产业创新系统的理论构架,并发展出产业创新系统的政策理论。

在产业创新系统的实证研究方面,国外有大量的文献以专家访谈、历史回顾和描述统计为基础,对特定产业创新系统或与之相关的赶超问题进行案例研究,侧重于动态演进过程、关键要素的分析,以及发展的有利机制和障碍,倾向于提供一个广阔和综合的视角;也有部分文献采用了数量研究的方法,主要是探究产业创新系统中的某个要素对该产业生产效率和创新绩效的影响,但这类研究还有待进一步发展。国内的实证研究逐渐与国外研究在方法论上实现融合和趋同,但部分计量研究并不是在产业创新系统框架下进行的,对制度、网络和动态的考察不足,也可能存在遗漏变量的问题。

总体来看,产业创新系统的学术研究领域还有很大的发展空间。首先,产业创新系统地理边界和地域差异性研究。已有实证研究多以国家为界,但这对产业创新系统而言并不一定最合适(Malerba,2004),由于创新活动往往呈现空间集聚和地域分工的特征,再加上技术和创新的跨国联系日益紧密,如何界定一个产业创新系统的地理边界还有待讨论。此外,不同国家及地区有不同的发展历史、文化制度和地理特征,产业创新系统往往存在地域差异,引入地域和空间概念,考察地理空间对不同产业创新的作用,是一个可能方向。其次,产业创新系统要素的度量和数量化研究。目前实证研究多为案例研究,数量研究相对较少,这可能源于数据限制,可以考虑挖掘、整理和建立产业创新系统数据库,或基于企业微观数据进行产业研究;这更可能源于要素度量的困难,特别是制度和网络,采用何种代理变量,如何量化处理,是一个挑战。最后,产业创新系统理论的适用性和有效性研究。与其他研究产业创新的方法相比,产业创新系统方法得出的结论是否更准确和有效,可行性和便利性如何,都有待研究。另外,虽有学者提出了一些定性指标和定量方法来评估产业创新系统(Oosterwijk,2003;李庆东,2008;谢忠泉,2007),但其有效性、可比性和可行性并不十分明确,如何考察产业创新系统的创新绩效,还有待拓展。

而在实践方面,产业创新系统同样具有很强的政策意义,如何利用产业创新系统概念对特定产业进行政策干预和评估是我们所面临的重要课题。尽管Bergek et al.(2005,2008)提出了制定产业发展创新政策的基本框架,但是对不同的产业创新系统需要具体分析、区别对待,这就有待于政策实践的反馈、补充和发展。关于产业创新系统的评价指标,往往与其他系统相似,但是,产业创新系统与其他系统的侧重点不同,因此评价指标应该有所区别和侧重,甚至不同产业的评价指标也有所不同,这也是未来创建合理的产业创新系统评价指标体系所面临的重要挑战。

参考文献

[1] 陈虹村,李振兴,陈劭锋,等:"产业创新系统视角下中丹风电产业比较研究",《工业技术经济》,2016年第6期,第26—35页。

[2] 董钰,孙赫:"知识产权保护对产业创新影响的定量分析——以高技术产业为例",《世界经济研究》,2012年第4期,第11—15页,第87页。

[3] 范云,刘志迎:"产业创新动态系统的进化博弈模型",《合肥工业大学学报(自然科学版)》,2008年第7期,第1056—1058页。

[4] 苟仲文,李仕明,曾勇:"电子信息产业创新体系研究——基于产业创新视角的分析",《管理学报》,2006年第6期,第741—744页。

[5] 苟仲文:"我国电子信息产业创新体系的形成机理研究",《中国软科学》,2006年第6期,第1—12页。

[6] 何向武,周文泳,尤建新:"产业创新生态系统的内涵、结构与功能",《科技与经济》,2015年第4期,第31—35页。

[7] 侯沁江,陈凯华,蔺洁,等:"中国新能源汽车产业创新系统功能演化研究——兼论政府措施的作用",《工业技术经济》,2015年第3期,第12—25页。

[8] 胡明铭,徐姝:"产业创新系统研究综述",《科技管理研究》,2009年第7期,第31—33页。

[9] 蒋振威,盖文启:"技术创新、产业创新系统与价值创造——基于中国光伏产业视角",《中南大学学报(社会科学版)》,2017年第2期,第111—119页,第140页。

[10] 孔欣欣:"部门创新体系:一个影响当今产业创新政策的重要概念",《科学学与科学技术管理》,2008年第2期,第76—81页。

[11] 李春艳,刘力臻:"产业创新系统生成机理与结构模型",《科学学与科学技术管理》,2007年第1期,第50—55页。

[12] 李进兵:"战略性新兴产业创新系统演化进程与驱动力",《科学学研究》,2016年第9期,第1426—1431页。

[13] 李培楠,赵兰香,万劲波:"创新要素对产业创新绩效的影响——基于中国制造业和高技术产业数据的实证分析",《科学学研究》,2014年第4期,第604—612页。

[14] 李其玮,顾新,赵长轶:"影响因素、知识优势与创新绩效——基于产业创新生态系统视角",《中国科技论坛》,2018年第7期,第56—63页。

[15] 李庆东:"产业创新系统结构模型研究",《改革与战略》,2009年第7期,第120—123页。

[16] 李庆东:"产业创新系统协同演化理论与绩效评价方法研究",吉林大学,2008年。

[17] 梁中:"欠发达地区低碳产业创新系统要素构成研究",《科技进步与对策》,2013年第4期,第38—43页。

[18] 林海芬,苏敬勤:"产业持续动态创新模型的演变及实证研究——基于知识生产视角",《科学学与科学技术管理》,2010年第2期,第28—34页。

[19] 刘露,杜志平:"物流产业创新系统构建研究",《物流技术》,2008年第12期,第1—4页,第8页。

[20] 刘志迎,范云,晋盛武:"需求约束下的产业创新动态系统进化博弈研究",《科学学与科学技术管理》,2007年第12期,第55—58页,第67页。

[21] 柳卸林:《21世纪的中国技术创新系统》。北京:北京大学出版社2000年版。

[22] 潘福林,于焱,方苏春:"产业创新系统中创新网络的构建分析",《经济师》,2012年第9期,第14—16页。

[23] 彭勃,雷家骕:"基于产业创新系统理论的我国大飞机产业发展分析",《中国软科学》,2011年第8期,第41—47页。

[24] 孙晓华,李传杰:"有效需求规模、双重需求结构与产业创新能力——来自中国装备制造业的证据",《科研管理》,2010年第1期,第93—103页。

[25] 孙早,宋炜:"企业R&D投入对产业创新绩效的影响——来自中国制造业的经验证据",《数量经济技术经济研究》,2012年第4期,第49—63页,第122页。

[26] 汪秀婷,杜海波:"系统视角下战略性新兴产业创新系统架构与培育路径研究",《科学管理研究》,2012年第1期,第10—14页。

[27] 汪秀婷:"战略性新兴产业协同创新网络模型及能力动态演化研究",《中国科技论坛》,2012年第11期,第51—57页。

[28] 王明明,党志刚,钱坤:"产业创新系统模型的构建研究——以中国石化产业创新系统

模型为例",《科学学研究》,2009 年第 2 期,第 295—301 页,第 201 页。

[29] 谢忠泉:"产业创新评价系统研究"。中国地质大学,2007 年。

[30] 修国义,刘倩:"我国汽车产业创新系统构建研究",《科技与管理》,2011 年第 2 期,第 16—20 页。

[31] 杨利锋:"产业创新系统与我国风电产业发展:理论、方法与政策",中国科学技术大学,2013 年。

[32] 张长征,黄德春,马昭洁:"产业集聚与产业创新效率:金融市场的联结和推动——以高新技术产业集聚和创新为例",《产业经济研究》,2012 年第 6 期,第 17—25 页。

[33] 张凤,何传启:《国家创新系统:第二次现代化的发动机》。北京:高等教育出版社 1999 年版。

[34] 张珺,刘德学:"基于全球生产网络的开放式产业创新体系构建",《科技管理研究》,2007 年第 2 期,第 169—171 页。

[35] 张治河,胡树华,金鑫,等:"产业创新系统模型的构建与分析",《科研管理》,2006 年第 2 期,第 36—39 页。

[36] 张治河:"面向'中国光谷'的产业创新系统研究",武汉理工大学,2003 年。

[37] 张治河,谢忠泉:"我国钢铁产业创新与发展的问题及管理措施",《中国软科学》,2006 年第 2 期,第 31—37 页。

[38] 赵志田,杨坚争:"产业创新系统理论下中国跨境电子商务发展研究",《中国发展》,2014 年第 2 期,第 25—30 页。

[39] Adams, P., R. Fontana, and F. Malerba, "The magnitude of innovation by demand in a sectoral system: The role of industrial users in semiconductors", *Research Policy*, 2013, 42(1): 1—14.

[40] Aldebert, B., R. J. Dang, and C. Longhi, "Innovation in the tourism industry: The case of Tourism", *Tourism Management*, 2011, 32(5): 1204—1213.

[41] Andersen, P. D., A. D. Andersen, P. A. Jensen, et al., "Sectoral innovation system foresight in practice: Nordic facilities management foresight", *Futures*, 2014, 61: 33—44.

[42] Beerepoot, M., and N. Beerepoot, "Government regulation as an impetus for innovation: Evidence from energy performance regulation in the Dutch residential building sector", *Energy Policy*, 2007, 35(10): 4812—4825.

[43] Bergek, A., "Shaping and exploiting technological opportunities: The case of renewable energy technology in Sweden", Chalmers University of Technology, 2002.

[44] Bergek, A., S. Jacobsson, B. Carlsson, et al., "Analyzing the dynamics and functionality of sectoral innovation systems: A manual", Paper to be presented at the DRUID Tenth Anni-

versary Summer Conference, 2005.

[45] Bergek, A., S. Jacobsson, B. Carlsson, et al., "Analyzing the functional dynamics of technological innovation systems: A scheme of analysis", *Research Policy*, 2008, 37(3): 407—429.

[46] Breschi, S., and F. Malerba, "Sectoral innovation systems: Technological regimes, Schumpeterian dynamics, and spatial boundaries", In: Edquist, C., *Systems of Innovation: Technologies, Institutions and Organizations*, first published in 1997. London: Routledge, 2013.

[47] Breschi, S., F. Malerba and L. Orsenigo, "Technological regimes and Schumpeterian patterns of innovation", *The Economic Journal*, 2000, 110(463): 388—410.

[48] Caniëls, M., E. Kesidou, and H. Romijn, "The software sector in uruguay: A sectoral systems of innovation perspective", In: Malerba, F., and Mani, S., *Sectoral Systems of Innovation and Production in Developing Countries: Actors, Structure and Evolution*. Northampton: Edward Elgar Publishing, 2009.

[49] Carlsson, B., and R. Stankiewicz, "On the nature, function and composition of technological systems", *Journal of Evolutionary Economics*, 1991(1): 93—118.

[50] Cesaroni, F., A. Gambardella, W. Garcia-Fontes, et al., "The chemical sectoral system: Firms, markets, institutions and the processes of knowledge creation and diffusion", In: Malerba, F., *Sectoral Systems of Innovation: Concepts, Issues and Analyses of Six Major Sectors in Europe*. Cambridge: Cambridge University Press, 2004.

[51] Coriat, B., F. Malerba, F. Montobbio, "The international performance of European sectoral systems", In: Malerba, F. *Sectoral Systems of Innovation: Concepts, Issues and Analyses of Six Major Sectors in Europe*. Cambridge: Cambridge University Press, 2004.

[52] Cunningham, N. J., "Industrial innovation", *Business History*, 1960, 2(2): 97—100.

[53] Cusmano, L., A. Morrison, and R. Rabellotti, "Catching up trajectories in the wine sector: A comparative study of Chile, Italy, and South Africa", *World Development*, 2010, 38 (11): 1588—1602.

[54] Dasgupta, P., and J. Stiglitz, "Industrial structure and the nature of innovative activity", *The Economic Journal*, 1980: 266—293.

[55] Dodgson, M., and R. Rothwell, *The Handbook of Industrial Innovation*. Northampton: Edward Elgar Publishing, 1995.

[56] Dolata, U., "Technological innovations and sectoral change transformative capacity, adaptability, patterns of change: An analytical framework", *Research Policy*, 2009, 38(6): 1066—1076.

[57] Edquist, C., and B. Johnson, "Institutions and organisations in systems of innovation", In: Edquist, C., *Systems of Innovation-Technologies, Institutions and Organizations*, first published in 1997. London: Routledge, 2013.

[58] Edquist, C., F. Malerba, S. Metcalfe, et al., "Sectoral systems: Implications for European innovation policy", In: Malerba, F., *Sectoral Systems of Innovation: Concepts, Issues and Analyses of Six Major Sectors in Europe*. Cambridge: Cambridge University Press, 2004.

[59] Edquist, C., "The fixed internet and mobile telecommunications sectoral system of innovation: Equipment production, access provision and content provision", In: Malerba, F., *Sectoral Systems of Innovation: Concepts, Issues and Analyses of Six Major Sectors in Europe*. Cambridge: Cambridge University Press, 2004.

[60] Edquist, C., "The systems of innovation approach and innovation policy: An account of the state of the art", Paper to be presented at the DRUID Conference, 2001.

[61] Faber, A., and T. Hoppe, "Co-constructing a sustainable built environment in the Netherlands: Dynamics and opportunities in an environmental sectoral innovation system", *Energy Policy*, 2013, 52: 628—638.

[62] Fan, P., "Catching up through developing innovation capability: Evidence from China's telecom-equipment industry", *Technovation*, 2006, 26(3): 359—368.

[63] Fassio, C., "How similar is innovation in German, Italian and Spanish medium-technology sectors? Implications for the sectoral systems of innovation and-distance-to-the-frontier perspectives", *Industry and Innovation*, 2015(Ahead-Of-Print): 1—24.

[64] Fransman, M., "Innovation in the new ICT ecosystem", *Communications & Strategies*, 2007, 68: 89—109.

[65] Freeman, C., and L. Soete, *The Economics of Industrial Innovation*. London: Routledge, 2013(first published in 1997).

[66] Freeman, C., *Technology Policy and Economic Performance: Lessons from Japan*. London: Pinter, 1987.

[67] Furtado, A. T., "Scandiffio M I G, Cortez L A B. The Brazilian sugarcane innovation system", *Energy Policy*, 2011, 39(1): 156—166.

[68] Geels, F. W., "From sectoral systems of innovation to socio-technical systems: Insights about dynamics and change from sociology and institutional theory", *Research Policy*, 2004, 33(6): 897—920.

[69] Ghiasi, G., and V. Larivière, "Sectoral systems of innovation: The case of robotics research activities", *Scientometrics*, 2015, 104(2): 407—424.

[70] Hekkert, M. P., R. A. Suurs, S. O. Negro, et al., "Functions of innovation systems: A new approach for analysing technological change", *Technological Forecasting and Social Change*, 2007, 74(4): 413—432.

[71] Hu, H., and C. C. Chung, "Biopharmaceutical innovation system in China: System evolution and policy transitions (pre-1990s-2010s)", *International Journal of Health Policy and Management*, 2015, 4(12): 823.

[72] Hu, M., and S. Hung, "Taiwan's pharmaceuticals: A failure of the sectoral system of innovation?", *Technological Forecasting and Social Change*, 2014, 88: 162—176.

[73] Iizuka, M., "'Low-tech' industry: A new path for development? The case of the salmon farming industry in Chile", In: Malerba, F., Mani, S., *Sectoral Systems of Innovation and Production in Developing Countries: Actors, Structure and Evolution*. Northampton: Edward Elgar Publishing, 2009.

[74] Intaralcumnerd, P., and M. Fujita, "China's threat and opportunity for the Thai and Vietnamese motorcycle industries: A sectoral innovation system analysis", In: Malerba, F., and Mani, S., *Sectoral Systems of Innovation and Production in Developing Countries: Actors, Structure and Evolution*. Northampton: Edward Elgar Publishing, 2009.

[75] Jung, M., and K. Lee, "Sectoral systems of innovation and productivity catch-up: Determinants of the productivity gap between Korean and Japanese firms", *Industrial and Corporate Change*, 2010: 1—33.

[76] Kamien, M., and N. Schwartz, *Market Structure and Innovation*. Cambridge: Cambridge University Press, 1982.

[77] Köhler, J., W. Schade, G. Leduc, et al., "Leaving fossil fuels behind? An innovation system analysis of low carbon cars", *Journal of Cleaner Production*, 2013, 48: 176—186.

[78] Kim, J. Y., T. Y. Park, and K. Lee, "Catch-up by indigenous firms in the software industry and the role of the government in China: A sectoral system of innovation (SSI) perspective", *Eurasian Business Review*, 2013, 3(1): 100—120.

[79] Kim, Y., and K. Lee, "Making a technological catch-up in the capital goods industry: Barriers and opportunities in the Korean case", In: Malerba, F., and Mani, S., *Sectoral Systems of Innovation and Production in Developing Countries: Actors, Structure and Evolution*. Northampton: Edward Elgar Publishing, 2009.

[80] Klagge, B., Z. Liu, and P. C. Silva, "Constructing China's wind energy innovation system", *Energy Policy*, 2012, 50: 370—382.

[81] Kubeczko, K., E. Rametsteiner, and G. Weiss, "The role of sectoral and regional innova-

tion systems in supporting innovations in forestry", *Forest Policy and Economics*, 2006, 8(7): 704—715.

[82] Lee, K., and C. Lim, "Technological regimes, catching-up and leapfrogging: findings from the Korean industries", *Research Policy*, 2001, 30(3): 459—483.

[83] Lee, K., S. Cho, and J. Jin, "Dynamics of catch-up in mobile phones and automobiles in China: Sectoral systems of innovation perspective", *China Economic Journal*, 2009, 2(1): 25—53.

[84] Lee, K., X. Gao, and X. Li, "Industrial catch-up in China: A sectoral systems of innovation perspective", *Cambridge Journal of Regions, Economy and Society*, 2016, 10(1): 59—76.

[85] Lee T., "From 'nuts and bolts' to 'bits and bytes': The evolution of Taiwan ICT in a global knowledge-based economy", In: Malerba, F., and Mani, S., *Sectoral Systems of Innovation and Production in Developing Countries: Actors, Structure and Evolution*. Northampton: Edward Elgar Publishing, 2009.

[86] Levin, R. C., A. K. Klevorick, R. R. Nelson, et al., "Appropriating the returns from industrial research and development", *Brookings Papers on Economic Activity*, 1987, 3: 783—831.

[87] Liu, Z., M. A. Jongsma, C. Huang, et al., "The sectoral innovation system of the Dutch vegetable breeding industry", *NJAS-Wageningen Journal of Life Sciences*, 2015, 74: 27—39.

[88] Malerba, F., and L. Orsenigo, "Technological regimes and firm behavior", *Industrial and Corporate Change*, 1993, 2(1): 45—71.

[89] Malerba, F., and L. Orsenigo, "Technological regimes and patterns of innovation: A theoretical and empirical investigation of the Italian case", *Evolving Technology and Market Structure*, 1990: 283—305.

[90] Malerba, F., and R. Nelson, "Learning and catching up in different sectoral systems: Evidence from six industries", *Industrial and Corporate Change*, 2011, 20(6): 1645—1675.

[91] Malerba, F., and R. R. Nelson, "Catching up in different sectoral systems", Paper to be presented at the Globelics Russia, 2007.

[92] Malerba, F., and S. Mani, *Sectoral Systems of Innovation and Production in Developing Countries: Actors, Structure and Evolution*. Northampton: Edward Elgar Publishing, 2009.

[93] Malerba, F., "Sectoral systems of innovation: A framework for linking innovation to the knowledge base, structure and dynamics of sectors", *Economics of Innovation and New*

Technology, 2005, 14(1—2): 63—82.

[94] Malerba, F., "Sectoral systems of innovation and production", *Research Policy*, 2002, 31(2): 247—264.

[95] Malerba F., *Sectoral Systems of Innovation: Concepts, Issues and Analyses of Six Major Sectors in Europe*. Cambridge: Cambridge University Press, 2004.

[96] Mani, S., "Why is the Indian pharmaceutical industry more innovative than its telecommunications equipment industry? Contracts between the sectoral systems of innovation of the Indian pharmaceutical and telecommunications industries", In: Malerba, F., and Mani, S., *Sectoral Systems of Innovation and Production in Developing Countries: Actors, Structure and Evolution*. Northampton: Edward Elgar Publishing, 2009.

[97] Marques, R. A., and L. G. de Oliveira, "Sectoral system of innovation in Brazil: Reflections about the accumulation of technological capabilities in aeronautical sector (1990-2000)", In: Malerba, F., and Mani, S., *Sectoral Systems of Innovation and Production in Developing Countries: Actors, Structure and Evolution*. Northampton: Edward Elgar Publishing, 2009.

[98] Mayntz, R., and T. P. Hughes, *The Development of Large Technical Systems*. Frankfurt: Campus Verlag, 1988.

[99] Mckelvey, M., L. Orsenigo, and F. Pammolli, "Pharmaceuticals analyzed through the lens of a sectoral innovation system", In: Malerba, F., *Sectoral Systems of Innovation: Concepts, Issues and Analyses of Six Major Sectors in Europe*. Cambridge: Cambridge University Press, 2004.

[100] Mckelvey, M., "Using evolutionary theory to define systems of innovation", In: Edquist, C., *Systems of Innovation-technologies, Institutions and Organizations*, first published in 1997. London: Routledge, 2013.

[101] Methe, D. T., "The influence of technology and demand factors on firm size and industrial structure in the DRAM market-1973-1988", *Research Policy*, 1992, 21(1): 13—25.

[102] Mu, Q., and K. Lee, "Knowledge diffusion, market segmentation and technological catch-up: The case of the telecommunication industry in China", *Research Policy*, 2005, 34(6): 759—783.

[103] Nelson, Richard, R., and G. Winter, Sidney, *An Evolutionary Theory of Economic Change*. Cambridge: Harvard Business School Press, 1982.

[104] Oltra, V., and M. Saint, Jean, "Sectoral systems of environmental innovation: An application to the French automotive industry", *Technological Forecasting and Social Change*,

2009, 76(4): 567—583.

[105] Packinat, M., and M. H. Rezazadeh, Mehrizi, "Comparative analysis of sectoral innovation system and diamond model: The case of telecom sector of Iran", *Journal of Technology Management & Innovation*, 2008, 3(3): 78—90.

[106] Pavitt, K., "Sectoral patterns of technical change: towards a taxonomy and a theory", *Research Policy*, 1984, 13(6): 343—373.

[107] Perini, F., "From innovation projects to knowledge network: Knowledge as contingency in the sectoral organization of innovation", In: Malerba, F., and Mani, S., *Sectoral Systems of Innovation and Production in Developing Countries: Actors, Structure and Evolution*. Northampton: Edward Elgar Publishing, 2009, 57—98.

[108] Pitt, C., and S. Nelle, "Applying a sectoral system of innovation (SSI) approach to the Australian red meat industry with implications for improving innovation and entrepreneurship in the Australian agrifood industry", *International Food and Agribusiness Management Review*, 2008, 11(4): 1—24.

[109] Robson, M., J. Townsend, and K. Pavitt, "Sectoral patterns of productionand use of innovations in the UK: 1945-1983", *Research Policy*, 1988, 17: 1—14.

[110] Rogge, K. S., and V. H. Hoffmann, "The impact of the EU ETS on the sectoral innovation system for power generation technologies: Findings for Germany", *Energy Policy*, 2010, 38(12): 7639—7652.

[111] Rosenberg, N., *Inside the Black Box: Technology and Economics*. Cambridge: Cambridge University Press, 1982.

[112] Rosenberg, N., *Perspectives on Technology*. Cambridge: Cambridge University Press, 1976.

[113] Scherer, F. M., "Inter-industry technology flows in the United States", *Research Policy*, 1982, 11(4): 227—245.

[114] Schneider, L., J. Günther, and B. Brandenburg, "Innovation and skills from a sectoral perspective: A linked employer-employee analysis", *Economics of Innovation and New Technology*, 2010, 19(2): 185—202.

[115] Schumpeter, J. A., *Capitalism, Socialism and Democracy*. New York: Harper and Brothers, 1942.

[116] Shahamat, K. B., and M. R. Taghva, "Tabatabaieian S H. Iran's pharmaceutical sectoral innovation system", *Journal of Pharmaceutical & Health Sciences*, 2017, 5(3): 263—282.

[117] Steinmueller, W. E., "The European software sectoral system of innovation", In: Malerba, F., *Sectoral Systems of Innovation: Concepts, Issues and Analyses of Six Major Sectors in Europe*. Cambridge: Cambridge University Press, 2004.

[118] Stock, G. N., N. P. Greis, and W. A. Fischer, "Firm size and dynamic technological innovation", *Technovation*, 2002, 22(9): 537—549.

[119] Tether, B., and J. S. Metcalfe, "Services and systems of innovation", In: Malerba, F., *Sectoral Systems of Innovation: Concepts, Issues and Analyses of Six Major Sectors in Europe*. Cambridge: Cambridge University Press, 2004.

[120] Toivanen, H., and M. B. Lima-Toivanen, "Learning, innovation and public policy: The emergence of the Brazilian pulp and paper industry", In: Malerba, F., and Mani, S., *Sectoral Systems of Innovation and Production in Developing Countries: Actors, Structure and Evolution*. Northampton: Edward Elgar Publishing, 2009.

[121] Van Eijck, J., and H. Romijn, "Prospects for Jatropha biofuels in Tanzania: An analysis with strategic niche management", In: Malerba, F., and Mani, S., *Sectoral Systems of Innovation and Production in Developing Countries: Actors, Structure and Evolution*. Northampton: Edward Elgar Publishing, 2009.

[122] Vidican, G., L. Mcelvaney, D. Samulewicz, et al., "An empirical examination of the development of a solar innovation system in the United Arab Emirates", *Energy for Sustainable Development*, 2012, 16(2): 179—188.

[123] Wengel, J., and P. Shapira, "Machine tools: the remaking of a traditional sectoral innovation system", In: Malerba, F., *Sectoral Systems of Innovation: Concepts, Issues and Analyses of Six Major Sectors in Europe*. Cambridge: Cambridge University Press, 2004.

[124] Winter, S. G., "Schumpeterian competition in alternative technological regimes", *Journal of Economic Behavior & Organization*, 1984, 5(3): 287—320.

[125] Woolthuis, R. K., M. Lankhuizen, and V. Gilsing, "A system failure framework for innovation policy design", *Technovation*, 2005, 25(6): 609—619.

第五章 企业创新理论：源泉与绩效[①]

新经济增长理论认为创新是经济增长和社会进步的重要动力。但是，企业作为创新主体，其创新的源泉是什么，如何改善企业创新效率，理论和经验研究的争议从未停止。研发资金和人员作为企业创新最重要的投入要素，怎样提高这两方面的投入和效率进而增加企业创新成果及能力，一直是创新经济学试图回答的重要问题。

自 Schumpeter(1942)提出创新理论以来，大量的理论和实证研究都在试图回答垄断企业是否在创新投入融资和创新收益占有方面更具优势，例如 Galbraith(1952)、Arrow(1962)、Aghion et al.(2009)、Cohen(2010)。同时，Nelson(1959)认为科学进步是创新的源泉，为企业创新提供了最宝贵的基础知识投入；然而 Schmookler(1962)认为，企业生产、销售、使用等过程中出现的技术难题，为创新提供了原材料，需要研发人员提供发明设计和解决方案。事实上，创新并非单独由技术驱动，也非仅由需求拉动，它是一个复杂的集成系统(Mowery & Rosenberg,1979)。企业需要一套基本的制度，即公司治理，来构建创新的内部长效投入机制，保证创新过程的有效实施(Belloc,2012)。与此同时，要从企业组织外部获取知识，将创新投入和产出的外溢效应内部化，也要求企业建立研发合作、创新网络等外部长效投入机制(Ahuja et al.,2008)。毋庸置疑，基于技术(知识)市场失灵出台、旨在降低创新投入成本和增加创新收益的公共政策，如税收减免和研发资助，以及基于产权和补偿角度设计的知识产权保护制度，也在深刻地影响着企业的创新动机和决策。

[①] 本章受到国家自然科学基金项目"我国技术创新特征与创新驱动生产率进步机制研究"(71703172)的资助。

本章梳理了企业创新最近的理论演进和实证研究进展,包括一些重要的中国企业创新研究成果。Schumpeter(1942)的创新理论是本章综述的起点,但是我们综述的内容将在此基础上有所拓展。我们试图回答什么因素在影响企业创新的投入和产出,除了Schumpeter强调的市场力量和企业规模,科学进步、市场需求、公司治理、合作网络及创新政策是如何作用于研发资金和人员进而影响企业创新的动机与绩效的。并进一步从中得出改善当前我国创新度量和调查的一些启示和建议。特别的,本章综述的对象是技术创新,我们并不考虑广义的创新,也将排除对组织、营销创新等非技术创新的讨论。

5.1 市场结构、企业规模与企业创新

自 Schumpeter(1942)提出创新理论以来,市场结构、企业规模与创新关系成为经济增长、产业组织和创新经济学等领域经济学家讨论的命题。但是,理论与经验研究结果仍莫衷一是(Cohen,2010)。

5.1.1 市场结构

5.1.1.1 熊彼特-阿罗

Schumpeter(1942)认为市场力量为创新提供正向激励。首先,熊彼特指出,只有在创新所带来的暂时(事后)市场力量和垄断利润能阻止或推迟创新模仿及企业进入的情况下,企业才有激励投资研发、研制新产品。其次,拥有(事前)市场力量的企业可将品牌、分销渠道等方面的优势扩展到新产品,甚至可以通过同时销售新、旧产品,确保创新的利润和市场力量。最后,如果研发资金难以筹措,垄断企业的垄断利润使之比新企业更有能力投资于新产品的研究并挑出最富生产率的研发人员。概言之,激励创新的最优市场结构并非完全竞争,而是赋予创新者暂时市场势力的动态竞争市场结构。这种与主流经济学背道而驰的假说,引发了经济学家的研究兴趣及长久的争论。

Arrow(1962)认为,竞争性市场结构能为发明提供更大的激励。假设市场中仅存在一个创新者,他研制出一种降低生产成本的新工艺。考虑竞争和垄断两种市场结构,并假设两种情形下企业面临的需求和边际成本曲线相同,且边际成本曲线为一个常数。显然,在竞争情形下,创新者的最大收益为企业采用

新工艺前后（平均）成本的差额与采用新工艺后销售量的乘积；在垄断情形下，创新者的最大收益为垄断者采用新工艺后的利润减去采用前所得利润的部分。由于采用新工艺后，竞争市场出清的产量高于垄断市场，且垄断企业需要放弃原有生产工艺下的垄断利润（replacement effect），因此在竞争情形下创新者收益更高，激励更足。

Demsetz(1969)持有与阿罗不同的看法。他指出有两个问题将影响阿罗的研究结论：第一，在采用新工艺前，竞争市场的均衡产量高于垄断市场（scale effect）；第二，阿罗构建的创新者是一名垄断者，对两种情形下的企业进行差别定价。因此，为公平比较两种情形下创新者的收益，德姆塞茨（Demsetz）假定采用新工艺前两种情形下的均衡产量是相同的，即竞争情形下的需求曲线即垄断情形下的边际收益曲线。如果创新者不能进行价格歧视，对使用新工艺的单位产量征收相同的使用费，那么创新者从两种情形中获得的收益相同。但是，如果他能实行价格歧视，竞争情形下创新者的收益并非一定高于垄断情形下的收益。特别的，在需求为线性的情况下，创新者在竞争情形下的收益小于垄断情形下的收益。值得注意的是，德姆塞茨试图公平比较的产量调整方法同样受到其他学者的批评（Clarke, 1985; Ng, 1971）。

然而，Gilbert & Newbery(1982)从创新（专利）竞赛的视角得出垄断企业创新激励更大的结论。与阿罗一样，Gilbert & Newbery(1982)假设创新者可独占创新利润，并将其创新成果转让给出价最高者。考虑一个两企业模型：一个在位者（垄断者）和一个潜在竞争者（对手）。若垄断者获得该项创新，它将保持垄断者的地位，获得新、旧产品两个市场的垄断利润，对手收益为零；若对手赢取该项创新，它将成功进入市场，与垄断者平分市场利润。显然，当两家企业提供的产品同质，且边际成本不变时，双寡头垄断下的产业利润低于垄断利润。换言之，由于效率效应（efficiency effect），即垄断者未能获得创新而导致的损失要比对手企业成功购买创新所得收益要高，因此垄断者会抢占先机，通过创新设立进入壁垒。但是，Reinganum(1983)认为Gilbert & Newbery(1982)的结论仅适用于渐进式创新（gradual innovation）。一旦创新过程具有不确定性，或者创新产品将使现有产品立刻退出市场（drastic innovation），那么相对于垄断者，新进入者可能具有更强的创新动机。

早期理论上的争议激发了学者进行大量的实证检验。这些实证文献借助四（八）企业集中度（CR4、CR8）、赫芬达尔（HHI）指数和勒拉指数（Lerner）等来度量市场力量,用研发资金和人员、专利和新产品销售额等变量作为创新的代理变量,通过二者的回归关系来判定市场力量与创新的关系。大部分实证研究表明,市场力量与创新之间呈现正向关系(Hamberg,1964;Scherer,1967);也有小部分文献发现市场力量与创新之间负相关的结论(Williamson,1965;何玉润等,2015;李胜旗和徐卫章,2015)。但是,Scherer(1967)研究发现,市场力量与创新之间并非简单的单调线性关系,而是呈现出倒 U 形关系;当四企业集中度超过 0.55 后,市场力量会对创新产生负向激励。后续大量的经验研究和综述也得出类似的结论(聂辉华等,2008;Cohen & Levin,1989;Kamien & Schwartz,1982;Levin et al.,1985;Scott,1984),因此倒 U 形关系这一经验事实也成为理论研究的新起点。

5.1.1.2 倒 U 形假说

Aghion et al.(2005)通过严格的模型推导,首次从理论上预测了市场力量与创新的倒 U 形关系。他们假设了两类双头寡占的行业竞争环境:一类是两个寡头在技术方面势均力敌(neck-and-neck,NN);另一类是两个寡头在技术方面相差悬殊,其中一个寡头优于另一个(leader-laggard,LL)。另外,他们还假设创新是随研发投入增加逐步发生的(step-by-step innovation),落后者只能在赶上领先者后才有可能超越,即不存在"蛙跳式创新"(leapfrog innovation);领先者在未被超越前没有动力创新。理论模型显示,竞争加剧对创新有两个效应:一个是熊彼特效应(Schumpeterian effect),即竞争加剧使得落后者赶超领先者的概率和积极性下降,创新的激励减少;另一个是规避竞争效应(escape-competition effect),即竞争加剧使势均力敌的任何一方都想成为领先者以摆脱竞争,争取垄断利润,因此创新激励增加。换言之,竞争将挫伤落后企业创新的积极性,但是会鼓励水平相当的企业创新。同时,产品竞争也会改变均衡的行业结构。随着竞争由低中水平向高水平变化时,均衡的行业结构分别是 NN 行业占优、NN 行业和 LL 行业不分伯仲、LL 行业占优。因此,在低强度竞争和 NN 行业占优,以及激烈竞争和 LL 行业占优的情况下,创新较少;而处于中度竞争及相应行业结构的情形下,创新最多。这种倒 U 形关系也得到英国 1973—1994 年 17 个行业 354 家企业数据及中国 A 股上市公司数据的支持(Aghion et al.,2005;徐晓萍等,2017)。但是,Hashmi(2013)沿袭 Aghion et al.(2005)的实证方法,利用美国制造业上市公司的数据却得出竞争与创新负相关的结论。哈什米(Hashmi)对此的解释是,竞争与创新的关系依赖于技术距离这一变量。

Scott & Scott(2014)提出一种异于阿吉翁(Aghion)的假说来解释市场力量与创新的倒 U 形关系。他们假设完全竞争市场下的竞争压力是外生的(没有策略性),寡头市场下的竞争压力是内生纳什非合作均衡的结果。理论研究表明,当竞争企业感受到外生竞争压力时,竞争的加剧将促使企业加大研发投资;当竞争企业感受到对手在进行交互性研发活动,并试图达成非合作战略均衡时,竞争的加剧将挫伤企业进行研发投资的积极性。借用美国 1993 年和 2001 年的调研数据,他们得出与理论相一致的经验依据。

5.1.1.3 其他因素

值得注意的是,一些学者从熊彼特假说的争论中跳出,转而讨论影响市场力量与创新关系的关键因素。Kamien & Schwartz(1970)认为,无论市场结构(垄断与竞争)如何,市场需求曲线的弹性越大,工艺创新激励越足。然而,Spence(1975)发现市场需求越是缺乏弹性,产品创新激励越足。但是由于无法准确地区分工艺和产品创新,关于需求弹性对创新影响的经验结论不尽相同。进一步,Cohen & Levin(1989)在综述经验文献时发现,一旦控制行业特定效应如技术机会(technological opportunity),市场集中度对创新的解释力就会非常弱,仅为 4% 左右。Sutton(1998)在考察市场结构与创新双向因果关系时,提出有界均衡分析方法(bound approach)。他们认为,大的技术机会允许企业增加单位产出的利润,而大的子市场同质性有助于企业实现更大的成本摊销来增加研发的收益。萨顿(Sutton)的假说得到 Marin & Siotis(2007)的验证。高良谋和李宇(2009)认为,竞争程度越激烈越有利于非定向性技术创新(原有技术轨道的突破),而垄断程度越大越有利于定向性技术创新。但是事实上,如何识别出定向技术创新仍是经验难题。

早期关于垄断与创新的研究主要集中在讨论行业内的企业行为,但是上下游行业垄断力量的存在同样会影响企业创新。如果上游行业存在垄断力量,下游行业又必须使用上游行业的产品作为中间投入,那么,下游行业必须将其创新和采用先进技术所带来的租金与上游的垄断力量分享(Bourles et al.,2013)。换句话说,上游行业的不完全竞争会减少下游行业的创新激励,从而不利于企业业绩的提高和经济增长。当下游行业创新条件不佳而上游供应商所处行业技术进步速度相对快于下游行业时,上游供应商有激励去从事下游行业的创新活动。另外,如果下游行业集中度和进入门槛较高,供应商也将对下游行业进行研发投资,以降低下游行业的进入门槛,让更多的企业进入下游行业,进而增加自身产品和服务的购买者个数(Ahuja et al.,2008)。以2001—2008年中国企业为研究对象,Bas & Causa(2013)发现上游行业的管制将会负向影响下游制造业企业生产率。虽然Bas & Causa(2013)给出上述理论间接的检验,但是基于行业间垄断与创新关系的理论研究仍等待更多直接的经验检验。

此外,近来一些研究从垄断属性出发,讨论垄断与企业创新之间的关系。余晓钟等(2015)的研究表明,自然属性垄断对企业技术创新产生正向影响,有利于技术创新效率的提高;行政属性垄断对企业技术创新产生负面影响,技术创新效率低下;经济属性垄断对技术创新影响具有不确定性。许新华(2016)的研究发现,从整体来看,工业行业行政垄断对其技术创新具有显著的抑制效应,分阶段来看,工业行业行政垄断与技术创新呈N形关系,随着行政垄断率的不断上升,技术创新率呈先上升,后下降,然后再上升的趋势。

5.1.2 企业规模

Schumpeter(1942)提出,大企业在超比例地进行创新。换言之,大企业在创新方面比小企业有优势;随着企业规模的变大,企业的研发投入比例增长更快。据此,大多数经验研究将创新(投入或产出)的某些指标与企业规模的指标进行回归分析,以检验熊彼特关于企业规模与创新关系的猜想。Galbraith(1952)进一步明确指出,随着创新活动成本越来越高,创新生产的规模经济特点使得大企业比小企业更具优势。

加尔布雷斯(Galbraith)的思想启发了后续理论研究进一步论证大企业的"熊彼特优势"。大企业业已建立的品牌、声誉、分销渠道等有助于研发成果的开发(Nelson,1959);大企业有能力支持多元化的研发项目和团队,劳动分工和技术(知识)交流有助于提高研发效率(Kamien & Schwartz,1982);大企业高的销售额有利于摊销创新产生的固定成本,具有较高的创新收益率(Cohen & Klepper,1996a;Cohen & Klepper,1996b)。另外,Hall & Lerner(2009)在总结研发融资的理论和实证文献时指出,首先,创新项目具有不同于普通投资项目的特点,如研发资金主要用于支付研发人员的薪酬,因此创新投入和产出往往内嵌在员工身上,调整和监督成本非常高。其次,创新成果及其商业应用具有类期权的特点,存在较高的不确定性。最后,创新产生的知识具有类公共产品和专用无形资产的特点,其收益不能完全为企业捕获,亦不能较好地流通和转让。以上三个特点使得创新项目很难从外部获得充足的资金支持。然而,大企业具有较高现金流的优势不仅使得创新内部融资成为可能,而且其融资成本低于股权和债务融资(Hall & Lerner,2010)。

但是,企业规模扩大伴随而来的"大企业病"同样会影响创新。正如 Schumpeter(1942)观察的一样,企业的壮大同样会使发明活动管理的官僚化。过度的行政和财务控制会分散研发人员的精力,挫伤个人创新的积极性,导致创新激励的下降(Scherer & Ross,1990)。企业规模的扩张同样会使企业在创新激励、决策和管理等方面迟钝和僵化,面临危机和机遇时不能做出恰当判断(Agrawal et al.,1992),抑制企业家精神(Christensen,2013)。

关于企业规模与创新的经验研究已经形成了一些稳健的经验事实(empirical pattern)。Cohen(2010)在综述半个世纪来企业创新的经验文献后,将这些经验事实总结出来:第一,企业规模与研发支出正相关(Hamberg,1964;Villard,1958);第二,企业规模与研发生产率负相关(Kim et al.,2009;Acs & Audretsch,1990;Baumol,2002);第三,企业规模与增量创新(Henderson,1993)及工艺创新正相关(Scherer,1991)。值得注意的是,在控制行业层面的变量后,这些经验事实仍旧成立。

更为细致的经验研究发现,企业规模与创新关系结论依市场条件、产品生命周期、技术演化、治理结构等条件而改变,因此二者可能会呈现出非线性关系(张莉和李绍东,2016)。例如,Acs & Audretsch(1987)的研究表明,企业规模对创新的影响取决于市场结构,大企业在非完全竞争的市场中更具创新优势,而小企业在完全竞争的市场中表现出更大的创新优势。Utterback(1979)认为产品生命周期的演化能预测创新的变化。在产品生命早期,许多小企业进入市场,为产品设计提供各种创新方案;直到这些新产品历经市场检验形成主导设计方案(dominant design)后,企业逐渐退出,最终由在工艺创新方面具有优势的大企业来进行产品质量升级(Klepper,1996)。高良谋和李宇(2009)认为大企业是一种能够将技术创新变成企业惯例的组织形式,它不仅能够保证参与国际竞争所需的研发投入和抗风险能力,而且能够应对工艺创新和产品品质升级导致的产业阈值的提升。

总体而言,如同企业规模与创新关系的理论研究一样,经验研究仍有许多值得推进的地方。首先,改善两者关系的识别。例如,大多数经验研究的样本局限于具有创新活动的企业、《财富》世界 500 强企业或存活期很长的企业等,除了极少数文献(如 Bound et al.,1984;Cohen et al.,1987),其他文献都没有对样本选择问题进行处理。虽然学者们意识到行业层面的变量会影响二者的关系,但是要合理有效地控制这些效应并非易事,因为大企业往往采取多元化的战略,涉猎数个行业的业务,而且关于创新的企业面板数据并不多得。通常,企业规模往往与企业能力、组织特征、管理方式等变量相关,为这些变量找到好的代理或工具变量存在一定的难度。其次,给予企业规模和创新经验关系更为合理的解释。例如,理论界认为规模大的企业可以为创新活动融资,促使创新的规模和互补收益发挥出来以提高创新收益率,进而增强创新激励和效率。但是,规模并非创新的必要条件,因为企业间的合作同样能实现创新投入和收益增加。另外,不同规模企业创新生产率的简单比较能否反映创新效率的差异,对于创新类型(产品创新和工艺创新)能否反映创新能力的差距,仍值得深究。

5.2 技术驱动、需求拉动与企业创新

早期研究者们对企业创新源泉提出了著名的线性创新模型。其中,最具影响力的理论模型有技术(科学)驱动假说和需求拉动假说。前者认为创新始于科学技术的进步,后者则坚信生产、销售和使用过程中出现的技术难题是创新的起点。经验研究发现,科学技术进步和创新需求方两股驱动力相辅相成。基于此,线性、单向描述创新过程的理论逐渐淡出人们的视野,取而代之的是强调联系、反馈的技术集成理论。

5.2.1 技术驱动

技术驱动假说指的是科学进步决定创新的方向和速度。在曼哈顿计划获得成功后,Bush(1945)提出创新线性模型,即创新的起点是基础科学,然后过渡到应用研究和产品研制,最后是产品的商业化。Nelson(1959)和 Phillips(1966)的研究进一步表明科学知识和技术机会是企业创新的驱动力。当企业研发人员能够接触和学习到更多、更大范围的科学与基础知识时,企业创新的效率更高,技术更新的速度更快(Kamien & Schwartz,1982)。科学技术的进步同样会为企业研制新产品、改善工艺流程和解决技术难题提供更多的机会,决定企业在创新可能性边界的位置(Levin,1978),并激励企业从事科技知识的商

业化和应用（Dosi,1982）。另外,科学进步产生的知识只有在理解、反复试错和吸收之后才能得到应用,在此期间形成的吸收和创新能力也将激励企业持续进行研发投资（Cohen & Levinthal,1990）。科学进步也可为研发过程提供探索性指导,帮助企业走出研发的死胡同,提高研发成功的概率（Nelson & Winter, 1982）,识别创新潜在的新方向（Ahuja et al.,2008）。

　　早期的经验研究为技术驱动假说提供了一些支持证据。例如,20世纪50年代和60年代出现的激光原理,虽然最初并没有明确的使用价值,但是随后在不同领域被广泛开发和运用。再比如,Merton（1973）在总结重要的发明创造时发现,许多发明创造都支持技术驱动假说。Katz & Phillips（1982）发现计算机早期的发展主要是由科学和技术进步所驱动的。其他研究也显示科技进步在计算机行业后期突破性创新的出现中做出了重要贡献。但是,技术驱动假说过分强调线性创新过程及科学技术的作用,不仅忽略了其他重要的方面,如市场竞争与科技进步之间的交互关系及它们对企业创新的影响（Kamien & Schwartz, 1982）,而且与后期的研究不能很好地兼容,特别是强调技术反馈、知识交互和创新网络对企业创新影响的研究（Freeman & Louçã,2001;Freeman,1994;Kline & Rosenberg,1986）。

5.2.2　需求拉动

　　与技术驱动假说关注创新供给相反,需求拉动假说强调市场需求在创新中的作用。该假说认为创新的激励来自企业销售人员、生产人员甚至用户,他们将现有产品和服务生产、使用过程中存在的问题反馈给研发人员,后者据此提供相应技术和解决方案（Kamien & Schwartz,1982）。需求拉动假说最初源自Schmookler（1966）关于美国炼油、造纸、铁路和农业四个行业投资、产出和发明专利三者关系的研究。施莫克勒（Schmookler）发现,企业创新（发明）活动属于追求利润的经济活动,而且发明专利的变化滞后于投资和产出,企业创新受到市场需求的拉动。Meyer & Marquis（1969）在考察5个行业567项创新后发现,对于多数新产品而言,其成功更多地来自市场需求而非技术机会,Utterback（1974）也得出了一致的结论。

　　但是,需求拉动假说同样受到经验研究的挑战。Rosenberg（1974）在收集了多个重要的历史范例后发现,基础技术知识特定运用并非受到需求的驱动,而是由特定产业实践中内在的技术复杂度及知识的性质决定的。类似的,

Mowery & Rosenberg(1979)在运用荟萃(meta)分析法分析创新文献时表明,并没有文献支持需求是决定创新方向和速度的唯一因素,在理解创新过程中需求与供给双方的力量同等重要,应该综合考虑。斯通曼(Stoneman)受罗森博格(Rosenberg)对于施莫克勒假说的批评启发,在模型构建和经验检验时同时考虑到供给和需求两种力量,研究表明发明的成本和需求(市场规模和扩散速度)共同决定了创新投入的水平(Stoneman,1979)。然而,Walsh(1984)的研究打破了这种需求或供给单向影响创新的分析思路,他发现需求拉动与技术驱动两种效应依行业而定,并与行业生命周期相关;外生的重要创新带来需求的增长,进一步为随后的增量创新提供激励。沃尔什(Walsh)研究中暗示的相互联动、互为因果的需求拉动和技术驱动的关系同样得到Kleinknecht & Verspagen(1990)的经验支持。

5.2.3 技术集成

Kline & Rosenberg(1986)提出著名的技术创新过程的集成模型(chain-linked model)。他们否定了科学和创新之间的简单线性关系,认为创新始于新的市场需求,在需求的驱动下产生发明设计,并对发明设计进行细化和试验,然后再进入发明设计生产和销售阶段,任何一个阶段都存在复杂的反馈链。这种从技术创新本身出发,将其展开过程进行恰当的阶段划分,并且强调各个阶段多种因素的联系和交互作用的理论,很快得到学者的广泛关注和支持。特别是,它使得学者摆脱了传统的单因素线性分析框架,转向反复交互、系统回馈的创新过程分析范式。他们纷纷提出自己的理论,如Pinch & Bijker(1987)的多方位模型(multidirectional model),Rothwell(1992)的耦合模型(coupling model),Newby(1992)的交互模型(interactive model),以及Caraça et al.(2009)的多渠道交互学习模型(multi-channel interactive learning model)。但是,这些模型基本上都是描述性的,而且不能明确哪些阶段能对创新绩效起关键作用,也没有考虑到它们与企业组织、战略等职能的交互作用,所以难以应用和验证。

5.3 公司治理与企业创新

公司治理是企业创新的制度基础。Belloc(2012)在综述公司治理与创新关系的文献时指出,技术创新具有以下三个特点:专用性投资,即创新是一种累积性和需要集体智慧的活动;创新过程和结果具有不确定性,即创新是一个发现过程,成功与失败皆有可能,参与人不能事前穷举所有的可能性;未来收益具有不确定性,即未必能改善现有产品,并获得商业上的成功。由此可推断,创新活动的参与各方存在信息不对称,即投资人与管理者之间、管理者与研发人员之间存在信息不对称,他们之间很难签订一个明确各自权责的完全合约。因此,为了防止技术创新环境下产生的不完全合同,造成短期内会出现的"敲竹杠"、道德风险等机会主义行为,以及长期内可能出现的项目失败风险,企业有必要形成良好的治理机制来减少创新过程中股东、董事、经理等决策主体间的代理问题。换言之,良好的股权结构、董事制度及薪酬激励机制,将有利于创新资源的优化配置,特别是能将创新参与各方的人力资本和企业的物质资本整合起来,实现创新投入与产出的高效转化。

现代企业所有权和控制权分离容易形成股东与经理人的委托-代理问题,使得双方对创新持有不同的态度(Jensen & Meckling,1976)。股东(委托人)作为财富最大化主体,主要目标是增加其股份的长期价值,加之多样化投资方案使得他们比管理者更乐意也更有耐心和策略地从事高风险、长期的创新项目(Hoskisson et al.,2002)。与股东不同,经理人(代理人)是效用最大化主体,其效用建立在公司短期的绩效之上,因此长期才能见效且具有高度不确定性的创新项目会负向影响管理者的回报,挫伤他们投资的积极性(Hoskisson et al.,2002)。只有当股东与经理人的目标一致时,委托-代理问题才会消失。Jensen & Meckling(1976)认为只有在三个条件下,两者利益才可能趋近:(A)存在一位能够监督经理人战略决策和资源配置的大股东;(B)存在一个独立强大的董事会,它不仅能监督和评估高层管理者,而且能对他们的决策提出异议;(C)经理人持股。换言之,股权结构、董事制度和经理人激励都将影响代理成本,无疑是研究公司治理与创新关系的重要视角。最后,企业家或高管团队是创新的主要决策者,其认知决断、市场背景的判断能力也将深刻地影响技术创新的方向、路径和投入产出效率。

5.3.1 股权结构

股权的集中(shareholder-controlled)能使控制权从管理层转到大股东手中,有利于他们监督管理层,降低创新活动的代理成本,进而提高创新效率(Alchian & Demsetz,1972;Francis & Smith,1994)。Hill & Snell(1988)在研究

94家进入《财富》世界500强的企业样本时发现,股权集中与创新正相关,Baysinger et al.(1991)也得出了类似的结论。但是,股权过于集中导致创新风险的集聚,也会降低大股东创新投资的意愿(杨建君和盛锁,2007)。Di Vito et al.(2010)考察了加拿大公司,发现股权高度集中或者有控制性股东的公司,研发支出和研发产出均很少。再者,股权集中还会带来委托人之间的代理问题(Morck & Wolfenzon,2005;Su et al.,2008;Young et al.,2008),例如控股方聘请能力不济的亲信作为公司高层管理者,损害其他股东的利益,为自己谋取私利(Chen et al.,2014)。总之,理论研究并没有给出股权集中影响创新的明确方向,基于美国、日本和中国样本的经验研究同样表明股权集中与创新之间呈现非线性的关系(Lee & O'Neill,2003;Chen et al.,2014;Li et al.,2010)。

机构持股作为重要的公司治理安排,深刻地影响着经理的创新行为。目前,关于机构持股与创新的研究,有两种普遍认同的假说。第一种假说是懒惰经理人假说,指的是经理人往往向往安逸的生活,机构投资者的监督迫使经理人创新(Schmidt,1997)。第二种假说则是职业生涯假说,指经理人创新即意味着面临风险,经理人如果创新失败则可能被开除,因此其通常不愿意创新(Holmström,1999)。然而,机构投资者能够利用自身在投资管理方面的专业能力及大宗持股行为,向市场传递经理人能力的正确信息,进而鼓励经理人创新(温军和冯根福,2012)。Aghion et al.(2013)的研究进一步表明,产品市场竞争的加剧增强了机构投资者对创新的正向影响(互补效应),从经验上也给出支持职业生涯假说的证据。但是,机构持股负向影响创新的理论和实证证据同样存在。

机构持股与创新在理论和经验上的不一致,引起了学者对于异质机构投资者的研究兴趣。Sherman et al.(1998)将企业机构投资者分为四类,分别是共同基金、养老基金、银行和保险公司,研究它们各自持有的份额对研发支出的影响,基于美国271家公司样本的回归分析表明,银行和保险公司持股不会影响企业研发支出,但是共同基金和养老基金对研发支出分别有负向和正向影响。类似的,Hoskisson et al.(2002)发现共同养老基金持股的企业经理倾向于内部创新(internal innovation),专业投资基金经理则倾向于外部创新(external innovation)。基于西班牙公司样本的研究表明,银行类控股股东不利于研发投资(Tribo et al.,2007);然而采用日本公司样本的研究却发现,银行类股东对研发活动有正向影响(Lee,2005)。另外,私人股权投资显著地正向影响研发投资

(Popov & Roosenboom,2009)。温军和冯根福(2012)利用中国2004—2009年923家上市公司的数据,发现证券投资基金对于企业创新尤其是国有企业创新没有产生积极的作用;合格的境外机构投资者投资对企业创新有显著的积极作用,但这种关系主要存在于民营企业中;保险资金对企业创新有积极的作用,且这种关系与企业性质无关。

温军和冯根福(2012)研究还表明,在民营企业中,机构持股将极大地鼓励经理人创新,许多在不监督的情况下不可行的创新项目都变得可行;然而国有企业中的机构持股与创新的关系弱于民营企业,甚至存在偏负向关系;而且这两个推断得到中国上市公司数据的支持(温军和冯根福,2012)。类似的,吴延兵(2012)发现,民营企业在创新投入和专利创新效率上处于领先地位,外资企业在新产品创新效率和生产效率上具有显著优势,国有企业在创新投入、创新效率和生产效率上均缺乏竞争力。另外,Guadalupe et al.(2012)研究显示,外资持股企业在产品和创新效率上拥有优势,能够为企业带来先进技术,鼓励并支持企业进行创新,对创新具有显著的正向影响。此外,企业所有权人类型的多元化也将提高企业创新绩效(Chen et al.,2014)。但是,仍有相关文献指出,国有控股有利于企业获取丰富的外部资源和技术创新政策方面的信息,正向促进创新(李春涛和宋敏,2010),而且国有控股会更多地正向激励企业选择工艺创新(Xu & Zhang,2008)。

5.3.2 董事制度

董事会是公司治理的基础(Finkelstein & D'Aveni,1994)。董事会监督和评估管理层的能力和方式,会影响企业创新战略的制定和实施。一方面,随着董事会成员的增加,他们对创新项目相关信息处理的速度、效率和经验会增加(Haleblian & Finkelstein,1993),他们会采用财务控制之外的方式来监督和评估管理层(Baysinger & Hoskisson,1990),减少研发投资的风险。而且,大规模董事会中的董事,其职能、教育和经历更为多样化(Goodstein et al.,1994),他们之间知识、信息交流和互补有利于创新。但是,当董事会超过一定规模后,董事之间交流和协调的难度增大(Clendenin,1972),单个董事监督管理参与度下降,决策效率下降,进而减少创新活动。因此,董事会规模与创新呈现出非线性关系,经验研究也得出类似的结论(Zahra et al.,2000;刘胜强和刘星,2010)。

一些研究认为董事会结构也将影响创新。与内部董事相比,外部董事作为局外人，倾向于长期价值创造的目标，当代理问题出现时能更多地参与监督工作，从战略的角度考虑企业的发展（Kroll et al.，1997）。因此，外部董事比例的增加有助于创新战略的制定及创新项目的实施（Zahra et al.，2000）。Baysinger et al.（1991）的经验研究表明，外部董事比例与研发支出正相关。基于中国的经验研究也得出类似的结论。例如，Dong & Gou（2010）及冯根福和温军（2008）发现，独立外部董事一方面能借助自身的独立性和制衡作用，防止经理人因短视而推动高风险项目，另一方面能提供专业化的咨询，鼓励开展有利于企业长远发展的项目，提高企业的创新效率。此外，还有一些学者研究董事长和总经理两职兼任（CEO duality）对创新的影响。鲁桐和党印（2014）认为，董事长与总经理两职合一有利于提高决策效率，但不利于权力监督和制约；两职分离有利于职责分工，但会产生信息不对称和道德风险；究竟哪种方式有利于创新视情况而定。两职兼任与创新关系的经验检验并没有一致的结论（党印，2013）。

5.3.3 薪酬激励

研发决策是高管最重要的投资决策之一（Barker & Mueller，2002）。Coles et al.（2006）认为，好的管理层激励计划能减少代理问题和 CEO 的风险规避程度，使得 CEO 从事高风险的研发项目。Lerner & Wulf（2007）研究发现，更为长期的研发经理激励计划（如股权）与高引用率的专利数正相关。基于中国上市公司的样本数据，Dong & Gou（2010）发现，随着高管持股比例的上升，企业研发强度先下降后上升，呈抛物线状。进一步，Lin et al.（2011）运用世界银行 2000—2002 年中国 18 个城市 1 088 家制造业私有企业调研数据进行研究，发现 CEO 激励计划会同时增加创新投入和产出；而且与利润激励计划相比，销售激励计划更能促进企业创新。与前述文献不同，Yanadori & Cui（2013）主要关注研发人员的薪酬对创新的影响，他们发现研发人员薪酬差距越大，创新越少。

5.3.4 企业家精神

企业家精神是"创造性毁灭"的源头（Schumpeter，1934）和长期经济增长的微观组织机制（庄子银，2006）。Smith（1967）在研究美国密歇根州 5 个城市的 110 家企业时发现，相比工匠型企业家（craftsman entrepreneur），具有机会主义倾向型的企业家（opportunistic entrepreneur）往往受过高等教育，具有前瞻性，能随机应变,因此在鼓励创新的方面能做出最有效的决定。进一步,研究者发现企业家乃至高管团队的认知和心智深刻地影响着创新决策的制定(Hambrick & Mason,1984)。经验上,通过企业高管的人口学特征,如年龄、教育和职业背景,无疑能较好地推断企业家的认知和心智。Hambrick et al.(1996)在研究飞机制造业行业时发现,异质性高管团队可以促使富有创造力和影响力的想法产生,但是也会延长决策形成和执行的时间。然而,一项关于银行部门创新的研究则表明,高管职能背景的异质性会正向影响管理创新,但对技术创新没有影响(Bantel & Jackson,1989)。与此同时,年长高管与年轻高管在创新方面的影响各不相同。年长的优势在于丰富的从业经历、良好的关系网络及对创新历史路径清晰的认识,但年长也意味着学习和记忆等心智能力的衰竭、更强的短期动机和避险行为(Wu et al.,2005)。Lin et al.(2011)发现CEO的教育和职能背景,以及政缘关系与企业研发强度正相关。

5.4 合作网络

知识、技术的不完全排他性特征及由此决定的"知识或技术外溢",使得创新企业置身于一个纵横交织的合作网络。如何低成本地从创新合作网络中获取知识和技术,变成自身的研发投入和激励,也是企业创新理论考察的重点内容。

5.4.1 合作研发

企业间合作研发如何影响合作各方的创新活动是这类文献关注的核心问题。由于研发活动的高度不确定性及研发成果的不完全排他性,企业难以独占创新的全部收益,因此企业研发投资的激励往往是不足的。但是,企业间合作研发可以通过企业研发成本的分担来部分解决创新成果独占性和知识的搭便车问题(Grossman & Shapiro,1986),正向激励创新和改善社会福利(Song,2011)。一般而言,研发合作通过以下三种机制来影响创新投入,进而影响创新绩效(Ahuja et al.,2008)。第一,合作研发能扩大参与各方可利用的研发池(R&D pool),通过增加创新过程中的知识投入,进而提高创新产出;第二,合作研发可以重组技能、知识等资源,通过互补效应提高创新效率;第三,合作研发能使双方享受创新规模经济所带来的好处。虽然合作研发能够通过上述机制正向影响创新投入及创新产出(Katz,1986),但是这并不意味着合作-创新的关系是线性的。

遗憾的是,合作研发形成的创新投入只能部分地转化为企业有效创新投入。这是因为,首先,研发支出跨组织、跨企业流动会产生额外的协调、监督和管理成本(Mitchell & Singh,1996),因此合作研发支出中很大一部分将配置到这些非生产性的组织间协调任务中,进而减少实际可用的研发投入(Contractor & Lorange,1988);其次,企业需要付出代价来消化合作研发带来的新知识(Teece,1982);再次,合作研发同样不可能完全消除研发过程中的重复投资,因此合作项目中的部分内容在企业内部必须重做,至少部分重做(Grossman & Shapiro,1986);最后,合作也可能导致合作方的机会主义行为(Oxley & Sampson,2004),例如,为了满足合作项目的数量要求,合作企业的一方可能会派出能力一般的研发人员,或者提供质量较差的研发设备(Contractor & Lorange,1988)。综上,虽然合作研发有可能增加参与各方的研发投入,但是合作研发总支出有多少比例能有效转化为企业可用的研发投入仍然不确定,因此合作研发对创新绩效的影响也并不明确。

Ahuja et al.(2008)将合作研发与创新绩效关系模型化。假设每个企业的研发支出预算可以划分为内部研发($R\&D_{INT}$)和合作研发($R\&D_{COOP}$);研发项目合作方所有的合作研发支出总和构成合作研发总支出($R\&D_{COLLAB}$);每个企业有效的研发支出是内部研发与合作研发总支出中有效转化的研发支出之和,其转化的比例为θ。换言之,企业外部 1 单位研发支出的效率相当于θ单位企业内部研发支出。当$\theta=1$时,合作研发总支出可以 100% 转化为企业有效研发支出;当$\theta=0$时,企业并不能从合作研发项目中受益。因此,合作后企业有效研发支出为:$R\&D_{EFF} = R\&D_{INT} + \theta \times R\&D_{COLLAB}$。研究结果表明两点。第一,即使研发活动不具有规模经济或者合作研发不具互补性优势,只有创新生产函数是有效研发支出的增函数,θ大于某个较小的门槛值,就可以保证合作研发对创新产出产生正向的影响;对于任何$\theta>0.5$,企业都会选择合作。第二,只要θ充分大,或者研发活动存在规模经济或者互补优势,合作研发对创新绩效的影响就会极大改善。因此,在相当一般性的条件下,理论上我们可以预期合作研发会正向影响创新绩效。

大多数经验研究也表明,合作研发会正向影响创新绩效。例如,Ahuja(2000)利用化学行业的面板数据发现,企业可以从合作研发中获得其他企业的资源,并获知技术创新发展动向等外溢知识来改善自身的创新绩效。Keil et al. (2008)以信息技术企业面板数据为样本,同样得出合作研发会正向影响企业创新绩效的结论。但是,并不是所有的经验研究都支持合作研发正向影响创新。例如,Weck & Blomqvist(2008)发现,合作研发对创新的影响并不显著。然而,Kotabe & Swan(1995)发现那些签订多个合作研发合同的企业得到的创新成果,创新力和影响力更小。换言之,虽然合作研发可能将导致更大数量的创新成果,但是我们并不知道这些创新成果的质量是否好于那些合作较少的企业。此外,企业合作研发对创新绩效的影响也取决于合作双方吸收能力(Lin et al., 2012)、技术距离(Sampson, 2007)、合作经历(Li et al., 2008)、多元化合作方(Beers & Zand, 2014)等因素。

5.4.2 网络位置

一个企业的有效研发不仅包括内部研发和合作研发的支出,还包括它所获得的知识溢出(Katz, 1986)。换言之,$R\&D_{EFF} = R\&D_{INT} + \theta \times (R\&D_{COLLAB}) + \gamma \times (R\&D_{SPILLOVERS})$。企业间联系网络可以充当信息渠道,通过将信息从一个企业传送到另一个企业实现企业间的知识溢出(Ahuja, 2000),增加企业的有效研发投入。与其他网络不同,企业间联系网络是一种持续的、专注的和紧密的交互平台,可以视为企业与其直接关联方交流的重要渠道(Ahuja et al., 2008)。经验上,Rogers & Larsen(1984)发现联系网络的存在不仅有助于解答技术问题,而且在许多情况下它还为技术问题的分析提供最重要的信息。

另外,企业在联系网络中的位置决定其信息交流的参与程度及可接触的信息源数量和质量,进而影响研发生产率。首先,处于网络中心位置和范围的企业,有更多的途径接触到网络中的信息和知识。网络如同信息收集装置,处于中心位置的企业能够获得更多有关研究投入成功与失败的信息(Rogers & Larsen, 1984)。其次,网络可以扮演信息加工或识别机制(Leonard-Barton, 1984),它以一种超越单个企业的信息加工的能力对新技术的发展与进步进行吸收、筛选和分类(Ahuja, 2000),使企业获得更富有价值的信息。再次,处于网络中心位置的企业,能够获得及时的信息,在新的技术进步在行业内成为共同知识之前就已经得知了新技术的发展进程,这将给企业带来非常大的优势(Rogers & Larsen, 1984),使之占据技术高地。最后,网络的声誉机制,可以提供不同企业人事部门的评估结果和信息,因此有助于企业选择合适的研发人才去解决遇到的技术难题或抓住技术进步的机会(Burt,2009),改善创新绩效。

但是,企业网络位置的维持可能也会给创新带来成本。大多数研究都集中在网络的信息功能,忽略网络可能存在的成本(Hansen et al.,2001;Adler & Kwon,2002)。首先,维持企业间的联系是需要成本的,因为这些关系是需要交互维持的(Hansen,1999)。为了获得信息和其他资源的好处,一个企业同样需要提供影响自身创新生产率的好处(Hansen,1999)。其次,虽然内嵌网络可以减少机会主义的威胁,有助于资源和知识的转移(Uzzi,1997;Ahuja,2000),但是过度内嵌也会产生新的问题(Uzzi,1997)。除了让企业与新信息隔离,过度内嵌还可能会导致"不在这儿发明"(not-invented-here)综合征,这将导致新想法接纳的减少(Adler & Kwon,2002)。而且过度内嵌还会滋生搭便车的行为(Uzzi,1997),进而负向影响研发生产率。最后,网络结构也会负向影响技术进步。虽然富有结构洞的网络可以为核心参与者提供交易收益(brokerage benefits)(Burt,2009),但是交易信息(brokering informaiton)也可能阻碍信息在网络中的传播,因此挫伤创新(Adler & Kwon,2002)。这种信息流的阻碍也将导致研究投入的重复,挫伤创新生产率。

网络位置与创新关系的经验研究主要分为四类。第一类研究主要采用大样本的统计方法分析网络结构与创新成果之间的关系(Ahuja,2000)。例如,Shan et al.(1994)在考察生物科技创办企业的网络时发现,网络关系的形成与创新绩效(专利授权率)相关。同样是观察生物行业的企业,Debackere et al.(1996)发现企业网络的内嵌性(如网络中心等参数)对企业员工出版发表数量具有正向影响。第二类研究检验了网络结构洞对创新的影响,但是研究结论并不一致。Baum et al.(2000)发现网络效率(结构洞相关概念),以及网络规模(合作者的数目)增强了生物技术创办企业的创新能力。类似的,Hargadon & Sutton(1997)在检验产品研发企业的创新过程中发现,企业接触不同行业有助于增加其创新成果数。但是,Ahuja(2000)的研究却发现,与没有联系的合作方进行联系会对企业创新能力产生不好的影响,因为好的资源分享需要来自封闭网络中的信任提供基础服务。第三类研究考察了网络的权变价值。在检验网络对创新产生的权变效应时,主要考虑的权变因素有任务的本质(Rowley et al.,2000;Hansen,1999)、宽松的制度环境(Smith & Powell,2004)、网络的地理分布,以及目标企业的资源和能力(Zaheer & Bell,2005)。第四类研究则是网络强度与创新之间的关系。Hansen(1999)发现,强联系在隐性知识的传递中优于弱联系。但是,Rowley et al.(2000)认为,在面对不确定性和快速变迁的环境时,分散的网络有利于创新。总之,上述经验研究的基本结论是网络将会促进企业创新。

但是,也有一些经验研究在考察网络对创新的影响时考虑了维持关系的成本(Lee,2007)。例如,Lee(2007)在考察网络对创新的影响时,发现网络规模与市场进入的时间顺序呈倒 U 形的关系,因为在一个大规模的网络中,网络维持成本将超过其收益。另外,大多数探索网络对创新影响的经验研究都将网络结构和合作关系视为外生的,但是如果企业在网络的形成过程中扮演着积极的角色,显然这种外生处理方式是存在问题的(Ahuja et al.,2008)。

5.5 税收补贴、知识产权保护与企业创新

知识市场的失灵为政府介入企业技术创新领域提供了理论依据。一般而言,政府主要通过税收补贴等财务支持及知识产权保护等法律制度,来影响企业创新投入的成本与创新的预期收益。

5.5.1 税收补贴

经济学家普遍认为,知识(技术)市场失灵导致私人研发投资不足,政府应该通过税收减免和补贴等公共政策来纠正研发活动的外部性,弥补研发社会收益高于私人收益的部分,激励企业创新(Hall & Van Reenen,2000)。另外,创新过程及其商业化存在高度的不确定性,也使得一些企业对从事研发投资持非常谨慎的态度;要想企业研发投入接近社会最优水平,政府有必要对企业研发活动进行资助和税收减免(Hall & Lerner,2009)。通常,税收减免可以减少研发投资的成本,补贴则可以提高研发的私人边际回报率。因此,税收减免和资助的政策对于企业研发投入具有正向影响,即政府的激励政策与私人研发支出之间存在互补性。虽然税收减免政策允许企业自由选择研发项目,政府资助补贴政策引导它们从事政府重点扶持的研发项目和领域,但是这些旨在减少知识(技术)市场失灵的公共政策还是存在扭曲效应(David et al.,2000)。例如,在资助补贴政策下,企业不仅有动力向政府发送虚假的"创新类型"信号以获取政府研发补贴,从而减少自身的支出;而且企业可以利用创新项目内在高度信息不对称下高昂的监督和评估成本的特点,过度拔高研发的难度,强调研发成

果的创造性和实用性，以便继续获得低成本的公共研发支持，造成研发资源配置效率的低下（安同良等，2009）。

大多数经验研究表明，政府激励创新的公共政策有利于增加企业的研发投入。Hall & Van Reenen(2000)在综述 OECD 成员创新活动税收减免对企业研发影响的经验研究时发现，单位研发税收补贴将激励企业额外增加1单位研发支出。类似的，Bloom et al.(2002)以 OECD 成员国 1979—1997 年税收和研发支出作为样本，得出税收激励对于增加研发强度是有效的。Hud & Hussinger(2015)以德国 2006—2010 年中小企业为研究样本，发现德国中小企业研发投资补贴政策显著地正向影响企业的研发支出，但在 2009 年金融危机时，公共研发补贴与私人研发支出间存在挤出效应。Choi & Lee(2017)利用韩国制药企业数据研究得出，公共研发补贴显著地激励了生物科技企业的研发投资。至于公共研发补贴与私人研发支出究竟是互补还是挤出的关系，正如 David et al.(2000)在综述相关经验研究时得出的结论一样，仍没有一致的经验结论。

经验研究同样得出税收补贴政策正向影响创新产出（如新产品、专利产出）的结论（Cappelen et al.，2012；Czarnitzki et al.，2011；Bronzini & Piselli，2016；Le & Jaffe，2017）。Lach(2002)、Kasahara et al.(2014)和 Bronzini & Piselli(2016)的研究则进一步指出，以色列、日本和意大利的研发补贴政策对规模小、存在融资约束企业创新活动的正向影响更为显著。但 Le & Jaffe(2017)的研究却发现，新西兰研发补贴政策对不同规模企业创新的影响不存在显著的差别。

朱平芳和徐伟民(2003)以上海市政府的科技激励政策为案例，通过面板数据的估计，得出政府的科技拨款资助和税收减免这两个政策工具对大中型工业企业增加自筹的研发投入具有积极效果，并且政府的拨款资助越稳定，效果越好；政府拨款资助和税收减免互为补充，提高一个的强度也会增加另一个的效果，但这个效应以政府税收减免为主。这与 Bérubé & Mohnen(2009)研究加拿大税收减免和补贴政策时得出的结论一致。解维敏等(2009)以 2003—2005 年的中国上市公司为样本，发现政府研发资助刺激了企业研发支出。Howell(2017)以 2001—2007 年中国工业企业数据库为研究样本，发现政府研发的资助仅对高技术行业的企业研发投资有显著的正向激励作用。

白俊红和李婧(2011)以 1998—2007 年中国大中型工业企业面板数据为样本，研究发现，政府研发资助对提升企业的技术创新效率有显著的正向影响。

Zhang & Wu(2014)基于1997—2012年中国大中型工业企业面板数据,研究发现,当研发补贴较少时,研发补贴将改善企业的研发绩效,互补效应占优;但是当研发补贴超过某个门槛值时,它的影响为负,替代效应占优。与前述文献不同,Li(2012)从专利补贴政策入手,研究表明,专利补贴政策在中国专利激增过程中扮演着非常重要的角色。Dang & Motohashi(2015)进一步以中华人民共和国国家知识产权局(以下简称"知识产权局")的SIPO专利数据库与中国大中型工业企业的调研数据为样本,研究发现,专利补贴使得中国专利申请和授权量增加了30%,但是专利申请补贴激励了低质量的专利申请,专利授权奖励使得企业为了更容易地获取授权而缩小专利权利要求范围。Guo et al.(2016)将中国科技型中小企业技术创新基金(Innofund Program)资助企业与中国工业企业数据库(1998—2007年)对接,研究发现,获得该项基金资助的企业(实验组)比其参照企业(控制组)生产出技术含量和商业价值更高的创新成果。Wang et al.(2017)同样是研究科技型中小企业技术创新基金对企业创新的影响,然而他们的研究却发现,没有证据表明获得该项基金资助能激励企业创新。

5.5.2 知识产权保护

知识产权制度对企业创新具有保护、补偿与激励作用。制度变迁理论认为企业的创新成果具有外部性,市场机制只能导致创新不足,而知识产权保护制度保证了创新者的权利和对侵权者的惩罚,界定了在知识扩散、知识溢出中的利益分配,因此创新活动中的不确定性由于创新者事先就能得知创新成果的受保护程度、模仿者受制于"预期惩罚"的"信号桩"作用、创新成果交易过程中交易成本即收益分配的明确性、侵权纠纷处理的及时合理性而大大降低,从而促使企业家们积极开展创新活动,使得知识产权制度发挥了对创新的激励作用(周茜,2012)。在制度上界定和保护知识产权除了可以降低交易成本,还可以阻止模仿者的搭便车行为,解决企业在不能独占创新收益的情况下研发投资不足的问题。知识产权制度通过赋予创新者发明创造排他性的权力和暂时性的垄断权力,借助垄断利润弥补创新投资社会收益高于私人收益的部分,借此增强发明的激励。

专利制度是最为普遍研究和讨论的知识产权制度。最优的专利制度应该在激励研发动机和防止因市场势力(随专利而来)增强而造成的成本之间取得平衡(Swann,2009)。因此,专利制度的创新激励效应依情况而定(Gallini &

Scotchmer,2002)。首先,当创新模仿成本非常高时,专利制度并非阻止模仿的占优模式,因此它很难起到创新激励的作用(Encaoua et al.,2006)。其次,虽然专利为创新成果提供了垄断性的短暂保护和补偿的权利,但是创新者同样需要付出代价,如专利信息公开和可能的诉讼(Nelson,2006),这有可能对企业创新产生负向激励。再次,当上游发明者的专利涉及渐进性技术进步或其专利保护范围较宽时,下游发明者的创新将被推迟(Bessen & Maskin,2009)。在某些情形下,对于给定的技术而言,潜在交叠的专利权在不同利益相关人之间的分割和扩散也会增加交易成本,如同专利池情况下的"反公地悲剧",有时这种交易成本大到足以延迟甚至封锁富有价值的创新。最后,值得注意的是,模仿本身也可能为创新提供正向激励(Bessen & Maskin,2009)。特别当创新在时间顺序互补时,竞争者基于不同的研究思路在原始创新上进行模仿,反过来原始创新者也可从模仿者的想法中获益,加快整个创新的步伐,例如互联网创新。因此,专利制度旨在通过法律的手段增加模仿成本进而激励创新的意图,有可能阻碍企业创新。

一些研究利用沿用或改进帕克(Park)和吉纳特(Ginarte)所创立的知识产权保护力度指数(GP index),讨论知识产权保护与创新的关系。例如,Kanwar & Evenson(2003)以研发投入和创新产出(专利数量)为创新代理变量,以GP指数为知识产权保护代理变量,检验得出知识产权利于创新。进一步,尹志锋等(2013)基于世界银行的企业数据,研究表明增强的知识产权保护通过增加企业研发投入进而对企业创新产生显著的正向影响。在区分中国企业所有制的基础上,Fang et al.(2015)研究表明,知识产权保护力度较大的地方(省份),民营企业研发投资和创新远高于国有企业。

大量的经验研究在讨论专利保护对创新的影响。Lerner(2002)检验了60个国家近150年以来专利保护强度变化对创新的影响,结果发现,增强的专利保护对专利申请具有轻微的正向影响。类似的,Hu & Jefferson(2009)在探讨中国专利激增的原因时,发现倾向于专利持有人的专利法修订对中国专利的增长具有显著的正向影响。但是,专利保护是否真的促进企业创新,依行业、企业规模等变量而定。例如,Mansfield(1986)研究发现:如果没有专利制度保护,65%的医药发明和30%的化学发明将不会出现,10%—20%的汽油、机械和金属制品的发明不会被引进并进行商业化,而余下的7个行业只有少于10%的发明受到专利制度的影响。Cohen et al.(2000)发现,由于大企业有更多的途径了解法律资源,因此专利保护的效应在大企业更为明显。此外,Cohen et al.(2000)还发现,企业普遍认为其他独占性机制,如商业秘密、领先时间优势、配套营销和制造能力,比专利能更为有效地保护创新。

5.6 本章小结

创新一直是经济学家关注的热点。理论及实践对于企业创新源泉和绩效的思考并未间断,产出了一大批重要且富有争议的研究主题,例如熊彼特和阿罗为代表的垄断与创新之争。本章以熊彼特假说为起点,综述了通过企业研发资金和人员进而影响企业技术创新动机及绩效的重要研究主题的理论与实证研究。

通过对相关理论和实证文献的梳理,我们发现,虽然该领域的研究与创新本质含义一致仍处于探索阶段,并没有完全一致的理论和实证结论(Cohen,2010),但是大多数学者认为市场结构、企业规模、科技进步、市场需求、公司治理结构、创新合作网络、创新政策是影响企业创新投入与绩效的重要因素,并且展开了深入的探讨。与发达国家相比,我国工业化与市场化起步较晚,因此国内学术界对企业创新的研究略晚。从研究的主题来看,由于企业作为创新主体的历史较为短暂,企业对创新的重视不足,研发支出占营业收入的比例较低,国内学者似乎更关注国内企业创新投入的政策激励,而对国内企业创新的内在动因、政策变量外的外部驱动力量、创新生产效率,以及微观创新主体间的合作互动等问题缺乏较深层次的理论探讨与实证研究,说明国内在该领域的研究还有很大的发展空间。从现有的国内文献来看,国内学者对我国企业创新研究的方法还比较单一,定性分析、案例分析较多,规范的理论分析和动力机制研究较少。因此,运用经济学理论、管理学理论和创新理论等,系统地阐释企业创新源泉和绩效,将会进一步丰富现有的理论及实证研究。此外,企业创新研究大多以发达国家和地区为背景,对发展中国家的企业创新研究很少。这就为探讨后发国家企业技术创新的动因、转型和追赶等问题提供了广阔的研究空间。

另外,我们在梳理文献时发现,企业创新理论和实证研究的深度及发展与创新数据质量密切相关。这就对创新测度和调查提了更高的要求。特别的,像我国这样处于快速市场转型和技术变迁的发展中国家,创新测度和调查工作仍处于初步阶段,无法较为全面地考察企业创新投入产出情况及其动态。

首先，目前公开可用的中国微观企业创新调查数据主要是世界银行针对我国18个城市部分私营企业的调查数据。然而，世界银行的调查数据毕竟样本有限，也无法追踪调查，难以考察创新这项长期、富于风险的投资项目及其动态。其次，其他可得企业数据库之间又面临对接匹配的难题。例如，规模以上制造业企业数据库、上市公司数据库、海关数据库与知识产权局的专利数据库由不同的统计部门组织填报，要求和规则并不完全一致，对接难度非常大。因此，如果学者能通过诸如企业法人代码这类标准码衔接这些数据库，就可以得到较为全面的企业创新信息（如研发支出、研发人员、新产品销售、专利）和财务信息，减轻企业创新研究的难度。再次，除了《奥斯陆手册》(Oslo Manual)所强调的调查内容，企业创新调查过程中还可以深入挖掘我国的特殊国情。例如，我国企业产权性质及其变迁（国有企业改革）、技术引进和模仿时间及方向、CEO 的政缘等关系网络、政府委托的技术开发和合作项目。最后，对我国企业的创新调查还应充分考虑创新理论的最新动态，如创新网络。调查既要收集企业内部创新决策执行组织网络的信息，也需要考虑企业上下游关系及同行竞争合作信息。

我国通过 40 年的改革开放，已经成长为一个中等收入国家。然而面对人口红利渐失、经济增长趋缓、结构急需转型、创新活力有限等背景，如何实现"中国制造"向"中国创新"的转变，是我们目前最现实的挑战。多年来，发达国家在主导着全球创新的方向和速度，我国作为后发国家努力地学习、模仿国外的发明创造，技术差距日益缩小，自主创新成为我国企业走向国际市场、获得长存的秘诀。本章的综述为企业如何建立长效的内部和外部创新投入机制，为政府如何构建合理的市场、法律秩序及科研资助体系以激励企业创新提供一些理论参考和实证依据。最后，本章还试图针对目前我国企业创新度量和调查的现状给出一些有益的启示和建议。

参考文献

[1] 安同良，周绍东，皮建才："R&D 补贴对中国企业自主创新的激励效应"，《经济研究》，2009 年第 10 期，第 87—98 页。

[2] 白俊红，李婧："政府 R&D 资助与企业技术创新——基于效率视角的实证分析"，《金融研究》，2011 年第 6 期，第 181—193 页。

[3] 党印:"公司治理与技术创新:综述及启示",《产经评论》,2013年第3卷第6期,第62—75页。

[4] 冯根福,温军:"中国上市公司治理与企业技术创新关系的实证分析",《中国工业经济》,2008年第7期,第91—101页。

[5] 高良谋,李宇:"企业规模与技术创新倒U关系的形成机制与动态拓展",《管理世界》,2009年第8期,第113—123页。

[6] 何玉润,林慧婷,王茂林:"产品市场竞争、高管激励与企业创新——基于中国上市公司的经验证据",《财贸经济》,2015年第2期,第125—135页。

[7] 李春涛,宋敏:"中国制造业企业的创新活动:所有制和CEO激励的作用",《经济研究》,2010年第5期,第55—67页。

[8] 李胜旗,徐卫章:"市场势力、中国企业出口二元边际与产品创新",《经济与管理研究》,2015年第5期,第107—114页。

[9] 刘胜强,刘星:"企业R&D投资行为的影响研究",《科学管理研究》,2010年第3期,第82—86页。

[10] 鲁桐,党印:"技术创新:分行业比较",《经济研究》,2014年第6期,第6—9页。

[11] 聂辉华,谭松涛,王宇锋:"创新、企业规模和市场竞争:基于中国企业层面的面板数据分析",《世界经济》,2008年第7期,第57—66页。

[12] 孙早,郭林生,肖利平:"企业规模与企业创新倒U型关系再检验——来自中国战略性新兴产业的经验证据",《上海经济研究》,2016年第9期,第33—42页。

[13] 温军,冯根福:"异质机构、企业性质与自主创新",《经济研究》,2012年第3期,第53—64页。

[14] 吴延兵:"中国哪种所有制类型企业最具创新性",《世界经济》,2012年第6期,第3—29页。

[15] 解维敏,唐清泉,陆姗姗:"政府R&D资助、企业R&D支出与自主创新",《金融研究》,2009年第6期,第86—99页。

[16] 徐晓萍,张顺晨,许庆:"市场竞争下国有企业与民营企业的创新性差异研究",《财贸经济》,2017年第2期,第141—155页。

[17] 许新华:"行政垄断影响技术创新吗?——基于工业行业的实证分析",《江西社会科学》,2016年第6期,第61—67页。

[18] 杨建君,盛锁:"股权结构对企业技术创新投入影响的实证研究",《科学学研究》,2007年第25卷第4期,第787—792页。

[19] 尹志锋,叶静怡,黄阳华等:"知识产权保护与企业创新:传导机制及其检验",《世界经济》,2013年第12期,第111—129页。

[20] 余晓钟,杨林,杨洋:"不同垄断属性对企业技术创新的影响机制研究",《科学管理研究》,2015年第3期,第80—83页。

[21] 张莉,李绍东:"企业规模、技术创新与经济绩效——基于工业企业调查数据的实证研究",《财经科学》,2016年第6期,第67—74页。

[22] 周茜:"知识产权制度对企业创新的作用机制综述",《现代管理科学》,2012年第5期,第89—91页。

[23] 朱平芳,徐伟民:"政府的科技激励政策对大中型工业企业R&D投入及其专利产出的影响——上海市的实证研究",《经济研究》,2003年第6期,第45—53页。

[24] 庄子银:"企业家精神,持续技术创新和长期经济增长的微观机制",《世界经济》,2006年第28卷第12期,第32—43页。

[25] Acs, Z. J., and D. B. Audretsch, *Innovation and Small Firms*. Cambridge, MA: MIT Press, 1990.

[26] Acs, Z. J., and D. B. Audretsch, "Innovation, market structure, and firm size", *The review of Economics and& Statistics*, 1987, 567—574.

[27] Adler, P. S., and S. Kwon, "Social capital: Prospects for a new concept", *Academy of Management Review*, 2002, 27(1): 17—40.

[28] Aghion, P., J. Van Reenen, and L. Zingales, "Innovation and institutional ownership", *The American Economic Review*, 2013, 103(1): 277—304.

[29] Aghion, P., N. Bloom, R. Blundell, et al., "Competition and innovation: An inverted-relationship", *The Quarterly Journal of Economics*, 2005, 701—728.

[30] Aghion, P., R. Blundell, R. Griffith, et al., "The effects of entry on incumbent innovation and productivity", *The Review of Economics and Statistics*, 2009, 91(1): 20—32.

[31] Agrawal, A., J. F. Jaffe, and G. N. Mandelker, "The post-merger performance of acquiring firms: Are-examination of an anomaly", *The Journal of Finance*, 1992, 47(4): 1605—1621.

[32] Ahuja, G., C. M. Lampert, and V. Tandon, "Moving beyond Schumpeter: Management research on the determinants of technological innovation", *The Academy of Management Annals*, 2008, 2(1): 1—98.

[33] Ahuja, G., "Collaboration networks, structural holes, and innovation: A longitudinal study", *Administrative Science Quarterly*, 2000, 45(3): 425—455.

[34] Alchian, A. A., and H. Demsetz, "Production, information costs, and economic organization", *The American Economic Review*, 1972, 777—795.

[35] Arrow, K., *Economic Welfare and The Allocation of Resources for Invention. The Rate and*

Direction of Inventive Activity: Economic and Social Factors. Princeton, NJ: Princeton University Press, 1962.

[36] Bantel, K. A., and S. E. Jackson, "Top management and innovations in banking: Does the composition of the top team make a difference?", *Strategic Management Journal*, 1989, 10: 107—124.

[37] Barker, V. L., and G. C. Mueller, "CEO characteristics and firm R&D spending", *Management Science*, 2002, 48(6): 782—801.

[38] Bas, M., and O. Causa, "Trade and product market policies in upstream sectors and productivity in downstream sectors: Firm-level evidence from China", *Journal of Comparative Economics*, 2013, 41(3): 843—862.

[39] Baum, J. A., T. Calabrese, and B. S. Silverman, "Don't go it alone: Alliance network composition and startups' performance in Canadian biotechnology", *Strategic Management Journal*, 2000, 21(3): 267—294.

[40] Baumol, W. J., *The Free-market Innovation Machine: Analyzing the Growth Miracle of Capitalism*. Princeton, NJ: Princeton University Press, 2002.

[41] Baysinger, B., and R. E. Hoskisson, "The composition of boards of directors and strategic control: Effects on corporate strategy", *The Academy of Management Review*, 1990, 15 (1): 72—87.

[42] Baysinger, B. D., R. D. Kosnik, and T. A. Turk, "Effects of board and ownership structure on corporate R&D strategy", *Academy of Management Journal*, 1991, 34(1): 205—214.

[43] Beers, C., and F. Zand, "R&D cooperation, partner diversity, and innovation performance: An empirical analysis", *Journal of Product Innovation Management*, 2014. 31 (2): 292—312.

[44] Belloc, F., "Corporate governance and innovation: A survey", *Journal of Economic Surveys*, 2012, 26(5): 835—864.

[45] Bessen, J., and E. Maskin, "Sequential innovation, patents, and imitation", *The RAND Journal of Economics*, 2009, 40(4): 611—635.

[46] Bloom, N., R. Griffith, and J. Van, Reenen, "Do R&D tax credits work? Evidence from a panel of countries 1979-1997", *Journal of Public Economics*, 2002, 85(1): 1—31.

[47] Bound, J., C. Cummins, Z. Griliches, B. Hall, and A. Jaffe, *Who Does R&D and Who Patents? R&D, Patents and Productivity*. Chicago: University of Chicago Press, 1984.

[48] Bourlès, R., G. Cette, J. Lopez, et al., "Do product market regulations in upstream sectors curb productivity growth? Panel data evidence for OECD countries", *Reviews of Economics*

and Statistics, 2013, 95(5): 1750—1768.

[49] Bronzini, R., and P. Piselli, "The impact of R&D subsidies on firm innovation", Research Policy, 2016, 45(2): 442—457.

[50] Bérubé, C., and P. Mohnen, "Are firms that receive R&D subsidies more innovative?", Canadian Journal of Economics/Revue Canadienne d'économique, 2009, 42(1): 206—225.

[51] Burt, R. S., Structural Holes: The Social Structure of Competition. Cambridge, MA: Harvard University Press, 2009.

[52] Bush, V., "Science: The endless frontier", Transactions of the Kansas Academy of Science, 1945, 231—264.

[53] Cappelen, Å., A. Raknerud, and M. Rybalka, "The effects of R&D tax credits on patenting and innovations", Research Policy, 2012, 41(2): 334—345.

[54] Caraça, J., B. Lundvall, and S. Mendonça, "The changing role of science in the innovation process: From Queen to Cinderella?", Technological Forecasting and Social Change, 2009, 76(6): 861—867.

[55] Chen, V. Z., J. Li, D. M. Shapiro, et al., "Ownership structure and innovation: An emerging market perspective", Asia Pacific Journal of Management, 2014, 31(1): 1—24.

[56] Choi, J., and J. Lee, "Repairing the R&D market failure: Public R&D subsidy and the composition of private R&D", Research Policy, 2017, 46(8): 1465—1478.

[57] Christensen, C., The Innovator's Dilemma: When New Technologies Cause Great Firms to Fail. Boston, MA: Harvard Business Review Press, 2013.

[58] Clarke, R. G., Industrial Economics. Oxford: Wiley-Blackwell, 1985.

[59] Clendenin, W. D., "Company presidents look at the board of directors", California Management Review, 1972, 14(3): 60—66.

[60] Cohen, W. M., and D. A. Levinthal, "Absorptive capacity: A new perspective on learning and innovation", Administrative Science Quarterly, 1990, 128—152.

[61] Cohen, W. M., and R. C. Levin, "Empirical studies of innovation and market structure", Handbook of Industrial Organization, 1989, 2: 1059—1107.

[62] Cohen, W. M., and S. Klepper, "A reprise of size and R and D", The Economic Journal, 1996a, 925—951.

[63] Cohen, W. M., and S. Klepper, "Firm size and the nature of innovation within industries: The case of process and product R&D", The Review of Economics and Statistics, 1996b, 232—243.

[64] Cohen, W. M., "Chapter 4-fifty years of empirical studies of innovative activity and per-

[65] Cohen, W. M., R. C. Levin, and D. C. Mowery, "Firm size and R&D intensity: Are-examination", *Journal of IndustrialEconomics*, 1987, 35(4): 543—565.

[66] Cohen, W. M., R. R. Nelson, and J. P. Walsh, "Protecting their intellectual assets: Appropriability conditions and why US manufacturing firms patent (or not)", National Bureau of Economic Research Working Paper, 2000.

[67] Coles, J. L., N. D. Daniel, and L. Naveen, "Managerial incentives and risk-taking", *Journal of Financial Economics*, 2006, 79(2): 431—468.

[68] Contractor, F. J., and P. Lorange, "Why should firms cooperate? The strategy and economics basis for cooperative ventures", *Cooperative Strategies in International Business*, 1988, 3—30.

[69] Czarnitzki, D., P. Hanel, and J. M. Rosa, "Evaluating the impact of R&D tax credits on innovation: A microeconometric study on Canadian firms", *Research Policy*, 2011, 40(2): 217—229.

[70] Dang, J., and K. Motohashi, "Patent statistics: A good indicator for innovation in China? Patent subsidy program impacts on patent quality", *China Economic Review*, 2015, 35: 137—155.

[71] David, P. A., B. H. Hall, and A. A. Toole, "Is public R&D a complement or substitute for private R&D? A review of the econometric evidence", *Research Policy*, 2000, 29(4-5): 497—529.

[72] Debackere, K., B. Clarysse, and M. A. Rappa, "Dismantling the ivory tower: The influence of networks on innovative output in emerging technologies", *Technological Forecasting and Social Change*, 1996, 53(2): 139—154.

[73] Demsetz, H., "Information and efficiency: Another viewpoint", *Journal of Law and Economics*, 1969, 12(1): 1—22.

[74] Di, Vito, J., C. Laurin, and Y. Bozec, "R&D activity in Canada: Does corporate ownership structure matter?", *Canadian Journal of Administrative Sciences/Revue Canadienne des Sciences de l'Administration*, 2010, 27(2): 107—121.

[75] Dong, J., and Y. Gou, "Corporate governance structure, managerial discretion, and the R&D investment in China", *International Review of Economics and Finance*, 2010, 19(2): 180—188.

[76] Dosi, G., "Technological paradigms and technological trajectories: A suggested interpretation

of the determinants and directions of technical change", *Research Policy*, 1982, 11(3): 147—162.

[77] Encaoua, D., D. Guellec, and C. Martinez, "Patent systems for encouraging innovation: Lessons from economic analysis", *Research Policy*, 2006, 35(9): 1423—1440.

[78] Fang, L., J. Lerner, and C. Wu, *Intellectual Property Rights Protection, Ownership, and Innovation: Evidence from China*. 2015.

[79] Finkelstein, S., and R. A. D'Aveni, "CEO duality as a double-edged sword: How boards of directors balance entrenchment avoidance and unity of command", *Academy of Management Journal*, 1994, 37(5): 1079—1108.

[80] Francis, J., and A. Smith, "Agency costs and innovation some empirical evidence", *Journal of Accounting and Economics*, 1994, 19(2): 383—409.

[81] Freeman, C., and F. Louçã, *As Time Goes By: From the Industrial Revolutions to the Information Revolution: From the Industrial Revolutions to the Information Revolution*. Oxford: Oxford University Press, 2001.

[82] Freeman, C., "The economics of technical change", *Cambridge Journal of Economics*, 1994, 18(5): 463—514.

[83] Galbraith, J. K., *American Capitalism: The Concept of Countervailing Power*. Boston, MA: Houghton Mifflin, 1952.

[84] Gallini, N., and S. Scotchmer, "Intellectual property: When is it the best incentive system?", *Innovation Policy and the Economy*, Volume 2. Cambridge, MA: MIT Press, 2002.

[85] Gilbert, R. J., and D. M. Newbery, "Preemptive patenting and the persistence of monopoly", *The American Economic Review*, 1982, 514—526.

[86] Gilpin, R., "Technology, economic growth, and international competitiveness", Report to the Joint Economic Committee, 1975.

[87] Goodstein, J., K. Gautam, and W. Boeker, "The effects of board size and diversity on strategic change", *Strategic Management Journal*, 1994, 15(3): 241—250.

[88] Grossman, G. M., and C. Shapiro, "Research joint ventures: An antitrust analysis", *Journal of Law, Economics, and Organization*, 1986, 2(2): 315—337.

[89] Guadalupe, M., O. Kuzmina, and C. Thomas, "Innovation and foreign ownership", *The American Economic Review*, 2012, 3594—3627.

[90] Guo, D., Y. Guo, and K. Jiang, "Government-subsidized R&D and firm innovation: Evidence from China", *Research Policy*, 2016, 45(6): 1129—1144.

[91] Haleblian, J., and S. Finkelstein, "Top management team size, CEO dominance, and firm

performance: The moderating roles of environmental turbulence and discretion", *Academy of Management Journal*, 1993, 36(4): 844—863.

[92] Hall, B., and J.Van, Reenen, "How effective are fiscal incentives for R&D? A review of the evidence", *Research Policy*, 2000, 29(4-5): 449—469.

[93] Hall, B. H., and J. Lerner, "The Financing of R&D and Innovation", Handbook of the Economics of Innovation (Volume 1), North-Holland, Amsterdam: 2010, 609—639.

[94] Hall, B. H., and J. Lerner, "The financing of R&D and innovation", National Bureau of Economic Research Working Paper, 2009.

[95] Hamberg, D., "Size of firm, oligopoly, and research: The evidence", *Canadian Journal of Economics and Political Science/Revue Canadienne de Economiques et science politique*, 1964, 30(01): 62—75.

[96] Hambrick, D. C., and P. A. Mason, "Upper echelons: The organization as a reflection of its top managers", *Academy of Management Review*, 1984. 9(2): 193—206.

[97] Hambrick, D. C., T. S. Cho, and M. Chen, "The influence of top management team heterogeneity on firms' competitive moves", *Administrative Science Quarterly*, 1996, 41(4): 659—684.

[98] Hansen, M. T., J. M. Podolny, and J. Pfeffer, "So many ties, so little time: A task contingency perspective on corporate social capital", *Research in the Sociology of Organizations*, 2001, 18(8): 21—57.

[99] Hansen, M. T., "The search-transfer problem: The role of weak ties in sharing knowledge across organization subunits", *Administrative Science Quarterly*, 1999, 44(1): 82—111.

[100] Hargadon, A., and R. I. Sutton, "Technology brokering and innovation in a product development firm", *Administrative Science Quarterly*, 1997, 42(4): 716—749.

[101] Hashmi, A. R., "Competition and innovation: the inverted-U relationship revisited", *Review of Economics and Statistics*, 2013, 95(5): 1653—1668.

[102] Henderson, R., "Underinvestment and incompetence as responses to radical innovation: Evidence from the photolithographic alignment equipment industry", *The RAND Journal of Economics*, 1993, 24(2): 248—270.

[103] Hill, C. W., and S. A. Snell, "External control, corporate strategy, and firm performance", *Strategic Management Journal*, 1988, 9(6): 577.

[104] Holmström, B., "Managerial incentive problems: A dynamic perspective", *The Review of Economic Studies*, 1999, 66(1): 169—182.

[105] Hoskisson, R. E., M. A. Hitt, R. A. Johnson, et al., "Conflicting voices: The effects of

institutional ownership heterogeneity and internal governance on corporate innovation strategies", *Academy of Management Journal*, 2002, 45(4): 697—716.

[106] Howell, A., "Picking 'winners' in China: Do subsidies matter for indigenous innovation and firm productivity?", *China Economic Review*, 2017, 44: 154—165.

[107] Hu, A. G. Z., and G. H. Jefferson, *Science and Technology in China. China's Great Economic Transformation*. New York, NY: Cambridge University Press, 2009.

[108] Hud, M., and K. Hussinger, "The impact of R&D subsidies during the crisis", *Research Policy*, 2015, 44(10): 1844—1855.

[109] Hunt, R. M., "Nonobviousness and the incentive to innovate: An economic analysis of intellectual property reform", Federal Reserve Bank of Philadelphia Working Paper, 1999, 93—99.

[110] Jensen, M. C., and W. H. Meckling, "Theory of the firm: Managerial behavior, agency costs and ownership structure", *Journal of Financial Economics*, 1976, 3(4): 305—360.

[111] Kamien, M. I., and N. L. Schwartz, *Market Structure and Innovation*. Cambridge, MA: Cambridge UniversityPress, 1982.

[112] Kamien, M. I., and N. L. Schwartz, "Market structure, elasticity of demand and incentive to invent", *Journal of Law and Economic*, 1970, 13(1): 241—252.

[113] Kanwar, S., and R. Evenson, "Does intellectual property protection spur technological change?", Oxford Economic Papers, 2003, 55(2): 235—264.

[114] Kasahara, H., K. Shimotsu, and M. Suzuki, "Does an R&D tax credit affect R&D expenditure? The Japanese R&D tax credit reform in 2003", *Journal of the Japanese and International Economies*, 2014, 31 72—97.

[115] Katz, B., and A. Phillips, *The Computer Industry. Government and Technical Progress: A Cross-industry Analysis*. New York, NY: Pergamon Press, 1982.

[116] Katz, M. L., "An analysis of cooperative research and development", *The RAND Journal of Economics*, 1986, 17(4): 527—543.

[117] Keil, T., M. Maula, H. Schildt, et al., "The effect of governance modes and relatedness of external business development activities on innovative performance", *Strategic Management Journal*, 2008, 29(8): 895—907.

[118] Kim, J., S. J. Lee, and G. Marschke, "Relation of firm size to R&D productivity", *International Journal of Business and Economics*, 2009, 8(1): 7—19.

[119] Kleinknecht, A., and B. Verspagen, "Demand and innovation: Schmookler re-examined", *Research Policy*, 1990, 19(4): 387—394.

[120] Klepper, S., "Entry, exit, growth, and innovation over the product life cycle", *The American Economic Review*, 1996, 86(3): 562—583.

[121] Kline, S. J., and N. Rosenberg, *An Overview of Innovation. The Positive Sum Strategy: Harnessing Technology for Economic Growth*. Washington, DC: The National Academies Press, 1986.

[122] Kotabe, M., and K. Scott, Swan, "The role of strategic alliances in high-technology new product development", *Strategic Management Journal*, 1995, 16(8): 621—636.

[123] Kroll, M., P. Wright, L. Toombs, and H. Leavell, "Form of control: a critical determinant of acquisition performance and CEO rewards", *Strategic Management Journal*, 1997, 18(2): 85—96.

[124] Lach, S., "Do R&D subsidies stimulate or displace private R&D? Evidence from Israel", *The Journal of Industrial Economics*, 2002, 50(4): 369—390.

[125] Lee, G. K., "The significance of network resources in the race to enter emerging product markets: The convergence of telephony communications and computer networking, 1989–2001", *Strategic Management Journal*, 2007, 28(1): 17—37.

[126] Lee, P. M., "A comparison of ownership structures and innovations of US and Japanese firms", *Managerial and Decision Economics*, 2005, 26(1): 39.

[127] Lee, P. M, and H. M. O'Neill, "Ownership structures and R&D investments of U. S. and Japanese firms: Agency and stewardship perspectives", *The Academy of Management Journal*, 2003, 46(2): 212—225.

[128] Leonard-Barton, D., "Interpersonal communication patterns among Swedish and Boston-area entrepreneurs", *Research Policy*, 1984, 13(2): 101—114.

[129] Lerner, J., and J. Wulf, "Innovation and incentives: Evidence from corporate R&D", *Review of Economics and Statistics*, 2007, 89(4): 634—644.

[130] Lerner, J., "Patent protection and innovation over 150 years", National Bureau of Economic Research Working Paper, 2002.

[131] Le, T., and A. B. Jaffe, "The impact of R&D subsidy on innovation: Evidence from New Zealand", *Economics of Innovation & New Technology*, 2017, 26(5): 1—24.

[132] Levin, R. C., "Technical change, barriers to entry, and market structure", *Economica*, 1978, 45: 347—361.

[133] Levin, R. C., W. M. Cohen, and D. C. Mowery, "R&D appropriability, opportunity, and market structure: New evidence on some Schumpeterian hypotheses", *The American Economic Review*, 1985, 75(2): 20—24.

[134] Li, D., L. Eden, M. A. Hitt, et al., "Friends, acquaintances, or strangers? Partner selection in R&D alliances", *Academy of Management Journal*, 2008, 51(2): 315—334.

[135] Lin, C., P. Lin, F. M. Song, et al., "Managerial incentives, CEO characteristics and corporate innovation in China's private sector", *Journal of Comparative Economics*, 2011, 39(2): 176—190.

[136] Lin, C., Y. Wu, C. Chang, et al., "The alliance innovation performance of R&D alliances-the absorptive capacity perspective", *Technovation*, 2012, 32(5): 282—292.

[137] Li, X., "Behind the recent surge of Chinese patenting: An institutional view", *Research Policy*, 2012, 41(1): 236—249.

[138] Li, Y., H. Guo, Y. Yi, et al., "Ownership concentration and product innovation in Chinese firms: The mediating role of learning orientation", *Management and Organization Review*, 2010, 6(1): 77—100.

[139] Mansfield, E., "Patents and innovation: An empirical study", *Management Science*, 1986, 32(2): 173—181.

[140] Marin, P., and G. Siotis, "Innovation and market structure: An empirical evaluation of the 'bounds approach' in the chemical industry", *The Journal of Industrial Organization*, 2007, 55(1): 93—111.

[141] Merton, R. K., *The Sociology of Science: Theoretical and Empirical Investigations*. Chicago, IL: University of Chicago Press, 1973.

[142] Meyer, S., and D. G. Marquis, *Successful Industrial Innovation*. Washington DC: National Science Foundation, 1969.

[143] Mitchell, W., and K. Singh, "Survival of businesses using collaborative relationships to commercialize complex goods", *Strategic Management Journal*, 1996, 17(3): 169—195.

[144] Morck, R., and D. Wolfenzon, "Corporate governance, economic entrenchment, and growth", *Journal of Economic Literature*, 2005, 43(3): 655—720.

[145] Mowery, D., and N. Rosenberg, "The influence of market demand upon innovation: A critical review of some recent empirical studies", *Research Policy*, 1979, 8(2): 102—153.

[146] Munari, F., R. Oriani, and M. Sobrero, "The effects of owner identity and external governance systems on R&D investments: A study of Western European firms", *Research Policy*, 2010, 39(8): 1093—1104.

[147] Nelson, R. R., and S. G. Winter, *An Evolutionary Theory of Economic Change*. Cambridge, MA: Harvard University Press, 1982.

[148] Nelson, R. R., "Reflections on 'The simple economics of basic scientific research', Looking back and looking forward. Industrial and Corporate Change, 2006, 15(6): 903—917.

[149] Nelson, R. R., "The simple economics of basic scientific research", Journal of Political Economy, 1959, 67(3): 297—306.

[150] Newby, H., "One society, one Wissenschaft: A 21st century vision", Science and Public Policy, 1992, 19(1): 7—14.

[151] Ng, Y., "Competition, monopoly, and the incentive to invent", Australian Economic Papers, 1971, 10(16): 45—49.

[152] Owen-Smith, J, and W. W. Powell, "Knowledge networks as channels and conduits: The effects of spillovers in the Boston biotechnology community", Organization Science, 2004, 15(1): 5—21.

[153] Oxley, J. E., and R. C. Sampson, "The scope and governance of international R&D alliances", Strategic Management Journal, 2004, 25(8—9): 723—749.

[154] Phillips, A., "Patents, potential competition, and technical progress", The American Economic Review, 1966, 56(1/2): 301—310.

[155] Pinch, T. J., and W. E. Bijker, The Social Construction of Facts and Artifacts: or How The Sociology of. The Social Construction of Technological Systems: New Directions in The Sociology and History of Technology. Cambridge, MA: MIT Press, 1987.

[156] Popov, A. A., and P. Roosenboom, "Does private equity investment spur innovation? Evidence from Europe", ECB Working Paper, 2009.

[157] Reinganum, J. F., "Uncertain innovation and the persistence of monopoly", The American Economic Review, 1983, 73, 741—748.

[158] Rogers, E. M., and J. K. Larsen, Silicon Valley Fever: Growth of High-Technology Culture. New York, NY: Basic books, 1984.

[159] Rosenberg, N., "Science, invention and economic growth", The Economic Journal, 1974, 84(333): 90—108.

[160] Rothwell R., "Successful industrial innovation: Critical factors for the 1990s", R&D Management, 1992, 22(3): 221—240.

[161] Rowley, T., D. Behrens, and D. Krackhardt, "Redundant governance structures: An analysis of structural and relational embeddedness in the steel and semiconductor industries", Strategic Management Journal, 2000, 21(3): 369—386.

[162] Sampson, R. C., "R&D alliances and firm performance: The impact of technological di-

versity and alliance organization on innovation", *Academy of Management Journal*, 2007, 50(2): 364—386.

[163] Scherer, F. M, and D. Ross, *Industrial Market Structure and Economic Performance*. Boston, MA: Houghton Mifflin, 1990.

[164] Scherer, F. M., *Changing Perspectives on The Firm Size Problem. Innovation and Technological Change: An International Comparison*. New York, NY: Harvester Wheatsheaf, 1991.

[165] Scherer, F. M., "Market structure and the employment of scientists and engineers", *The American Economic Review*, 1967, 57: 524—531.

[166] Schmidt, K. M., "Managerial incentives and product market competition", *The Review of Economic Studies*, 1997, 64(2): 191—213.

[167] Schmookler, J., "Economic sources of inventive activity", *The Journal of Economic History*, 1962, 22(01): 1—20.

[168] Schmookler, J., *Invention and Economic Growth*. Cambridge, MA: Harvard University Press, 1966.

[169] Schumpeter, J. A., *Socialism, Capitalism and Democracy*. New York, NY: Harper, 1942.

[170] Schumpeter, J. A., *The Theory of Economic Development*. Cambridge, MA: Harvard University Press, 1934.

[171] Scott, J., *Firm Versus Industry Variability in R&D Intensity. R&D, Patents, and Productivity*. Chicago, IL: University of Chicago Press, 1984.

[172] Scott, J. T, and T. J. Scott, "Innovation rivalry: Theory and empirics", *Economiae Politica Industriale*, 2014, 41(1): 25—53.

[173] Shan, W., G. Walker, and B. Kogut, "Research notes and communications", *Strategic Management Journal*, 1994, 15(5): 387—394.

[174] Sherman, H., S. Beldona, and M. Joshi, "Institutional investor heterogeneity: Implications for strategic decisions", *Corporate Governance: An International Review*, 1998, 6(3): 166—173.

[175] Smith, N. R., "The entrepreneur and his firm: The relationship between type of man and type of company", Occasional Papers, Bureau of Business and Economic Research, Michigan State University, 1967.

[176] Song, M., "A dynamic analysis of cooperative research in the semiconductor industry", *International Economic Review*, 2011, 52(4): 1157—1177.

[177] Spence, A. M., "Monopoly, quality, and regulation", *Bell Journal of Economics*, 1975,

(6)2：417—429.

[178] Stoneman, P., "Patenting activity：A re-evaluation of the influence of demand pressures", *The Journal of Industrial Economics*, 1979, 27(4)：385—401.

[179] Sutton, J., *Technology and Market Structure：Theory and History*. Cambridge, MA：MIT Press, 1998.

[180] Su, Y., D. Xu, and P. H. Phan, "Principal-principal conflict in the governance of the Chinese public corporation", *Management and Organization Review*, 2008, 4(1)：17—38.

[181] Swann, G. P., *The Economics of Innovation：An Introduction*. Edward Elgar Publishing. 2009.

[182] Teece, D. J., "Towards an economic theory of the multiproduct firm", *Journal of Economic Behavior and Organization*, 1982, 3(1)：39—63.

[183] Tribo, J. A., P. Berrone, and J. Surroca, "Do the type and number of blockholders influence R&D investments? New evidence from Spain", *Corporate Governance：An International Review*, 2007, 15(5)：828—842.

[184] Utterback, J. M., "Innovation in industry and the diffusion of technology", *Science*, 1974, 183(4125)：620—626.

[185] Utterback, J. M., *The Dynamics of Product and Process Innovation in Industry. Technological Innovation for a Dynamic Economy*. New York, NY：Pergamon Press, 1979.

[186] Uzzi, B., "Social structure and competition in interfirm networks：The paradox of embeddedness", *Administrative Science Quarterly*, 1997, 2(1)：35—67.

[187] Villard, H. H., "Competition, oligopoly, and research", *The Journal of Political Economy*, 1958, 66(6)：483—497.

[188] Walsh, V., "Invention and innovation in the chemical industry：Demand-pull or discovery-push?", *Research Policy*, 1984, 13(4)：211—234.

[189] Wang, Y., J. Li, and J. Furman, "Firm performance and state innovation funding：Evidence from China's innofund program", *Research Policy*, 2017, 46(6)：1142—1161.

[190] Weck, M., and K. Blomqvist, "The role of inter-organizational relationships in the development of patents：A knowledge-based approach", *Research Policy*, 2008, 37(8)：1329—1336.

[191] Williamson, O. E., "Innovation and market structure", *Journal of Political Economy*, 1965, 73(1)：67—73.

[192] Wu, S., E. Levitas, and R. L. Priem, "CEO tenure and company invention under

differing levels of technological dynamism", *Academy of Management Journal*, 2005, 48(5): 859—873.

[193] Xu, E., and H. Zhang, "The impact of state shares on corporate innovation strategy and performance in China", *Asia Pacific Journal of Management*, 2008, 25(3): 473—487.

[194] Xu, X., C. Wang, and S. Cheng, "Myopic investor or active monitor? The role of institutional investors in corporate innovation", *International Journal of Financial Research*, 2015, 6(2): 23—32.

[195] Yanadori, Y., and V. Cui, "Creating incentives for innovation? The relationship between pay dispersion in R&D groups and firm innovation performance", *Strategic Management Journal*, 2013, 34(12): 1502—1511.

[196] Young, M. N., M. W. Peng, D. Ahlstrom, et al., "Corporate governance in emerging economies: A review of the principal-principal perspective", *Journal of Management Studies*, 2008, 45(1): 196—220.

[197] Zaheer, A., and G. G. Bell, "Benefiting from network position: Firm capabilities, structural holes, and performance", *Strategic Management Journal*, 2005, 26(9): 809—825.

[198] Zahra, S. A., D. O. Neubaum, and M. Huse, "Entrepreneurship in medium-size companies: Exploring the effects of ownership and governance systems", *Journal of Management*, 2000, 26(5): 947—976.

[199] Zhang, X., and J. Wu, "Research on Effectiveness of the Government R&D Subsidies: Evidence from Large and Medium Enterprises in China", *American Journal of Industrial and Business Management*, 2014, 4(9): 503—513.

第六章 大学参与创新：角色变迁、成果转化与争议

在知识经济（knowledge based economic）社会中，研究型大学的角色越来越重要。Mowery & Sampat(2005)认为，在知识经济中，如果大学与企业的联系得到加强并且技术转移得到改善和加速，那么国家高等教育系统就可能成为战略因素。Rosenberg & Nelson(1994)从历史的角度分析了美国大学与企业的联系，认为第二次世界大战后，在联邦政府的资助下，美国大学的科研活动中偏向市场应用型的研发活动日益增加，大学与企业的联系逐渐密切。Mowery & Sampat(2005)和郭东妮(2013)均认为，虽然大学的研发活动及研发成果因时间和学科而不同，但当今大学在经济意义上的重要"产出"已经涵盖科技信息、仪器设备、人力资本、科技社会网络和新产品新工艺原型五大方面。其中，大学提供的科技信息可以为企业研发提供借鉴，避免企业走弯路，从而提高企业的研发经费使用效率；新的仪器与设备可以被企业用来进行研发和生产；人力资本，即大学培养的科研人才，可以直接进入企业从事研发工作；在研发活动交流中所形成的社会网络则有利于新技术和新思想的传播与扩散。正因为大学与企业的关联在创新活动中的作用逐渐凸显，Nelson & Rosenberg(1993)在提出国家创新体系理论时，将大学作为体系中的重要角色之一，进而弥补了传统创新理论忽略大学对产业作用的缺陷。Leydesdorff & Etzkowitz(1996)则进一步分析和凸显了大学在创新活动中的重要性，以及创新主体间互动的关键性，提出了创新活动中大学—企业—政府的三螺旋模型，为各国认识和引导大学参与创新活动提供了理论及政策参考。

知识经济背景下，大学成为知识的主要生产源泉，在国家和区域经济发展

中扮演更为重要的角色(Etzkowitz,2010)。但与此同时,关于大学参与经济活动是否对教学和科研造成负面影响的争论也日益广泛(Foray & Lissoni,2010)。在知识经济时代,如何在发挥大学对创新积极作用的同时避免对正常教学科研活动的影响?大学面对学术企业化的争议应何去何从?这些都是我国推进实施创新驱动发展战略过程中应该关注与讨论的问题。本章通过梳理创新理论的基本演进历程,分析了大学在创新活动中角色的变迁,并对影响大学技术转化的因素及大学"企业化"的争论进行了综述。本章余下部分安排如下:第一部分通过梳理创新理论的演进,总结大学在创新活动和国家创新体系中的角色变迁;第二部分对大学如何影响产业创新和经济发展进行综述研究;第三部分对有关影响大学技术转移的因素的国内外研究进行综述;第四部分对大学"企业化"的争论进行梳理;第五部分是总结。

6.1 创新理论演进与大学的角色变迁

在创新领域,理论通常落后于实践。在理论上系统探讨大学在一国创新活动中扮演的角色主要始于第二次世界大战后,但实际上,在化学工程和电气工程等领域,诸如麻省理工学院等大学在19世纪末20世纪初就已经开始与产业发生越来越密切的联系了。19世纪末,伴随第二次科技革命的发展,工业实验室大量出现,形成对研发人员和专业技能人才的需求,而大学逐渐成为提供这种人才的机构。但当时大学的研究主要是基础性的,当时的观点认为,大学应该在长期的技术进步和经济发展中起重要作用。从20世纪中叶开始,随着第二次世界大战的结束、第三次科技革命的爆发及国际竞争的加剧,大学的地位进一步提升。在生物和计算机科学领域,越来越多的校企合作研发出现,基于大学研发成果而成立的企业也越来越多,人们开始认识到大学在长期和短期都可以对技术进步与经济发展起到重要作用。进入21世纪,人们对大学在区域经济发展中的作用愈加重视,将大学的研发活动和研发成果尽量服务于本地经济发展的"创新黏性说"出现。

6.1.1 创新理论的宏观演进

创新概念及理论由熊彼特在其1912年发表的《经济发展理论》中正式提出。第二次世界大战后,创新理论越来越关注如何在既有资源约束下通过资源的合理配置与协调实现创新,探讨的内容也越发集中于创新主体与要素间的互动和协调。到目前为止,创新理论的发展大致经历了三个阶段:线性模型阶段、系统模型阶段和知识新生产模型阶段(见图6.1)。

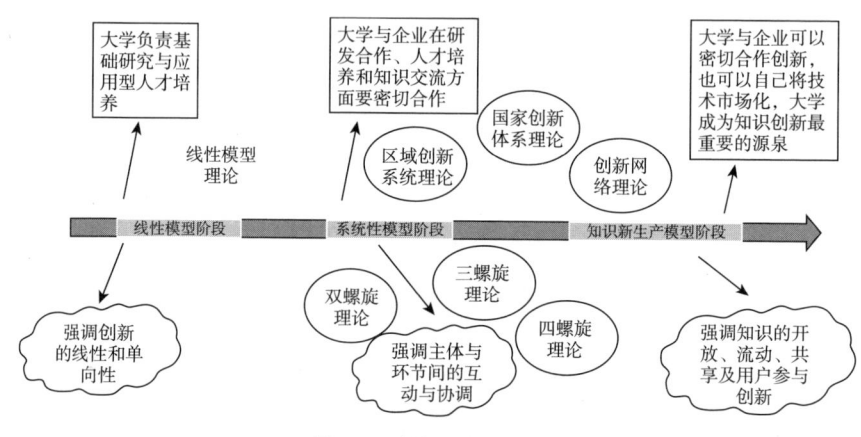

图 6.1　创新理论的演化

资料来源:根据 Wise & Høgenhaven(2008)整理并完善。

线性模型认为创新是理论研究—应用研究—市场化的单向过程;系统性模型则强调创新过程中各环节、各要素和各主体间的互动与协作;而在知识新生产的一系列模型中,知识的宽泛化、跨学科性和创新的社会语境等因素变得更加突出,创新用户在创新过程中扮演着重要角色。上述三阶段的具体创新模型众多,涉及从创新主体、创新环节、创新要素和创新的市场供求等多方面对创新的分析。从创新理论演化的宏观视角看,除了19世纪末大学开始为企业研发提供智力支持和人力支持,第二次世界大战后关于大学在创新活动中作用的认识经历了两次深化。

6.1.2　从线性模型到"模式2"

虽然自19世纪末开始,大学与企业的联系就逐渐密切,但除了输出人力资本,大学还是被作为基础研究的主要阵地,这一认识在第二次世界大战后的一段时期被政府进一步强化。1945年,Bush(1945)在向美国国会提交的报告中首次提出了创新的线性模型,并发表了《科学:无止境的前沿》(*Science: The Endless Frontier*)。线性模型认为创新具有单向性与链条性,认为创新是一个单向的、顺序的、由多个环节构成的链条,这些环节从起始到终点的顺序是"基础研究—应用研究—产品开发—生产与销售",其中,基础研究是所有技术创新的起点。线性理论的政策含义非常明确,即政府负责基础研究,市场负责应用研究与技术市场化。在整个技术创新的流程中,政府只要确定哪些属于基础研究,并给予资助,余下的流程由私人企业来资助和完成,并从市场获得回报。该模型形式简单明了,因此在第二次世界大战后很长一段时间被广泛接受。

在大学方面,布什(Bush)的理论认为大学是基础研究最合适的承担者,主张增加对大学基础研究的公共资助,认为这是促进经济增长的关键措施,更有学者认为对基础研究的公共资助既是推动创新的必要条件,也是充分条件(Verspagen & Fagerberg, 2005)。这一系列观点在后来不断受到挑战和批判。很多研究以20世纪70—80年代的日本为例,认为基础研究对于提升经济绩效和经济增速并不一定是必要条件。从现实来看,判断线性模型关于大学作用的讨论,需要具体问题具体分析,这也比较符合演化经济学的分析思路,而不应试图寻找"万金油"式的规律。例如,有足够多的例子证明大学对技术发展的重要性,也有足够的例子说明产业实验室所产生的基础研究(如杜邦公司、IBM公司等)。在生物医药领域,大学和产业在基础研究及医药研发上相互促进的例子更是常见。

鉴于大学与企业在电子信息、生物医药等现代产业中越发频繁的互动关系,Gibbons(1994)以"模式2"描绘大学在现代经济中的重要作用。"模式2"更加强调系统性,强调各种创新主体间的互动。其认为这缘于科学研究所要求的规模和知识多样性的提升,仅靠大学或者企业,或者两者松散的、不频繁的互动,是难以实现重大突破和创新的。实际上,"模式2"一方面强调了大学在基础研究和创新中的不可或缺性,另一方面指出了大学作用的有限性。但从现实来看,并没有实际证据表明大学在基础研究中地位的下降。相反,在Leydesdorff & Etzkowitz(1996)看来,大学在基础研究中的作用不仅没有下降,而且在应用研究、孵化企业和促进地方经济增长中的作用进一步提高。

6.1.3 从"模式2"到三螺旋理论

与"模式2"仅强调大学与企业需要强化合作以推动创新不同,三螺旋理论在强调不同创新主体间信息流动的同时,也立足主体视角,强调了主体作用的扩展和混合发展。20世纪90年代,Leydesdorff & Etzkowitz(1996)提出了创新活动中大学—企业—政府的三螺旋模型,提出在企业、大学和政府的框架下考虑创新问题。此理论尤其强调大学在创新过程中的作用,包括大学在政府政策制定、与企业联盟和应用型技术开发中的重要作用。在政策方面,三螺旋理论一方面主张搭建大学、企业和政府间的沟通桥梁,鼓励各主体进行合作,另一方面主张各主体各自进行混合发展。

三螺旋创新模式的要义是大学、企业、政府这三个机构,每一个都表现出另外两个的一些能力,但同时仍保留着自己原有的作用和独特身份。由于这种合作和相互作用,每一条螺线都获得更大的能力进行进一步相互作用与合作,支持在其他螺线里产生创新,由此形成持续的创新流,协同发展。三螺旋的三个初级机构能提供形成二级机构(混成组织(hybrid organization)的平台,通过三个螺旋要素的整合创造出促进创新的新型组织形式。大学、企业、政府相互作用进行社会发明或者组织创造,已经促使风险资本公司、技术转移办公室(Technology Transfer Office,TTO)、孵化器和大学科技园等混成组织得以形成。这些混成组织的基因体现了三螺旋的核心元素和主体地位。三螺旋理论认为,在以知识为基础的社会中,大学、企业、政府三者之间的相互作用是改善创新条件的关键。大学、企业和政府是三螺旋最基本、最重要的成员:企业作为进行生产的场所,为社会提供金融、物质产品和各种服务;政府作为契约关系的来源,确保企业与大学机构范畴之间稳定的相互作用和交流;大学则作为新知识和新技术的主要来源,是知识经济的生产力要素。

三螺旋理论认为,在知识经济中,大学不仅培养创新人才,还在孵化器、大学科技园等在载体中培养创新组织。当大学从事技术转移活动时,它又成为新产品、新技术开发应用的源泉。创业与大学的教学、科研使命相结合,成为它的一个新使命。三螺旋理论对大学身份的转换讨论得非常深入,并以此提出了大学需更加"企业化"的观点。但除了理论和案例(如斯坦福大学)的探讨,三螺旋理论在计量实证方面的进展有限,因为其本质上与"模式2"一样,都缺乏一套可以准确度量相关指标的准则和数据来源。

通过创新理论的演进更加可以看出,大学在整个创新链条中的角色发生着变化。与此相适应,政府对激励大学参与创新的政策也发生着变化。整体来看,大学在创新活动中扮演的角色越来越重要,参与的创新环节也越来越多,而政府的政策设计也偏向于刺激大学参与创新活动,鼓励大学与企业进行合作创新,并将获得的技术成果商业化,同时鼓励大学研发人员和学生进行学术创业。

6.1.4　大学的创新角色变迁

从第二次世界大战后创新理论的演进过程看,大学在创新活动中扮演的角色经历了两次变化。在线性创新理论及其之前的主流观点中,大学负责基础研究,大学的研究对长期的经济增长有效,而应用性研究应该交由企业等市场主体进行。随着第三次科技革命的爆发,计算机技术、生物技术、能源技术的市场化应用,大学也越来越多地参与到企业的创新活动中。当创新的非线性模式被提出,大学不再仅仅扮演基础研究者的角色,而是越来越多地参与到应用性研究领域中。系统性模型虽然强调企业的主体地位,但是同时认为大学已经成为促进企业创新的重要因素之一,"产学研协同"等概念和理念日益被认同。20世纪90年代左右,"知识经济"概念被提出,处于知识经济中的大学迎来第二次角色变迁。在三螺旋理论中,企业并不是创新活动的主体,大学、政府和企业都是创新活动的重要参与者,并没有主次之分。不仅如此,该理论甚至认为大学作为知识经济时代最重要的知识提供者和生产者,在知识创造中处于主导地位。在功能上,大学不仅与企业合作进行研发等创新活动,而且大学本身也可以通过科技园和孵化器等进行技术的商业化和产业化。于是依托于大学的校办企业和大学科技园等实体逐渐增加。

总之,大学在创新活动中的角色变化经历了一个戏剧化的过程:一方面,从相对独立的研发到与企业合作研发,再到自己进行技术转化和与企业合作创新并行;另一方面,从专注于基础研究,到应用研究大行其道,再到强调原创性知识,成为知识创新最重要的源泉。大学在不断转变中寻找着适应社会并促进创新的角色定位。

6.1.5　促进大学参与创新的政策变化

从政策角度,政策的侧重点已经逐渐由如何更好地促进大学单纯进行教学、科研工作转向如何更好地发挥大学的优势,以及如何充分利用大学的资源来推动创新。美国《拜杜法案》(Bayh Dole Act)的出台,意味着大学对其研发成果的自主权大幅提升,也意味着政府希望大学可以把自己的研发成果尽可能商业化,实现其经济价值。而鼓励大学和企业合作研发、鼓励和支持大学成立科技园和TTO等政策措施为大学参与创新提供了更为顺畅和有效的渠道。与此同时,提高研发人员成果转化收益分配比例等鼓励大学生和大学研发人员将研发成果市场化的政策举措,则进一步刺激了研发人员的应用性研发热情。

在我国,一方面,随着新的《中华人民共和国促进科技成果转化法》实施,对大学研发人员及团队的激励由不低于转化收益的20%提高到了50%,北京和上海等省市则提高到了70%;另一方面,随着《深化科技体制改革实施方案》等文件的出台,对大学教师和学生创办企业的激励也在大幅提升,其中,明确鼓励大学为此类教师保留职位和相关待遇3—5年,对在校的创业学生保留学籍。此外,对职称评定的改革也在推进,上海和广东等省市的地方政府已经试点职称评定分类改革,制定技术转化岗位职称评定办法。

大学越来越多地参与到创新活动中,政策也倾向于激励大学的此类活动。在创新驱动发展的重要时期,大学在创新中扮演的角色更加重要。但在当下的经济和社会环境下,激励大学参与创新的同时会不会损害其自身的教学、科研功能,政府的政策又应该在哪些方面加以完善以避免此类问题的发生,这些问题都亟需研究。

6.2 大学与产业创新和区域发展

20世纪60年代以来,在产业发展和区域发展层面,大学的作用更加明显,相关学术研究和政策研究也逐步增加。虽然实证研究在一些方面尚未达成共识,但在大学研发及其成果对产业发展和区域发展的积极作用方面基本得到了一致结论。

6.2.1 大学与产业创新

大学对产业创新的影响可以有多种渠道,合作研发和知识扩散是两条重要渠道。相关研究发现这两条渠道正变得愈加"繁忙"。

在论文合著方面,英美等国的实证研究发现,产业界和大学合著的论文比例显著提升。Calvert & Patel(2003)对基于英国22 000多篇论文的研究发现,1981—2000年间,英国产业界研发人员和大学研发人员合著论文增长了三倍,在所有产业界发表的论文中,与大学合著的比例从20%提高为47%;由大学发表的论文中,产业界参与的比例也从2.8%增长到4.5%。Hicks & Hamilton (1999)对美国的研究发现,1981—1994年间,由大学和产业界研发人员、合著的论文数量增加了两倍多,增速远超同期论文总量的增长。

在产业界使用大学的研发成果方面,相关研究并未取得一致结论。虽然有很多著名的企业(如谷歌等)都是大学研发成果衍生出的企业,但 Zucker et al. (2002)的调查结果表明,除了生物医药等少数行业,在大多数产业,大学的研发成果对于企业产生新的研发项目基本无影响,企业内部新设立研发项目的动力主要来自消费者或者产品制造过程。而对于医药行业,大学的研发成果经常导致产业建立新的研发项目。Cohen & Fields(1999)的进一步研究发现,在产业研发与大学研发的关联方式中,研究出版物和面对面的会议交流是最重要的知识扩散方式,而合作的研发项目、专利许可等方式相对作用较弱。

6.2.2 大学与区域发展

许多国家都希望从大学的研究中增加经济回报,尤其是地方政府。而以大学科技园等形式促进创新企业集聚于大学周围是获取经济回报的重要方式。虽然相关的实际案例信手拈来,但相关的实证研究却显示出不一样的结论。

在促进形成高技术集群方面,相关的研究并未取得一致结论。很多研究都表明,以硅谷及波士顿128号公路所代表的高新技术产业集群和创新创业集群正主要得益于这两个地区所拥有的著名大学。但 Mowery et al.(2004)认为,目前还没有证据能够表明政府的区域创新政策能有效地促进这些集群的产生,因为有很多研究型大学周围并未产生这样的集群;同时,在很多试图复制"硅谷模式"的地区,结果也是喜忧参半。

在大学科技园(或者科学园)方面,相关的实证研究也未取得一致。虽然很多国家都试图通过采用大学科技园的形式促进大学知识的溢出和转化,但是很少有证据表明大学科技园对于提升企业创新能力有影响。Felsenstein(1994)的研究发现,大学科技园内的企业并没有比园外的企业显著更具有创新性。但 Jaffe et al.(1993)却发现,如果以引用为指标,美国大学学术研究更容易被本地区的专利所引用。

针对不同地区围绕大学的知识溢出而产生的不同效果和技术集群,学者已经提出了相关解释。Casas et al.(2000)认为,在知识空间临界质量的实现,已经被认为是实现以知识为基础的区域经济发展的必要条件。美国的主要大学基本分布在东、西海岸,这与其今天的高科技产业区也在这些区域有着重要联系。共识空间的典型案例来源于美国新英格兰高等教育委员会(以下简称"新英格兰委员会")。在区域经济不景气时期,新英格兰委员会将大学、企业和政府三方代表召集在一起,共商对策。经过讨论,委员们认为该区域的能力和资源过于局限在产品开发上。在经济下滑时,活力消失,实业衰退和企业倒闭的问题便暴露出来。因此,依靠大学形成和发展新企业成为共识,区域的发展焦点发生变化。创新空间的出现是为了弥补创新活动的缺口,同时推动共识空间战略的实现,新英格兰委员会在创新空间中通过发明风险投资公司找到了实现目标的组织机制。在有些科技园,创新活动很少发生,人们简单地认为只要建了一个这样的园子,高新技术企业就会奇迹般地出现在里面,即便此时没有足够的知识基础。

6.3 大学创新活动绩效的影响因素(专利转化视角)

大学参与创新活动的方式有多种,包括与企业合作研发、培养人才、与企业交流信息、技术许可和创办企业等。由于数据可得性问题,已有实证研究文献主要集中于大学的技术转化方面。因此,本节集中梳理大学技术转化的相关研究。其中,专利转让是大学技术转化的主要方式之一,也是创新性知识和技术成果向现实生产力转化的重要方式。

与美国相比,我国大学专利转让率相对较低(叶静怡等,2014),这是多年来一直困扰我们的一个问题。近年来我国大学专利申请量和授权量增长迅速,但专利转化率却没有相应提高,这使得大学技术转化问题变得更为突出。那么,是什么影响和制约着大学专利技术的转化呢?已有实证文献主要从研发投入、转化投入和制度设计三方面对此展开研究。

6.3.1 研发投入与技术转化

对大学发明、发现和技术成果的形成产生重要影响的研发投入(包括经费投入和人员投入)是否对这些成果的转化也有重要的作用?国外实证文献从不同角度对这一问题进行了研究,得到了肯定的结论。Rogers et al.(2000)利用 1996—1997 年美国 131 所研究型大学的数据研究后发现:教员数量和研发经费投入(无论是来自企业的还是来自政府的)与大学技术许可量和许可收入之间均存在正向关联。Mowery & Ziedonis(2001)使用加利福尼亚大学、斯坦福大学和哥伦比亚大学三所学校 1980—1990 年的数据,考察了生物技术专利与企业需求和资助之间的关系,发现来自企业界的重视和资助是大学技术许可活动增加的主要原因之一。O'shea et al.(2005)综合使用美国专利及商标局(US-PTO)、美国国家科学基金会(NSF)和大学技术管理者协会(AUTM)的数据对美国大学的研发投入和大学衍生企业(spinoff company)的数量进行了研究,研究显示,大学研发经费投入和人力投入对大学衍生企业的数量有显著的正向影响,同时,政府的研发资助也起到了显著作用。但关于中国大学研发投入与技术转化方面的实证文献却存在一定程度的分歧。

首先,在研发经费投入与技术转化的关联上存在分歧。饶凯等(2012)使用中国大学省级面板数据(2003—2010年)研究了政府研发投入对大学技术转让合同数量和收入的影响,发现前者非常显著地促进了后者的增长。在该项研究的基础上,饶凯等(2012)使用地方大学的省级面板数据,引入企业和大学自身经费投入变量,不仅考虑了政府,而且考虑了企业和大学自身研发投入的影响,发现三者对大学技术转化均有促进作用。由于上述两项研究中所用的投入变量、技术转移合同变量和收入变量采用的是同期数据,这与研发投入和技术转化之间存在时差的现实情况不符,因此其研究结论的可靠性值得商榷。另外,即使不考虑其数据处理的得当性问题,这些研究基于省级层面的加总数据,缺少大学层面的信息,其结论不能推广到大学层面。周凤华和朱雪忠(2007)基于2000—2004年《高等学校科技统计资料汇编》数据中58所"211"学校数据的研究并不支持饶凯等(2012)的结论。其研究显示:政府研发经费投入只对大学专利申请量有重要影响,而对专利授权量和转化量没有显著影响。虽然周凤华和朱雪忠(2007)用取历年均值的方法对研发投入及技术转化之间的时差进行了处理,但经这样处理后的样本量降低到58个,这有可能引发小样本问题,从而导致某些变量的影响变得不显著,而此研究中恰恰诸多变量的影响不显著,因此,其结论是否会因样本量的增加而改变有待进一步检验。王权赫等(2012)以专利合同收入度量大学技术转化,利用2006—2010年中国50所理工科大学的面板数据所做的研究发现,研发经费投入和人力投入量对专利合同收入没有显著影响,这与周凤华和朱雪忠(2007)的结论基本一致。但这项研究同样存在对投入与转化取同期数据的问题。另外,上述研究均没有考虑大学制度等隐性因素(如收益分配等激励制度)的影响,有可能错估研发投入的作用。

其次,在研发人员投入与技术转化的关联上存在分歧。饶凯等(2013)发现研发人员的数量可显著影响许可合同的数量,但是周凤华和朱雪忠(2007)、王权赫等(2012)却发现,研发人员的数量对许可合同数量没有显著影响。上述研究得出不同结论的可能原因有:其一,研究所使用的数据层面不同,饶凯等(2012)使用的是省级层面数据,周凤华和朱雪忠(2007)、王权赫等(2012)使用的是学校层面数据;其二,正如前面所指出的,这些研究在数据处理上均存在一定的局限,这些局限有可能造成结论的差异。

6.3.2 转化投入与技术转化

TTO是许多欧美国家大学技术转化的运作载体,而TTO的财力和人力投入影响着大学技术成果的转化。Swamidass & Vulasa(2009)将调研数据与1995—2004年的AUTM数据结合,研究TTO投入与大学技术转化之间的关联,他们指出:美国大学的专利许可收入占研发支出的比重一直较低的重要原因是,TTO缺乏高素质的员工和充足的资金支持,这导致TTO既不能有效地帮助学校对已经形成的技术进行专利申请,也不能有效地将技术营销给企业,最终导致大学的许多发明和技术不为业界所知,大量研发投入难以取得相应的许可收益。还有一些文献研究发现,TTO的职员数量、职员薪酬和经验积累均对大学的技术许可具有显著影响(Markman et al.,2004)。

基于中国样本的研究并没有取得一致结论,周凤华和朱雪忠(2007)发现,技术转化人员投入量与经费投入量对专利技术转化量及收入都无显著影响,饶凯等(2013)则发现,技术转化人员数量与许可合同数量和收入之间存在显著的正向联系。正如我们在上一部分所指出的,由于这两项研究所用数据和变量不同,且在变量和数据处理上存在值得商榷的地方,因此我们无法确定他们的研究结论中哪个更可靠。

6.3.3 制度等隐性因素与技术转化

除研发投入和转化投入外,大学的技术能否成功地许可或转让给企业,还受到诸如大学自身的传统、声誉、制度设计及与业界的联系等多种因素的制约。其中,制度设计(如机构设置、利益分配机制、产权和薪酬激励等)尤为重要(Rothaermel et al.,2007)。Macho-Stadler & Pérez-Castrillo(2010)构建了一个声誉模型,证明了大学建立TTO的重要作用。他们认为,TTO的建立一方面可以将学校内部分散的实验室技术成果集中起来,在量上形成一定的优势并创造出该校创新能力较强的声誉;另一方面其放弃转化的技术总量与单个实验室相比也会增加,这会使得人们认为该校进行转化的都是好的技术成果,形成该校技术优良的声誉;上述两种声誉的结果是减少了买方对技术价值预期的不确定性,进而提高许可专利谈判时的价值,增加技术许可收入。Debackere & Veugelers(2005)以比利时鲁汶大学为案例,发现透明的制度设计、明晰的产权,以及对个人和团队研究采取有区别的激励机制等,是一所大学能够将技术成果进行有效商业化的重要影响因素。González-Pernía et al.(2013)基于西班牙2005—2008年62所大学的专利许可和大学衍生企业数据的研究发现:大学TTO职员的经验和专业背景、学校对知识产权管理规则和技术衍化规则的明确化,都会显著影响大学技术转移的效果。

国内学者郑永平等(2004)在介绍和总结美国大学技术转化经验的基础上,指出我国大学在技术转化方面落后的主要原因之一是转移机构建设和激励制度设计等方面的不完善;刘泽政和傅正华(2010)、王瑞敏等(2013)都认为改变"唯论文至上"的教师评价机制,可以激励教师将更多的精力致力于技术开发和转化;李小丽(2012)以(武汉纺织大学)高效短流程嵌入式复合纺纱技术成功转移的案例为依据,归纳出对推进大学技术产业化具有关键作用的制度,其中包括建立有效的发明人激励机制、技术评估机制,以及政府加强对风险投资发展的引导和支持机制。叶静怡等(2014)基于中国大学2000—2012年的数据,以专利出售量度量技术转化水平,估计了研发投入、转化投入和制度等隐性因素对大学技术成果转化的影响。研究发现,制度和激励等隐性因素,包括转化机构设置、利益分配机制、产权明晰与否和薪酬激励等,是影响我国大学技术转化的重要原因,大学的制度和激励等隐性因素不仅直接影响大学技术转化,而且会通过影响大学研发投入和转化投入作用的发挥,间接影响大学的技术转化;此外,与经费(研发经费和转化经费)投入对大学技术转化具有显著作用不同,人力(研发人力和转化人力)投入对技术转化并不具有显著影响。因此,现阶段,与增加投入相比,改善技术转化专职人员的结构和素质,完善激励相容的转让制度,将对改变我国大学技术转化率低的现状产生更大影响。

6.4 大学参与创新的争议

随着大学在知识创新中的作用逐渐增强,其与企业的联系日益密切。一方面,政府和大部分公众对大学参与创新的关注及需求越来越高;另一方面,大学也开始关注管理和保护自己的知识产权,甚至直接创办企业(Martin,2003)。

毫无疑问，大学参与创新，有利于推动技术的进步，但密切与私人部门的联系及学术商业化也会引发一些问题。在个人层面，学术商业化使得研发人员面临基础研究与具有商业潜力的研究之间的权衡取舍，换句话说，对潜在商业价值的追求可能导致研发人员的研究方向和偏好发生变化，进而影响正常的基础研究和教学工作。在系统层面，大学对商业利益的关注引发其对知识产权保护的增强，进而损害大学研发成果作为公共品推动社会技术进步的作用（Foray & Lissoni，2010）。

6.4.1 个人层面的冲突

一个教员在学术生涯中将发明去申请专利并不是一个自然而然的激励，而学术声誉及独自解决问题的能力才是其学术生涯的目标。因此，盈利刺激在这一阶段不能很好地发挥作用。为此，很多大学设置了一些制度和规范来激励教员披露其发明（如强制披露义务、技术审计等），以避免好的发明被埋没。但是，在技术转移的后续阶段，可能更加需要类似激励。这缘于：一方面，企业需要相关的教员帮助识别相关技术，这种联系一般建立在私人网络中，通过教员个人与企业的良好联系实现，而具有市场机制的 TTO 在这种情况下，并不能很好地起作用（Thursby & Thursby，2002）；另一方面，教员的参与对于技术的进一步开发至关重要，尤其当许可合约中的技术处于早期阶段时，这是由于教员具有该项技术的专业知识，而这些知识可能很难通过可编码的转让合约转移给企业（Zucker & Darby，1996）。

学术研究人员可以从业界获得研究资助、仪器设备，甚至有兴趣的研究议题，但是商业在学术圈的扩张也会导致学术资本化趋势。近些年，随着专利和出版电子数据的使用，计量方法开始用于研究商业利益对学术研究的作用。学术发明家一般在学术发表和专利发明方面都超过其他的非发明家，但这种现象，究竟源于个人能力的差异，还是源于学术发明家通过专利许可获得了业界的大量资源和资金以便于进一步开展研究，是个值得研究的问题。现有的研究使用处理效应的方法都未能否定专利获取可以提升研发人员生产力的假设。但是，其中依然存在内生性问题。另一些研究也发现，学术发明家的学术成果引用率和基础性都要强于非发明家。

6.4.2 系统层面的冲突

将政府资金资助的研究成果的所有权和处置权交给大学,大学再进行知识产权的保护和许可,有助于吸引企业资助大学的研究,因为企业可以获得独占或者优先许可,避免了技术免费扩散损害其商业价值。但是,技术许可只是大学与业界互动的渠道之一,如果大学集中于专利的许可,则可能会堵塞其他的技术扩散渠道(Mowery & Sampat,2015)。

此外,技术许可还会加剧技术服务社会的目标与企业投资研发获取收益目标的体制冲突(Cockburn & Henderson,1998)。这种制度冲突在科研仪器、设备及数据等的专利保护和独占许可方面表现得尤为严重。对科研仪器、设备和数据等进行专利保护会大大提高他人的研究成本,很多人因此而放弃或中断研究。此外,不同的专利授权或者许可给不同的人或机构,也导致了知识技术的碎片化。科学研究是一个累积的过程,因此,能够获得同行们的研究数据、研究工具等显得非常重要。而与业界的联系,尤其是接受业界的资助或者联合研究,可能导致这些资源的公开程度下降,这一现象在医学领域尤为明显。

Heller & Eisenberg(1998)的研究认为,20世纪80年代的专利行为损害了早期阶段的生物研究,这是由于研究必需的仪器设备因设备发明方的独占和商业利益而不能被所有的研究者免费或低价获取。这种现象后来被称为"反公地悲剧",即由于需要太多的许可才能访问公共资源,导致使用者的成本大幅提升,阻碍了研发活动。Blumenthal et al.(1996)通过问卷的形式调查了美国50所大学的2 000名医学研究人员,其结果显示,平均而言,接受业界资助的研究人员的产出高于没被资助的人员产出,但是,产出最高的研究人员是接受资助最少的那部分人。此外,大约1/10的被访者都曾经拒绝过同行的数据或者实验结果请求,这一比例在遵守与业界的保密要求的研究人员中比例更高。Campbell et al.(2002)对美国100多所大学的基因研究人员的调查显示,有一半的研究人员曾经遇到过被拒绝获取其他研究人员的数据和实验结果的情况,这一方面缘于商业利益,另一方面缘于占先发表论文的需要。但是基因领域比一般医学领域遭遇数据和结果获取拒绝比例更高,可能恰恰缘于基因研究的经济价值更高。Blumenthal et al.(1996)的进一步研究发现,与商业的联系会正向影响数据保密,但同时,导师的建议、研究人员的性别和发表经历等也是其影响因素。总之,与业界的联系会导致研究成果的公共性遭到损害,但这一结果可能并不稳定,因为很难将其与发表论文竞赛的影响区分。Walsh et al.（2005）发现当接受业界资助的时候,数据保护行为更容易发生,但专利活动对数据保护没有影响。专利活动不会影响数据保护的原因可能在于,研究人员既想通过专利保护自己的研究成果和获取收益,又想与同行保持良好的关系,以便于获取同行的研究成果或者数据,因此其往往在申请专利之外,会保留一部分的公共开放数据和结果供同行获取(Cassier & Foray, 2002)。然而,将学术成果专利化依然会阻止其他同行进入该领域,因为他们担心受到侵犯财产权利的指控（尤其当专利被许可收取高额许可费之后）。Murray & Stern（2007）使用自然实验的方法研究发现,获得专利对于与该专利相对应的学术发表的引用率有显著的负向影响,虽然影响有限。Fabrizio（2007）也发现,随着大学专利活动的增多,学术专利的引用率正在下降。

总之,从目前的实证研究来看,个人层面的争议并未取得一致意见,而且大部分的实证研究都认为技术许可等商业行为并未对大学的研发取向和研发人员的研究偏向产生显著影响。但是系统层面的冲突,尤其是学术资本化导致的大学研发成果公共品属性下降的趋势却得到了一些实证研究的证实。如何在激励研发人员和维护企业利益的同时,尽量保持大学研发成果的公共品属性,还需要进行深入的研究。

6.5　本章小结

本章从创新理论的演进出发,通过对相关理论和实证文献的梳理,集中讨论了大学在创新中的作用。当然,本章的讨论是不完全的,但即便如此,也可以描绘出大学参与创新的一般轮廓,从而给出大学在知识经济时代的重要作用的一般性认知。在梳理和检讨过程中,结合我国的政策现状和取向,我们认为有以下几点需要加以关注。

一是大学在创新中的作用越来越重要。无论从理论层面还是实践层面,大学在国家创新和经济发展中的地位都越来越重要,各国也都在激励大学参与创新活动。三螺旋理论甚至认为大学作为知识生产的核心力量,在知识经济时代将起到主导作用。一系列的实证文献也在证明大学研发溢出效应的存在及大学与企业联系的日益密切。从传播知识到研究与培养知识型人才并重,再到加入培养创新人才的角色定位,大学在社会创新和经济发展中的作用越来越重要。

二是大学在研发和技术转化方面的商业化存在争议。在个人层面,大学与企业的良好联系或者技术的顺利转化需要研发人员在发明披露、合作者识别及技术的进一步开发中付出一定的精力,这些会潜在地分散其学术注意力。在系统层面,企业支持和鼓励职务发明的目的是获得独占许可权,但这会削弱知识开放共享的社会属性,且知识产权保护会导致知识碎片化。目前的实证研究,并未证实存在个人层面的冲突,但系统层面的困境已经在实证文献中被发现。

三是我国的相关研究还比较匮乏,亟须在数据收集方面实现突破。一方面,我国正处于科技体制变革的密集期,在技术成果转化和专利实施方面都有新的或者即将有新的法律变革出现,其政策取向是促进大学科研成果所有权等权利向研发人员转移(如新的专利法草案将职务发明的范围大大缩小),鼓励研发人员创业(如新的《促进科技成果转化法》将分配给研发人员的转化收益奖励比例提高到不低于50%)。此外,上海、广东等地已经试水将科技成果转化工作岗位纳入职称评定等。可以说,在促进技术成果转化的制度层面,我国甚至走在了美国的前面。那么,由此会不会带来和美国同样甚至更严重的问题(例如分散研发人员教学研究精力、基础研究转向应用研究,以及危害大学研究成果的公共品属性等)?另一方面,我国科技成果转化情况一直不乐观,具体的原因究竟出在哪里,我国大学的TTO运转情况到底如何,对这些问题还没有相关深入的研究。其中,最重要的问题之一就在于实证研究需要数据支撑,而我国在这些方面的数据采集与开放工作做得还远远不够。大数据时代,数据采集技术已经不是问题,因此,相关部门应该在收集和开放数据方面有所作为,这对寻找大学技术转化的症结,以及评估制度变革带来的影响都至关重要。

参考文献

[1] 郭东妮:"中国高校技术转移制度体系研究",《科研管理》,2013年第6期,第115—121页。

[2] 李小丽:"大学技术转移成功影响因素研究——以高效短流程嵌入式复合纺纱技术转移为例",《科技进步与对策》,2012年第2期,第22—25页。

[3] 刘泽政,傅正华:"地方高校技术转移影响因素分析",《科学管理研究》,2010年第3期,第26—29页。

[4] 饶凯,孟宪飞,Piccaluga Andrea:"政府研发投入对中国大学技术转移合同的影响——基于三螺旋理论的视角",《科学学与科学技术管理》,2012 年第 8 期,第 76—83 页。

[5] 饶凯,孟宪飞等:"研发投入对地方高校专利技术转移活动的影响——基于省级面板数据的实证分析",《管理评论》,2013 年第 5 期,第 144—154 页。

[6] 饶凯,孟宪飞,于晓丹:"科技人力资源因素对中国地方大学专利申请——专利许可的影响",《中国科技论坛》,2013 年第 4 期,第 135—141 页。

[7] 王权赫,吴巨丰等:"可量化资源因素与理工科高校技术转移产出的相关性研究",《科技管理研究》,2012 年第 9 期,第 88—93 页。

[8] 王瑞敏,滕青,卢斐斐:"影响高校专利转化的因素分析和对策研究",《科研管理》,2013 年第 3 期,第 137—144 页。

[9] 叶静怡,杨洋,韩佳伟等:"投入、隐性因素与大学技术成果转化——基于中国大学专利出售数据的实证分析",《经济科学》,2014 年第 5 期,第 103—117 页。

[10] 郑永平,党小梅,吴荫方:"美国高校技术转移工作的成功经验及其对我国高校的启示",《科技进步与对策》,2004 年第 7 期,第 109—110 页。

[11] 周风华,朱雪忠:"我国大学发明不同归属专利权维持特征分析",《华中师范大学学报(人文社会科学版)》,2007 年第 6 期,第 35—42 页。

[12] 周风华,朱雪忠:"资源因素与大学技术转移绩效研究",《研究与发展管理》,2007 年第 5 期,第 87—94 页。

[13] Blumenthal, D., E. G. Campbell, N. Causino, et al., "Participation of life-science faculty in research relationships with industry", *New England Journal Of Medicine*, 1996, 335(23): 1734—1739.

[14] Bush, V., "Science: The endless frontier", *Transactions of the Kansas Academy of Science*(1903), 1945: 231—264.

[15] Calvert, J., and P. Patel, "University-industry research collaborations in the UK: Bibliometric trends", *Science & Public Policy*, 2003, 30(2): 85—96.

[16] Campbell, E. G., B. R. Clarridge, M. Gokhale, et al., "Data withholding in academic genetics: Evidence from a national survey", *Jama*, 2002, 287(4): 473—480.

[17] Casas, R., R. De, Gortari, and M. J. Santos, "The building of knowledge spaces in Mexico: A regional approach to networking", *Research Policy*, 2000. 29(2): 225—241.

[18] Cassier, M., and D. Foray, "Public knowledge, private property and the economics of high-tech consortia", *Economics of Innovation and New Technology*, 2002, 11(2): 123—132.

[19] Cockburn, I. M., and R. M. Henderson, "Absorptive capacity, coauthoring behavior, and the organization of research in drug discovery", *The Journal of Industrial Economics*, 1998,

46(2): 157—182.

[20] Cohen, S. S., and G. Fields., "Social capital and capital gains in Silicon Valley", *California Management Review*, 1999, 41(2): 108—130.

[21] Debackere, K., and R. Veugelers, "The role of academic technology transfer organizations in improving industry science links", *Research Policy*, 2005, 34(3): 321—342.

[22] Etzkowitz, H. *The Triple Helix: University-Industry-Government Innovation in Action*. New York: Routledge, 2010.

[23] Fabrizio, K. R., "University patenting and the pace of industrial innovation", *Industrial and Corporate Change*, 2007, 16(4): 505—534.

[24] Felsenstein, D., "University-related science parks 'seedbeds' or 'enclaves' of innovation?", *Technovation*, 1994, 14(2): 93—110.

[25] Foray, D., and F. Lissoni, "University research and public-private interaction", *Handbook of the Economics of Innovation*, 2010, 1: 275—314.

[26] Gibbons, M., *The New Production of Knowledge: The Dynamics of Science and Research in Contemporary Societies*. California: Sage, 1994.

[27] González-Pernía, J. L., G. Kuechlem, and I. Peña-Legazkue, "An assessment of the determinants of university technology transfer", *Economic Development Quarterly*, 2013, 27(1): 6—17.

[28] Heller, M. A., and R. S. Eisenberg, "Can patents deter innovation? The anticommons in biomedical research", *Science*, 1998, 280(5364): 698—701.

[29] Hicks, D., and K. Hamilton, "Does university-industry collaboration adversely affect university research?", *Issues in Science & Technology*, 1999, 15(4): 74—75.

[30] Jaffe, A. B., M. Trajtenberg, and R. Henderson, "Geographic localization of knowledge spillovers as evidenced by patent citations", *Quarterly Journal of Economics*, 1993, 108(3): 577—598.

[31] Leydesdorff, L., and H. Etzkowitz, "Emergence of a Triple Helix of university-industry-government relations", *Science and Public Policy*, 1996, 23(5): 279—286.

[32] Macho-Stadler, I., and D. Pérez-Castrillo, "Incentives in university technology transfers", *International Journal of Industrial Organization*, 2010, 28(4): 362—367.

[33] Markman, G. D., P. T. Gianiodism, P. H. Phan, et al., "Entrepreneurship from the ivory tower: Do incentive systems matter?", *The Journal of Technology Transfer*, 2004, 29(3—4): 353—364.

[34] Martin, B. R., "The changing social contract for science and the evolution of the universi-

ty", Science and innovation: Rethinking the rationales for funding and governance, Edward Elgar, Cheltenham, 2003: 7—29.

[35] Mowery, D. C., and A. A. Ziedonis, "The geographic reach of market and non-market channels of technology transfer: Comparing citations and licenses of university patents", National Bureau of Economic Research, 2001.

[36] Mowery, D. C., and B. N. Sampat, "Universities in national innovation systems", *The Oxford Handbook of Innovation*, 2005: 209—239.

[37] Mowery, D., R. Nelson, B. Sampat, et al., *Ivory Tower and Industrial Innovation: University-Industry Technology Transfer before and after the Bayh-Dole Act*. California: Stanford University Press, 2004.

[38] Murray, F., and S. Stern, "Do formal intellectual property rights hinder the free flow of scientific knowledge? An empirical test of the anti-commons hypothesis", *Journal of Economic Behavior & Organization*, 2007, 63(4): 648—687.

[39] Nelson, R. R, and N. Rosenberg, "Technical innovation and national systems", *National Innovation Systems: A Comparative Analysis*, 1993: 1—21.

[40] O'shea, R. P, T. J. Allen, A. Chevalier, et al., "Entrepreneurial orientation, technology transfer and spinoff performance of U. S. universities", *Research Policy*, 2005, 34(7): 994—1009.

[41] Rogers, E. M, J. Yin, and J. Hoffmann, "Assessing the effectiveness of technology transfer offices at US research universities", *The Journal of the Association of University Technology Managers*, 2000, 12: 47—80.

[42] Rosenberg, N., and R. R. Nelson, "American universities and technical advance in industry", *Research Policy*, 1994, 23(3): 323—348.

[43] Rothaermel, F. T., S. D. Agung, and L. Jiang, "University entrepreneurship: a taxonomy of the literature", *Industrial and Corporate Change*, 2007, 16(4): 691—791.

[44] Swamidss, Paul, M., and V. Vulasa, "Why university inventions rarely produce income? Bottlenecks in university technology transfer", *The Journal of Technology*, 2009, 34: 343—363.

[45] Thursby, J. G., and M. C. Thursby, "Who is selling the ivory tower? Sources of growth in university licensing", *Management Science*, 2002, 48(1): 90—104.

[46] Verspagen, B., J. Fagerberg, D. C. Mowery, et al., "Innovation and economic growth", In: *The Oxford Handbook of Innovation*. Oxford University Press, 2005.

[47] Walsh, J. P, C. Cho, and W. M. Cohen, "View from the bench: Patents and material

第六章 大学参与创新：角色变迁、成果转化与争议

transfers", SCIENCE-NEW YORK THEN WASHINGTON, 2005, 5743: 2002.

[48] Wise, E., and C. Høgenhaven, "User-driven innovation-context and cases in the nordic region", Nordic Innovation Centre, 2008.

[49] Zucker, L. G., and M. R. Darby, J. S. Armstrong, "Commercializing knowledge: University science, knowledge capture, and firm performance in biotechnology", *Journal of Theoretical Economics*, 2002, 48(1): 138—153.

[50] Zucker, L. G., and M. R. Darby, "Star scientists and institutional transformation: Patterns of invention and innovation in the formation of the biotechnology industry", *Proceedings of the National Academy of Sciences*, 1996, 93(23): 12709—12716.

第七章 企业创新调查：演变及其数据利用

企业创新调查[①]旨在系统地获得与企业创新相关的信息，以对企业创新能力进行全面监测评价，并探究影响企业创新的核心因素及创新的作用效果。企业创新调查不仅能够采集到企业研发投入、专利申请和授权等定量数据，还能够采集到企业创新战略制定、创新合作网络构建、创新激励措施等定性数据，由此能够极大地拓展对于企业创新的刻画及机理分析。

本章旨在梳理世界范围内主要的创新调查及其动态演变，试图对创新调查主题、内容的动态演变进行经济学角度的解释；进而梳理基于创新调查的官方及学术研究，并侧重于从学术研究角度对创新调查提出完善方案；最后阐释本研究对于我国创新调查的启示意义。

7.1 主要的企业创新调查

企业创新调查始于20世纪50年代。由英国科学促进协会推动，英国展开了第一次企业创新调查；受美国国家自然科学基金会资助，美国于20世纪60年代开启了第一次企业创新调查。随后，乌拉圭、挪威等国也开展了类似的调查。早期的企业创新调查具有鲜明的国别特征，在问卷问项、答项的设定不统一，致使调查数据缺乏国际可对比性。企业创新调查所遵循的基本规范手

---

① Hong et al.(2012)及 Mairesse & Mohnen(2010)认为需要区分两类企业创新调查。一类是标准的企业创新调查，另一类是补充性的企业创新调查。前者为创新量身定做的，聚焦于创新问题，侧重于全面性与系统性，典型的调查包括欧盟企业创新调查。后者包括两种：一种只涉及创新的某一方面（如美国企业创新调查）；另一种除了涉及创新的某一方面，还收集了企业其他方面的信息（如世界银行的投资环境调查及中国大中型企业创新调查）。

册——《奥斯陆手册》的出现及其完善,规范了各国的企业创新调查,也极大地增强了调查数据的国际可比性。《奥斯陆手册》由 OECD 编写、发布,第一版于 1992 年发行,经由 1996 年、2005 年及 2018 年多次改版,对创新的定义及其度量进行了完善,其包括的主要议题如创新的来源、作用效果、阻碍创新因素及模式等,均构成后续企业创新调查的核心内容。

企业创新调查并不局限于发达经济体。发展中国家在《奥斯陆手册》的基础上,做了一些适应性调整,编制了《波哥大手册》(Bogota Manual),作为企业创新调查的规范文本(Jaramillo et al.,2001)。发展中国家在企业创新调查中通常会添加吸收能力、技术能力及创新努力等指标,以反映创新赶超水平。

众多国家展开的企业创新调查中,最具代表性及影响力的当属欧盟企业创新调查(Community Innovation Survey,CIS)。相较而言,作为创新引领者的美国在企业创新调查方面的规范性、影响力方面均不及欧盟。我国作为一个力求实现经济赶超并愈加重视创新发展的国家,也实施过一些企业创新调查,并于 2015 年、2017 年和 2018 年展开了三次全国规模的企业创新调查。基于此,本章首先介绍目前影响最为广泛的企业创新调查——欧盟企业创新调查,并在下一部分介绍该创新调查的动态演变;其次介绍目前科技最为发达的美国的企业创新调查,最后梳理我国主要的企业创新调查。

7.1.1 欧盟企业创新调查

截至目前,欧盟及其成员是国际企业创新调查的领跑者。欧盟及其成员主导的欧盟企业创新调查在国际企业创新调查中占据非常重要的地位。在《奥斯陆手册》第三版之前,欧盟企业创新调查每四年开展一次,分别于 1993 年、1997 年、2001 年及 2005 年开展了四次调查;自 2007 年之后,欧盟企业创新调查每两年举行一次,且以最后一年命名,如 CIS 2008、CIS 2010、CIS 2012、CIS 2014 及 CIS 2016。

在诸多企业创新调查中,欧盟企业创新调查具有极强的国际号召力。表 7.1 表明,欧盟企业创新调查的体例不仅在欧盟成员国得到使用,也扩展到其他发达国家如加拿大、新西兰、日本,以及一些南美、东亚的发展中国家。

表 7.1　欧盟企业创新调查的全球影响力

国家和地区	企业创新调查实施情况
加拿大	CIS 体系,从属于"创新与商业战略调查",年度
新西兰	CIS 体系,从属于"商业运行调查",年度
日本	CIS 体系,2003/2009/2012
美国	独立体系,指标详尽,1957 年以来,年度
阿根廷、巴西、墨西哥、智利、哥伦比亚、乌拉圭、哥斯达黎加、古巴、巴拿马、秘鲁、多米尼加	CIS 体系,1995 年以来间隔 2—4 年调查一次
马来西亚	从参照 CIS 转向相对独立
印度	参照 CIS,2006 开始,年度
中国	CIS 体系,2006 实验性调查
中国台湾	CIS 体系,2001/2005/2007/2011

资料来源:甄峰(2014)表 3,本书作者进行了调整。

7.1.2　美国企业创新调查[①]

美国企业创新调查起源于 2008 年之前的产业研发调查(Survey of Industrial Research and Development);2008 年,调查方在产业研发调查的基础上引入更多调查问项,进一步扩展了调查范围,构成增强版的企业研发与创新调查(Business Research and Development and Innovation Survey,BRDIS)。此项调查是美国获取企业创新信息的主要渠道,由美国联邦统计局和国家科学与工程统计中心跨部门共同实施,调查的样本总体为全国范围内所有的制造业和非制造业企业,主要调查对象包括批发、零售及服务业、采掘、公用事业、建筑及制造业的所有企业。调查采用抽样方式,总体规模约 200 万家企业,样本规模约 45 000 家企业。其中,向约 5 000 家有研发活动的企业发放完整调查表,向约 40 000 家企业发放简要调查表。

美国企业创新调查的重点在于考察企业研发总体情况、研发资金来源、研发人员、研发活动类型(基础研究、应用研究和试验发展)、研发支出、研发支出类型、研发应用及其应用技术领域;涉及创新的指标包括企业在调查年度内是

[①] 更详细的讨论参阅 Hill(2013)及科学技术部研究课题《中美创新评价对比分析》。

否开展了产品或工艺创新、相对创新程度（市场新还是企业新）、工艺创新的具体类型（采用新的制造或生产方式、新的运输或配送方式、新的工艺支持方式）及创新带来的营业收入比重等。

7.1.3 中国企业创新调查

截至2017年，我国已实施的企业创新调查主要包括：1996年"六省市企业技术创新调查"、2007年"全国工业企业创新调查""第一次全国R&D资源清查"(2000)及"第二次全国R&D资源清查"(2009)，以及2014年、2016年"中国企业创新调查"(尹志锋，2017)。

1996年"六省市企业技术创新调查"是我国改革开放以来第一次大规模的企业创新调查。该调查由国家科学技术委员会（1998年改名为科学技术部）和中华人民共和国国家统计局（以下简称"国家统计局"）联合开展，调查对象包括1 738家国家级高新区企业及3 346家大中型工业企业，涉及辽宁省、江苏省、广东省、北京市、上海市及哈尔滨市6个地区的制造业企业；调查资料时期为1993—1995年。此次调查采用一般调查与典型案例调查相结合、定量与定性相结合的方法。调查主题包括企业基本情况、企业技术创新活动、技术获取和转让、技术创新费用、技术创新产出、技术创新中止的原因、企业技术创新信息及技术创新想法来源、企业家对技术创新的认知程度、企业家对政府创新政策作用效果的评价等方面。

2007年"全国工业企业创新调查"由国家统计局组织实施，是我国第一次全国范围的工业企业创新调查。此次调查采用全面调查和抽样调查相结合的方式，对大中型工业企业进行全数调查，对规模以上小型工业企业进行抽样调查。调查涵盖了国有企业，私营企业，港、澳、台商和外商投资企业等各种所有制类型的企业，覆盖各类制造业及电力、热力、燃气与水生产和供应业企业。调查的定量指标时期为2006年，定性指标时期为2004—2006年。调查的内容包括创新的基本情况、创新活动的规模及分布、创新经费投入及资金来源、创新活动的效果、拥有知识产权数量、企业进行创新的政策环境，以及企业家对创新重要性的认识程度等方面。

为全面了解研发资源的规模、结构及其地区、产业分布，我国分别于2000年及2009年开展了第一次、第二次"全国R&D资源清查"。其中，2000年"第一次全国R&D资源清查"由科学技术部等部委共同组织开展，调查范围为国民经济各行业中有科技活动的各类企事业单位。调查内容包括科技活动人员的数量、素质及分布,科技活动经费来源构成及使用,各类独立研究机构及政府部门、大学、企业内部设立的非独立研究机构的人、财、物状况,科学研究与技术开发成果,研发项目及其他科技项目基本情况等。2009 年"第二次全国 R&D 资源清查"由国家统计局、科学技术部等部委联合开展。此次清查的资料时期为 2009 年度,调查对象是国民经济中研发活动相对密集行业的法人单位,涉及农业、林业、牧业、渔业、采矿业、制造业、金融业等 14 个行业。清查的主要内容包括研发活动人员、研发经费支出、研发固定资产投资、各类研发机构设置、研发项目开展、知识产权拥有水平、技术获取及创新政策作用效果评价等方面。

2014 年"中国企业创新调查"是全国范围、问卷设计全面的企业创新调查。此次调查的样本量共计近 44 万家,其中规模以上工业企业 37.8 万家,特级及一级建筑业企业 0.9 万家,省级以上金融业企业 0.2 万家,其他服务业企业 5 万家。与国外企业创新调查及我国其他企业创新调查相比,2014 年"中国企业创新调查"具有如下特征:一是调查范围更为广泛。受访企业包括规模以上工业企业,特级及一级建筑业企业,限额以上批发和零售业企业,规模以上交通运输、仓储和邮政业,信息传输、软件和信息技术服务业,租赁和商务服务业,科学研究和技术服务业,水利、环境和公共设施管理业企业,省级及以上金融业企业;抽样方法选择方面,对规模以上工业企业、一级资质等级及以上的建筑企业和省级以上金融企业采取全数调查,对其他企业实施抽样调查,这在很大程度上保证了抽样的高覆盖性及可代表性。二是依产业、答题性质不同而分别设计问卷。此次创新调查充分考虑不同产业的创新差异,对工业、建筑业和服务业分别设计问卷;依据行业习惯及工作实践,有针对性地设计行业特性问题,采用"更接行业地气"的语言表述。同时,对反映企业实际创新情况的问题、反映企业观念及策略的问题进行区分,分设企业创新情况调查问卷及企业家调查问卷。三是实现与企业年报数据的无缝链接。定量数据及基于定量数据计算的指标信息均来自企业常规年报数据库,在问卷中不存在重复。其一方面保证了常规年报制度的持续性、完整性和相对稳定性,有利于实现定量数据的精准提取;另一方面极大地减少了企业的填报压力,有利于提升填报质量。四是填报内容更为丰富。相较于 2007 年"全国工业企业创新调查",2014 年的创新调查加入了对组织创新与营销创新的调查,以及创新合作情况、创新阻碍因素等内容,基本实现了与欧盟企业创新调查内容的全面对接。

与2014年的调查相比,2016年的调查范围增加了资质等级二级建筑业企业,减少了金融业企业,并将调查范围扩展至规模以下企业。规模以下企业包括规模以下工业企业,规模以下交通运输、仓储和邮政业,信息传输、软件和信息技术服务业,租赁和商务服务业,科学研究和技术服务业,水利、环境和公共设施管理业企业。与规模以上企业相比,不包括建筑业、批发和零售业。

2016年"中国企业创新调查"对规模以上企业采用全数调查方法,创新调查样本共计72.6万家。其中,规模以上工业企业37.9万家,特级、一级、二级总承包和专业承包建筑业企业4万家,限额以上批发和零售业企业19.3万家,规模以上重点服务业企业11.4万家。对规模以下企业采用抽样调查与重点调查相结合的方法。对企业创新活动分布和创新类型等基本情况实施抽样调查;对创新资金和技术来源、创新合作、创新政策、创新成效、创新规划等相关情况实施重点调查。规模以下企业抽样调查有效样本量约5.4万家,重点调查有效样本量约1.9万家。此次调查的标准时点为2016年12月31日。调查的报告期为2016年度,与2014年调查相比,定性指标报告期长度由两年变为一年。

相较于2014年,2016年规模以上企业创新调查的基层表表式中,创新情况表新增了"企业家团队基本信息"一栏,与2014年调查只反映填表企业家信息不同,此次调查反映了被调查企业整个企业家团队的信息,对企业家的认识更为全面。2016年企业家问卷删除了第六项"以下有关政策对贵企业开展创新活动的影响程度"中的"政府采购相关政策",新增"关于推进大众创业、万众创新的各项政策",在一定程度上体现了我国创新政策的新变化。

7.2 企业创新调查的历史演变:以欧盟企业创新调查为例

7.2.1 欧盟企业创新调查基本背景

欧盟企业创新调查的具体实施主要遵从两个指导文件。一是1963年出版的《弗拉斯卡蒂手册》(Frascati Manual)。该手册对研发及其相关指标的度量做了规范性的定义。随着创新理论的发展及现实中人们关于创新内涵认识的不断扩展,该手册做了与时俱进的修订,目前已更新至第六版。二是基于《弗拉斯卡蒂手册》发展出的《奥斯陆手册》。该手册对创新的概念、测量、调查程序等进行了缜密的定义和说明,成为欧盟开展企业创新调查的指导文件,并在调查实践中不断完善。《奥斯陆手册》较为清晰地定义了以企业为主要对象的创新测度方法,完整定义了企业创新的四种类型,包括产品创新、工艺创新、组织创新和营销创新,同时强调企业与外部主体,包括其他企业、大学和科研机构组建创新网络,强调企业组织与制度结构及需求对于企业创新的拉动作用(Arundel & Smith,2013)。

在《奥斯陆手册》的指导下,欧盟于 1993 年组织了第一次企业创新调查(CISI),并逐渐确立了每 2—4 年进行一次的常规调查。从调查的组织来看,欧盟统计局主要发挥协调作用,各调查参与国的官方统计部门具体负责本国调查实施。由于国情不同,各国可根据自身特点和需求,在保证样本代表性和内容一致的前提下,对调查采取差异化处理方案。

欧盟企业创新调查的目标总体是欧盟产业分类中的 A 类至 M 类企业,即从农业到科技活动服务类企业,不包括行政、公共管理与国防、教育、健康、家政等服务行业。抽样方法各国不尽相同,大国按照产业、地区和规模进行分层抽样,以企业规模为参考;小国则多采用普查法。作为自力统计的一部分,欧盟企业创新调查的调查过程在抽样框确立、抽样方案、调查方法、质量评估、回访等过程有系统的质量控制(玄兆辉,2014)。

7.2.2 欧盟企业创新调查的新近发展及内容概览:以 CIS 2012 为例

通过剖析 CIS 2012 问卷可以发现,一项典型的企业创新调查通常包括如下几部分:第一部分询问企业一些基本信息;第二部分通过询问企业有关创新参与情况的问题,进而确定企业是否为创新者;企业如果对于第二部分关于创新参与情况问题中的至少一项的回答为肯定的,则需要填写接下来的追加信息,这些追加信息从数据形式来看,包括分类、二元及连续形式的信息。

本文以 CIS 2012 为例,对企业创新调查所涉及的主题与内容进行介绍。CIS 2012 采集的是 2010—2012 年企业的创新活动信息。问卷对于创新的定义包括新的或有明显改善的产品、流程、组织方法或市场方法,既包括企业自有的创新,也包括购入的创新。

问卷的内容包括 12 个部分,分别为:企业的基本信息、产品和服务创新、工艺创新、正在进行或即将停止的产品和工艺创新活动、产品和工艺创新活动及支出、产品和工艺创新的信息来源及外部合作、企业产品和工艺创新竞争力、组织创新、市场创新、公共采购及创新、实现企业目标的战略及阻碍因素、企业的

第七章　企业创新调查：演变及其数据利用

基本经济信息。

具体而言,企业的基本信息主要包括如下几个方面:企业名称、地址、邮政编码、主营业务,2012年企业是否隶属于企业集团(如果有,企业集团所在国家),2010—2012年企业是否发生并购、是否销售或外包部分业务、是否在欧盟内或欧盟外成立新的分支机构,2010—2012年企业产品或服务覆盖的地理范围(当地、全国、其他欧盟成员国、其他国家)及业务最大的地区。

问卷将产品服务创新定义为向市场引进一种新的或对既有产品与服务在能力、使用的友好性方面具有显著改善的创新。相应的问项包括:2010—2012年是否引进一种新的产品与服务,产品服务创新的开发主体(企业自身、与其他企业或机构合作、基于其他企业产品或服务的改进、其他的企业或机构)、创新产品或服务的相对新颖程度(对市场而言为新或对企业而言为新)、新产品销售额占总销售额比重、创新产品或服务的领先性(国内领先、欧洲领先、世界领先),以及世界领先产品销售额占总销售额的比重。

问卷将工艺创新定义为实施一种新的或具有显著改善效果的生产过程、分配方法或支持活动。对于该类创新,调查方只要求其对于企业而言为新即可,创新可以源自企业内部开发,也可以购自外部。相应的问项包含:2010—2012年企业是否引入一种新的生产方法、分配方法、支持性活动(如保存系统、购买、财务或计算的操作系统),谁开发了这些工艺创新及工艺创新对市场而言是否为新。关于创新的中止部分,相应的问题为:2010—2012年企业的创新活动尚未带来产品与工艺创新,其原因在于该创新活动已中止,或者活动在2012年年底尚在进行中。

产品、工艺创新活动与支出方面包括的主要内容有:2010—2012年是否具有内部研发支出、外部研发支出,是否获得机器设备、软件及建筑物,是否从其他企业与机构获得知识,是否为创新提供培训,以及是否将创新引入市场。问卷进一步询问了2012年上述活动投入的资金额。为了能够反映政策对于创新的支持力度,调查还问及企业是否接受公共资金支持,如果有,这一支持是来自当地或地区的政府部门、中央政府部门还是欧盟。

CIS 2012高度关注创新的信息来源。调查询问企业是否从如下渠道获得创新信息,包括企业或企业集团内部、市场(供应商、消费者、竞争对手、咨询机构及商业实验室)、教育及研发部门(大学及其他高等教育机构、公立与私立的研发机构)、其他(会议、科学杂志、行业协会),并要求企业回答这些信息来源的相对有效性。与此同时,调查还涉及企业是否与其他机构进行合作创新,以及合作对象的类型(企业集团中的其他企业、原料供应商、公立与私营的产品购买者、产业内的竞争对手、咨询机构及商业实验室、大学及其他高等教育机构、政府研发机构)及合作方的地理分布特征(国内、其他欧盟成员国、美国、中国、印度、其他国家)。

CIS 2012 同时关注企业产品与工艺创新的可收益性,要求企业选择哪种方式能够将企业的创新优势转化为竞争优势——这些可收益方式包括专利、设计登记、版权、商标、领先优势、产品与服务的复杂度、商业秘密——并进一步询问上述可收益方式的相对有效性。

组织创新与营销创新是 CIS 2012 所关注的另外两类重要创新。其中,组织创新被定义为一种新的组织方式,包括知识管理、工作组织或一种从未被使用过的外部关系。它必须是管理部门的战略决策,并排除并购操作。相应的问项为:企业在 2010—2012 年是否引入一种新的组织模式、是否引入一种组织工作及决策的新方法、是否引入一种与其他企业及公共部门建立外部关系的新方法。调查将营销创新定义为是否对产品的美感设计或包装进行较大的改进、是否采用新的媒体与技术进行产品营销、是否采用新的方法进行产品替代或采用新的销售渠道,以及是否采用新的定价方法,并进一步询问了企业在 2010—2012 年是否引入上述营销创新。

CIS 2012 同时关注了政府政策支持对于企业创新的作用效果。相应的问项包括企业在 2010—2012 年是否获得商品或服务的采购协议,并将采购方区分为地方的公共机构与国外的公共机构,在此基础上进一步询问企业在政府采购协议中是否需要承担创新性活动。

CIS 2012 在问卷中进行了创新目标与阻力调查,即询问企业有何战略目标、策略,以及在趋近战略目标的过程中所遇到的问题。其待选的目标包括增加销售额、增加市场份额、减少成本、增加利润水平;涉及的策略包括开发欧盟内外新的市场、减少内部经营成本、减少采购成本、引入新的产品与服务、加强产品营销、增强组织的灵活性,以及与其他机构进行战略联盟;企业需要自评的阻碍因素包括强的价格竞争、强的产品质量、商誉或品牌竞争、缺少需求、来自竞争者的创新、竞争者的高市场份额、缺少高素质的员工、缺少金融支持、进入新的市场的高成本、满足政府规制的高成本。最后,企业还被要求填写一些基本的经营信息,包括企业在 2010—2012 年的销售额、平均雇用人数、雇用人员中获得高等教育学位所占的比例。

7.2.3 各年主题的变化及其解释

为了考察欧盟企业创新调查内容的动态演变,本文以 CIS 2012 的问卷作为基准,将历年的欧盟企业创新调查的主题进行了回溯梳理(见表 7.2)。

表 7.2 欧盟创新调查主题历年变化

企业创新调查	CIS 2012	CIS 2010	CIS 2008	CIS 2006	CIS Ⅳ	CIS Ⅲ	CIS Ⅱ	CIS Ⅰ	主题类型
调查年份	2010—2012	2008—2010	2006—2008	2004—2006	2002—2004	1998—2000	1994—1996	1990—1992	
基本信息	是	是	是	是	是	是	是	是	Ⅰ
产品创新	是	是	是	是	是	是	是	是	Ⅰ
工艺创新	是	是	是	是	是	是	是	是	Ⅰ
正在进行或中止的产品和工艺创新活动	是	是	是	是	是	是	是	否	Ⅲ
产品和工艺创新活动与支出	是	是	是	是	是	是	是	是	Ⅰ
产品和工艺创新信息来源及创新合作	是	是	是	是	是	是	是	是	Ⅰ
产品和工艺创新的竞争力(知识产权)	是	否	否	是	否	是	是	是	Ⅳ
组织创新	是	是	是	是	是	否	否	否	Ⅲ
市场创新	是	是	是	是	是	否	否	否	Ⅲ
公共部门采购与创新	是	是	是	是	是	否	否	否	Ⅲ
实现企业目标的战略及阻碍因素	是	是	是	是	是	是	是	是	Ⅰ
企业基本经济信息	是	是	是	是	是	是	是	是	Ⅰ
创意与技巧	否	是	否	否	否	否	否	否	Ⅱ

（续表）

企业创新调查	CIS 2012	CIS 2010	CIS 2008	CIS 2006	CIS Ⅳ	CIS Ⅲ	CIS Ⅱ	CIS Ⅰ	主题类型
调查年份	2010—2012	2008—2010	2006—2008	2004—2006	2002—2004	1998—2000	1994—1996	1990—1992	
有利于环境的创新	否	否	是	否	否	否	否	否	Ⅱ
备注					组织创新与营销创新尚未独立	产品、工艺创新尚未独立		包含技术获取与转移、创新成本信息	

资料来源：根据历年欧盟企业创新调查问卷整理。

通过梳理，本小节将主题分为如下几类：

第一类是所有年份都需要调查的主题，如企业的基本经营信息、产品创新、工艺创新、产品创新与工艺创新活动及支出、创新信息来源及合作创新、实现企业目标的战略及阻碍因素。这些主题旨在获得企业的基本特征数据，同时刻画最为基本的创新类型（产品创新与工艺创新）及其特征（创新活动及其支出、创新信息来源与创新合作）。

第二类是只在少数年份调查的主题，其后不具有可持续性。如关于技术获取与转移、创新成本信息，只有 CIS Ⅰ 展开了调查；有利于环境的创新作为一个主题只在 CIS 2008 中出现；创意与技巧作为一个主题仅在 CIS 2010 中出现。出现这种情况的原因在于，在调查展开时，社会上对于某个问题较为关注，需要将其作为一个专题来进行聚焦研究，体现了一定时期的热点问题。

第三类是在某些年份才开始调查并稳定地作为一个主题持续下来的主题。最为典型的是组织创新与营销创新。这两类创新直到 CIS Ⅳ 才被作为重要主题确定下来，并在接下来的调查中反复出现。一个重要的原因是，相对于产品创新与工艺创新，组织创新与营销创新的重要性直到 2004 年的调查中才得到体现。该类主题还包括公共部门支持，其没有被纳入 CIS Ⅰ，自 CIS Ⅱ 被引入后，在接下来的调查均有涉及，表明这一问题对于政策与研究的重要性。

第四类是间断地出现在某些调查年份的主题，如关于知识产权（包括申请情况及作用效果）的调查，其在 CIS 2010、CIS 2008、CIS Ⅳ 中没有涉及，在其他年份的调查中均有不同程度的涉及,表明这个主题是一个受到长期关注的问题,但在短的时间跨度内,其信息更新变化相对较小,因此,适用于隔期调查。

与调查主题的动态变化一致,欧盟企业创新调查的内容与形式上也出现了一定程度的扩展。第一,在调查方式上,CIS 2008 之前的调查一直采用邮递的方式向企业发放调查问卷,而自 CIS 2008 开始,启用邮递和电子邮件两种方式发放问卷,企业可以选择填写纸质或者电子版问卷,增加了填报的灵活性。第二,在调查对象上,调查的样本范围呈不断扩大的趋势。譬如,CIS Ⅱ 的调查对象为就业人数超过 20 人的工业企业及就业人数超过 10 人的服务业企业,自 CIS Ⅲ 调整为员工人数超过 10 人的工业企业及服务业企业;在企业所属行业上,从 CIS Ⅱ 开始在工业企业的基础上,加入了对服务业企业的调查,CIS 2008 将其进一步扩大为对农业、林业等企业的调查。第三,调查内容发生了较大的变化。CIS Ⅰ、CIS Ⅱ、CIS Ⅲ 采用的是《奥斯陆手册》第一版中对创新的定义,即只调查企业的产品创新与工艺创新,不涉及服务创新;CIS Ⅳ、CIS 2008 则采用了《奥斯陆手册》第二版关于创新的定义,将创新调查范围扩展为产品与工艺创新、其他创新和非创新活动。进一步,CIS 2008 增加了营销创新及组织创新情况。第四,在调查问卷的内容设置上,CIS Ⅱ 针对工业企业和服务业企业分别设计了两种不同的问卷,但 CIS Ⅲ 将两套问卷进行了统一,增强了调查数据的可比性。

7.2.4 企业创新调查演变的内在逻辑

上一部分的分析表明,以欧盟企业创新调查为代表的企业创新调查具有鲜明的动态调整特征。一些新的创新内容被不断提出来(如引入组织创新与营销创新),一些主题则逐渐被放弃,有些主题则会隔年地出现在调查表中。本部分尝试探讨是哪些因素推动了企业创新调查的动态变化。本部分的观点在于,现实中创新的发展实践推动了创新理论的演进,进而推动了指导企业创新调查的《奥斯陆手册》发生改变,进一步推动了企业创新调查内容的调整。在这一过程中,基于创新的重要性及政府推动创新的努力,要求企业创新调查能够反映政府在企业创新过程中的作用。

7.2.4.1 现实中创新实践的扩展及创新理论发展

熊彼特对于创新的深刻洞见在一定程度上浓缩在他对于创新的广义定义

中,他将创新定义为,把一种从来没有见过的关于生产要素的"新组合"引入生产体系。这种新组合包括:引进新产品、引用新技术、开辟新市场、控制原材料新的供应来源、实现工业的新组织(熊彼特,1990)。其中,前两种可以归纳为产品创新与工艺创新(统称为"技术创新"),后三者逐渐演化为营销创新与组织创新。

早期的创新实践主要为技术创新,体现为出现技术上有变化的新产品及生产技术发生重大变化的生产方式创新。研究者们对于这类创新及其分类进行了深入研究。从技术节约要素使用的角度,将其区分为节省劳动的技术创新、节省资本的技术创新及中性的技术创新(Hicks,1932);从其创新的程度,将技术创新区分为渐进创新、突破性创新、技术系统变革、技术-经济范式变更等四种类型(Dosi et al.,1988)。进入 20 世纪后期,随着企业间技术创新竞争的不断加剧,新的创新形式不断涌现,出现了大量包括管理创新、服务创新、商业模式创新、供应链创新在内的非技术创新,并日益得到企业与研究者们的关注(柳卸林,2014)。因此,创新类型的扩展及其在不同阶段的重要性,要求企业创新调查能够动态地进行调整,以将实践中重要的创新形式纳入调查范围。

创新理论的发展也要求企业创新调查能够动态地刻画影响企业创新的核心因素。在考察企业创新如何发生的研究中,大致存在线性模型、链环-回路模型、创新发电机模型及创新系统理论。其中,线性模型又称为"技术推动论",其核心观点是,创新是一个简单的直线过程,创新将沿着"发现—发明—产品—商业销售"的线性发展逻辑,不存在逆向的反馈作用。链环-回路模型则强调创新不是一个线性过程,认为企业技术创新过程不仅受到企业技术基础和企业自身能力等内部因素的影响,还会受到如市场机会等方面的外部因素影响(Kline & Rosenberg,1986);由 OECD、欧盟统计局于 1997 年提出的创新发电机模型认为,创新发电机是创新的核心部分,它包括直接影响企业创新的内、外部动态因素,也包括制度框架、科学和工程基础等其他因素;20 世纪 80 年代发展起来的创新系统理论,将影响企业创新的因素进行了极大的扩展,其包含具有经济价值的新知识的生产、扩散和使用的过程(Lundvall,1992),从而将创新何以发生的作用机制置入更为宏观、全面的视野。在这种意义上,所有影响学习和研究的经济结构和制度,如生产系统、营销系统,金融系统等均构成影响企业创新的重要因素。

7.2.4.2 《奥斯陆手册》的动态调整

《奥斯陆手册》旨在从创新的定义、测度、调查方法等方面对一国的企业创新调查进行规范,为欧盟成员测度科技与创新活动、收集、加工创新数据提供操作指南。从这个意义上来说,《奥斯陆手册》的变化将直接导致企业创新调查内容发生调整。通过对比创新的实践发展、理论的演变及《奥斯陆手册》的动态变化,可以发现两者在时间上与内容形式上高度吻合,即《奥斯陆手册》完全呼应了学术界对创新内涵的认识扩展与创新理论的发展。本小节将《奥斯陆手册》历次调整与理论分析框架的对应关系用表 7.3 进行归纳总结。

表 7.3 《奥斯陆手册》历次调整与理论分析框架

	第一版	第二版	第三版
出版时间	1992 年	1997 年	2005 年
理论框架	链式-回路模型	创新发电机模型	创新系统模型
创新分类	产品创新、工艺创新	产品创新与工艺创新、其他创新及非创新	产品创新、工艺创新、营销创新、组织创新
可测度的创新类型	产品创新、工艺创新	产品创新、工艺创新	产品创新、工艺创新、营销创新、组织创新
受访企业	工业企业、高新技术企业	工业企业、高新技术企业	工业企业、服务业企业、高新技术企业、中低技术企业
其他新增内容	—	将创新分为世界级、国家级、企业级;使用客观方法收集数据,以及对非技术创新数据的收集;附录中探讨了对服务业进行创新调查	增加了创新的目标、障碍和结果的内容,强调创新过程中与其他企业和机构的联系,为发展中国家进行创新调查提供建议,附录中增加了创新案例

资料来源:郝琦(2012),本书作者进行了调整。

第一,《奥斯陆手册》涵盖了不断增多的创新类型,这与实践中创新类型的发展紧密相关。譬如,《奥斯陆手册》第一版仅考察工业企业的产品创新与工艺创新,不包含组织改革等其他形式的创新。《奥斯陆手册》第二版对产品与工艺创新、其他创新及非创新进行了新的界定,首次将创新按照程度划分为世界级首创、在某些国家或地区内是新的及在某个企业内部来说是新的三个层次。《奥斯陆手册》第三版从创新目标的角度重新对创新进行分类及定义,将创新分为基于需求的创新和基于成本的创新。前者的目标在于提高产品的质量,增加市场份额,打开新市场,体现为产品或营销创新;后者在于降低成本,提高生产能力,体现为流程及组织创新。至此,企业创新调查将组织创新与营销创新正式纳入调查范围。

第二,《奥斯陆手册》的历次调整与主导的创新理论演进相适应。《奥斯陆手册》第一版实际遵循的是链式-回路模型分析框架。这一分析框架强调企业内部的知识库、研发系统在创新过程中的作用;《奥斯陆手册》第二版实际上采纳了创新发电机模型分析框架,将影响企业创新因素分为四类,分别为企业创新的核心部分(即创新发电机,包括员工素质、设备构成及资本实力)、限定创新机会的宏观架构、对企业创新提供支持的知识或机构、企业内外部创新信息及转移的渠道。《奥斯陆手册》第三版实际上遵循的是创新系统模型分析框架,突出创新的产生及其扩散,重视对创新网络的测度,将创新类型扩展为产品创新、工艺创新、组织创新和营销创新,并将影响创新的因素扩展至教育及公共研究部门、政府推行的创新政策、市场的需求,以及企业运行的基本制度框架。

7.2.4.3 创新战略的政策需求

除创新理论的扩展要求将政府政策因素考虑进来,现实中国家对于创新战略的实施、创新绩效的评价也会促使企业创新调查发生调整。一个明显的例证是欧盟创新指数构成要素的变化及其对企业创新调查的影响。2001 年 10 月,欧盟委员会正式推出《欧盟创新指数报告 2001》,该报告运用 17 个指标定量分析欧盟 15 国的创新绩效;自 2002 年开始,《欧盟创新指数报告》[①]不断修正,度量指标增加到 2007 年的 25 个。在编制《欧盟创新指数报告 2008》时,编制机构提出了更高的目标,明确了未来 3 年要达到包括测量新形式的创新,全方位评估创新绩效,提升国家间、区域间和国际间创新绩效的可比性等目标。为达到这些目标,欧盟创新指数评价维度增加到 7 个,指标数目增加到 30 个。与 2007 年指标体系相比,扩展的 30 个指标中,只沿用了 2007 年的 13 个指标,对

---

① 该报告在 2009 年之前称"欧洲创新记分牌"(European Innovation Scoreboard),2010 年以来由于加入了中国、美国、加拿大、印度、日本等国家的信息,改称"创新联盟记分牌"(Innovation Union Scoreboard)。

9个指标进行了修正,新增了8个指标,这势必要求企业创新调查做出较大的调整(崔维军,2009)。

7.3 企业创新调查数据的使用

7.3.1 企业创新调查数据特征

企业创新调查所采集的数据均为企业层面的信息,即涉及企业层面的创新情况及其相关影响因素,而不能获得创新项目层面的具体信息。这直接决定了分析单位为企业,而不是企业具体的某个创新项目。该种数据结构的优点在于,分析单位与决策单位是一致的,有利于对接企业层面包括财务、出口方面的数据。这种数据结构同时存在局限性:一个企业可能有多个创新项目,这些项目具有一定的异质性,企业通常只能回答项目的平均水平,影响分析的准确性。

企业创新调查数据通常具有定性、截取、主观、测量误差及截面数据五个特征(Mairesse & Mohnen,2010)。一是定性特征。定性数据通常是离散的,包括二元、有序分类、非有序分类。二是截取特征,即对于有些问项,只有部分企业填报。例如有些问题只有开展了创新的企业才需要填报。三是主观特征。大部分定性变量均具有主观性,如受访企业对于新产品或有明显改进的产品的理解、判断企业的创新是对企业而新还是对市场而新。四是测量误差特征。对于一些定量数据(如新产品销售所占份额),受访企业的回答可能存在明显的测量误差。五是截面数据特征。对于同一国家不同批次的创新调查,调查中所涉及的企业不同,因而只能得到截面数据。上述数据特征均需要经过相应的统计计量方法处理,才能得到有信服力的研究结论。

7.3.2 企业创新调查数据的官方使用

企业创新调查数据是官方进行创新绩效评价研究的基本数据来源。以欧盟企业创新调查为例,可以从两个层面支持政府决策。一是宏观层面,基于该调查的汇总数据是欧盟成员国判断其创新地位和进展的主要依据,用于确立宏观战略目标。欧盟企业创新调查的汇总数据是欧盟科技统计的重要组成部分。欧盟委员会定期公布的《欧盟创新指数报告》中,欧盟企业创新调查的汇总数据构成该指数的重要数据源之一。二是微观层面,数据管理部门通过对微观数据进行分析利用,来探析深层次的企业创新问题,用于检验政策的作用效果。欧盟企业创新调查的微观企业数据是欧盟科研机构开展创新研究的重要依据,同时存在严格的管制。以德国为例,包括德国的欧洲经济研究中心(ZEW)在内的核心的科研机构,不仅是微观企业创新数据的主要开发机构,也实质性参与到调查问卷的设计中,有效推动了欧盟企业创新调查的学术利用。

7.3.3 创新调查数据的学术使用

基于企业创新调查数据的研究可以归为如下三类:创新的度量、创新的影响因素分析、创新的作用效果分析。Hong et al.(2012)及 Mairesse & Mohnen(2010)对基于企业创新调查数据的研究做了综述,本部分择要介绍他们的核心观点。值得一提的是,Fagerberg et al.(2010)对基于发展中国家企业创新调查数据的研究也做了综述,本部分对此也做简略介绍。

7.3.3.1 创新的度量

创新的度量包括直接度量与间接度量两种。间接度量主要包括研发密度及专利数据。文献中常用研发密度来刻画创新的努力水平,在可以区分内部及外部研发时,进一步用内部及外部研发投入密度来刻画创新;研究者一般用专利数据来近似地表征创新产出,依数据形式具体包括专利申请倾向或是否申请专利、专利申请数、用美国授权的专利数作为"对世界而言为新"的创新成果。

直接度量方面,一些研究基于创新调查,根据企业是否引入产品创新、工艺创新、组织创新及营销创新情况来刻画创新水平,包括新产品及服务占销售额的比重、人均新产品销售额等定量指标也用于直接表征创新绩效。在刻画创新质量方面,则通过进一步区分创新对于企业而言为新及对于市场而言为新,或根据创新的领先时间来刻画其质量水平。

7.3.3.2 创新的影响因素分析

影响创新的主要因素可以细分为三类:企业特征、企业行为策略及整体的竞争环境。利用创新调查数据不仅能够探讨一些传统的企业特征对于创新的影响,如企业规模、企业融资能力、企业年龄、出口特征,还可以考察其他的企业特征对于企业创新的影响。这些特征包括生产能力、公司治理模式、对外直接投资、技术吸收能力、商业结构、外包活动、产品的多样性、产品的复杂程度等。

企业的各种行为与策略也会影响其创新行为。通常企业的行为与策略较难通过硬数据(hard data)来体现,而企业创新调查在获取企业行为策略信息方面具有比较优势,由此,大量关于企业行为、策略的研究均依赖于调查数据。基于企业创新调查数据,研究者分析了企业的风险态度、投资策略选择、国际化策略、信息获取渠道、产学研合作等因素对于企业创新的影响。

企业创新依赖于其置身的整体环境。刻画整体环境的一个维度是市场结构,体现为企业在一个产业中的市场份额、产业中竞争对手的数量、市场受规制的程度、价格竞争的程度;另一个维度是地区与制度环境的影响。研究表明,区域的集聚特征及城乡差异、地区的技术政策均会显著地影响企业的创新水平。

7.3.3.3 创新的作用效果分析

研究者基于创新调查数据考察创新对于企业经营绩效的影响。在该议题中,CDM 模型得到广泛运用。CDM 模型由 Crepon et al.(1998)提出,它是由三个方程联立的方程,分别为研发投入决定方程、创新产出决定方程、创新绩效决定方程。该联立方程能够纠正科技研发与创新产出的内生性,以及研发投入、创新作用效果的内生性,从而被广泛运用。研究者们基于创新调查数据,考察了企业创新对于生产率、出口、对外直接投资、就业及利润率的影响。

7.3.3.4 聚焦于发展中国家企业创新调查的研究

发展中国家开展企业创新调查,为研究本国企业创新行为、创新绩效提供了强有力的数据支撑。据 Fagerberg et al.(2010)的综述研究,基于发展中国家企业创新调查数据的研究主要包括三个议题。首先是关于发展中国家企业对于创新的认识。研究表明,发展中国家要实现技术赶超,仅仅依靠引进技术是不够的,还需要在引进技术的基础上有所创新,且在引进技术的基础上依然存在很大的创新空间。其次是有关发展中国家创新的特征事实。基于发展中国家的企业创新调查结果表明,发展中国家企业的创新也较为频繁,如我国大约有 1/4 的企业报告进行了创新活动。最后是基于创新调查的计量研究,其研究议题涵盖了创新度量、创新影响因素分析、创新作用效果分析三个主要维度。

一些研究者基于我国 2007 年企业创新调查进行了一些有益的学术探讨。譬如,张宗庆和郑江淮(2013)基于江苏省 7 849 家制造业企业 2004—2006 年的创新调查数据展开研究,发现小企业自主创新意愿在增强,引进消化吸收再创新意愿在减弱,大企业则呈现出强自主创新意愿、强引进消化吸收再创新意愿的特征。总体而言,基于我国企业创新调查微观数据的学术研究,还非常有限。

7.4 本章小结

国外企业创新调查对我国的政策启示如下:

第一,关于问卷设计。从国际对比来看,尽管 2014 年、2016 年"中国企业创新调查"是按照欧盟企业创新调查的基本框架进行设计的,但在具体选项的设定及加总数据公布的内容上存在差异,导致两者的数据并不完全可比。这种不一致表现为两方面。一是类似的问题选项不一致。如在创新合作部分,欧盟企业创新调查将企业与大学及科研院所的合作并在一起,我国是分开统计的;在信息来源部分,欧盟企业创新调查将客户区分为私营部门及公共部门客户,我国没有做此区分。二是公布比例数据时对分母的选择不一致。如计算开展创新合作企业的数量占比时,欧盟企业创新调查报告的是有产品或工艺创新的企业情形,我国报告的是全部企业情形。类似的情况也出现在知识产权问项部分,欧盟企业创新调查采用的是有产品或工艺创新企业数,我国采用的是全部企业数。

从动态对比来看,与 2007 年的创新调查相比,2014 年的创新调查在抽样、内容设计方面均发生了较大变化,且两次调查的年代间隔较长,企业面临的创新环境、企业对于创新的理解均发生了显著变化,将 2007 年的调查数据作为基准进行动态对比,价值较为有限。后续的问卷设计需要以 2014 年的问卷为基准,一方面需要保持常规问题的稳定性,以便进行动态对比;另一方面需要因时因地制宜地增加新问题,以反映最新的企业创新实践。

第二,关于调查数据的学术挖掘。对企业创新调查数据进行深度开发,有利于验证、深化经典的创新经济学理论,有利于提出更为合理的创新政策,有利于创新调查的科学有序开展。从调查数据的学术利用来看,欧盟企业创新调查组织机构为研究者提供了可行的研究入口,基于欧盟企业创新调查的数据也产生了大量的高质量学术成果,而基于我国企业创新调查数据的学术挖掘还有待深入。由此,我国需要在既有基础上进一步推进企业创新调查数据的深度学术挖掘。在吸收、借鉴西方企业创新理论知识的基础上,结合我国创新发展实践,提炼出能融入中国特色的创新理论,并进一步探寻企业创新的最佳实践、剖析企业创新对社会福利及可持续发展影响等深层次问题。我国适时开辟供学术研究使用的数据入口,将有利于充分开发调查数据的信息价值(尹志锋,2015)。

参考文献

[1] 崔维军:"欧盟创新指数研究进展",《中国科技论坛》,2009年第11期,第125—128页。

[2] 郝琦:"企业创新调查的国际比较",北京工业大学硕士论文,2012年。

[3] 柳卸林:《技术创新经济学》。北京:清华大学出版社2014年版。

[4] 熊彼特:《经济发展理论》。北京:商务印书馆1990年版。

[5] 玄兆辉:"国际创新调查评述——兼论对中国的启示",《情报杂志》,2014年第2期,第189—193页。

[6] 尹志锋:"挖掘企业创新调查数据",《中国社会科学报》,2015年12月9日第4版。

[7] 尹志锋:"依托创新调查监测国家创新能力",《中国社会科学报》,2017年12月20日第4版。

[8] 张宗庆,郑江淮:"技术无限供给条件下企业创新行为——基于中国工业企业创新调查的实证分析",《管理世界》,2013年第1期,第115—132页。

[9] 甄峰:"欧盟企业创新调查与数据开发的经验和启示",《科学学研究》,2014年第7期,第1114—1120页。

[10] Arundel, A., and K. Smith, "History of the community innovation survey", In: Gault, F., *Handbook of Innovation Indicators and Measurement*. Cheltenham: Edward Elgar, 2013.

[11] Crepon, B., and E. Duguet, et al., "Research, innovation and productivity: An econometric analysis at the firm level", NBER Working Paper 6696, 1998.

[12] Dosi, G., and C. Freeman, et al. *Technical Change and Economic Theory*. London: Pinter Publishers, 1988.

[13] Fagerberg, J., and M. Srholec, et al., "Innovation and economic development", In: Hall, B. N., *RosenbergHandbook of the Economics of Innovation*. North-Holland: Elsevier, 2010.

[14] Hicks, J., *The Theory of Wages*. London: Macmillan, 1932.

[15] Hill, C. T., "US innovation strategy and policy: An indicators perspective, chapter 14, in: fredgault", In: *Handbook of Innovation Indicators and Measurement*. Cheltenham: Edward Elgar, 2013.

[16] Hong, S., and L. Oxley, et al., "Survey of the innovation surveys", *Journal of Economic*

Surveys, 2012, 26(3): 420—444.

[17] Jaramillo, H., G. Lugones, and M. Salazar, *Bogota Manual*. Latin America, 2001.

[18] Kline, S. J., and N. Rosenberg, "An overview of innovation", In: Landau, R., and Rosenberg., N., *The Positive Sum Strategy: Harnessing Technology for Economic Growth*. Washington D. C: National Academy Press, 1986.

[19] Lundvall, B. A., *National Systems of Innovation: Towards A Theory of Innovation and Interactive Learning*. London: Pinter Publishers, 1992.

[20] Mairesse, J., and P. Mohnen, "Using Innovation surveys for econometric analysis", In: Hall, B., and Rosenberg, N., *Handbook of the Economics of Innovation*. North-Holland: Elsevier, 2010.

第八章 科技进步贡献率与全要素生产率：测算方法与统计现状

科学技术是经济增长的重要动力，随着我国经济步入新常态，技术进步在我国经济增长中的作用也越来越关键。采用何种指标，如何度量技术进步的作用，从而为政策制定者提供准确的统计数据作为依据，是经济研究、政策制定与评价所面临的首要任务。

本章介绍了经济增长中技术进步的两个常用指标——科技进步贡献率和全要素生产率（Total Factor Productivity，TFP，或 Multifactor Productivity，MFP，下文中统一使用 TFP），就计算方法和实际内涵而言，这两个指标是一致的，但 TFP 是国际通用的概念，TFP 对经济增长的贡献率与科技进步贡献率的统计内容一致，用 TFP 对经济增长的贡献率替代科技进步贡献率作为统计指标，有助于概念上的澄清，从而在进行政策考量时更为精准和严谨。在此基础上，本章进一步对 TFP 的计算方法进行梳理和总结，从学术研究的角度梳理了测算 TFP 和研究 TFP 影响因素的文献，并从统计实践的角度介绍了部分国家和国际组织对 TFP 的统计现状。

8.1 科技进步贡献率与全要素生产率的含义及演变

8.1.1 科技进步贡献率的含义

科技进步贡献率（contribution on economic growth）是我国政策文件中经常出现的概念。2006 年发布的《国家"十一五"科学技术发展规划》指出，科技进步对经济增长的贡献率 2010 年要达到 45%；2011 年发布的《国家"十二五"科学和技术发展规划》指出,科技进步贡献率力争达到55%;《2016年国务院政府工作报告》提出,"十三五"期间,力争到2020年科技进步对经济增长的贡献率达到60%;《2018年国务院政府工作报告》指出科技进步贡献率达到57.5%。

根据《中国科技统计年鉴》,科技进步贡献率是指广义技术进步对经济增长的贡献份额,即扣除资本和劳动贡献后,包括科技在内的其他因素对经济增长的贡献。

$$科技进步贡献率 = \frac{经济增长率扣除要素贡献后的剩余}{经济增长率}$$

可以看出,这一理论概念名义上指科技进步,实际的统计内容却是广义的技术进步(指引起生产效率提高的全部要素的总和),是把资本、劳动等有形要素的贡献率扣除之后的剩余,除了科技进步,人力资本、制度政策、市场等因素带来的增长均被包含在这个剩余里,这就造成理论概念与统计概念及其内容的不一致,从而夸大了科技进步对经济增长的贡献程度。此外,由科技进步贡献率的含义和计算方法来看,与国际通用的全要素生产率对经济增长的贡献是一致的,绝大部分国内学者在研究中会避免使用科技进步贡献率,而是使用"全要素生产率"这样一个术语,仅有为数不多的学者(陈颖和李强,2006;于洁等,2009;李兰兰等,2011;吴建宁和王选华,2013)把科技进步贡献率与TFP对经济增长的贡献等同使用。因此,无论是从概念的准确性来讲,还是从与国际通用概念保持一致性来讲,都有必要进一步厘清二者的联系与区别,从而为政策制定者提供准确的统计数据作为依据,这是经济研究工作所面临的重要任务。本章的讨论也将围绕TFP展开。

8.1.2 全要素生产率的含义及演变

TFP是经济增长理论中的一个重要概念,也是政府制定长期经济增长政策的重要依据。TFP是指在各种生产要素(如资本和劳动等)投入水平既定的情况下,所达到的额外的生产效率。这里的"全"并非指所有要素带来的增长,而是指不能归因于劳动、资本等有形要素的增长部分,其来源往往包括技术进步、效率提高、规模效应等。其中,技术进步是TFP一个极为重要的来源。因此,TFP常被作为技术进步的衡量指标。

对生产率的研究可以追溯到18世纪,法国重农学派创始人弗朗斯瓦·魁奈(Francois Quesnay)在1766年首次提出了"生产率"一词,这里的生产率特指劳动生产率(张德霖,1990)。随着新古典经济学及凯恩斯主义经济学的发展,生产率有了更深的经济学内涵。尽管众多学者、研究机构对生产率概念的定义不尽相同,但对其经济学内涵还是达成了基本的共识。在经济学概念中,生产率本质上是衡量经济体要素投入、产出效率的度量指标。在最简单的情况下,当只有一种要素投入和一种产出时,生产率就可以简单地用单位要素的产出来反映。而现实中的经济问题都是多要素投入、多产出的,这就必须利用价格对多种要素投入及产出进行加总,再进行指数化处理,Hicks(1961)和 Moorsteen(1961)就分别提出了可以运用产出指数与投入要素指数的比值来计算生产率的思想。

柯布-道格拉斯生产函数的提出(Cobb & Douglas,1928)为生产率的定量研究提供了重要前提,也为 TFP 概念的出现奠定了基础。Tinbergen(1942)利用柯布-道格拉斯生产函数对经济增长进行研究,考虑了劳动与资本投入,提出了 TFP 的概念,从而把对要素生产率的研究从劳动生产率拓展到多要素。另一个常见的 TFP 概念来自 Solow(1956)的研究,他利用柯布-道格拉斯生产函数对新古典经济增长模型进行研究,认为投入要素的增长不足以解释经济体之间的产出差距,并把产出增长率扣除要素增长率后的余值解释为技术进步率,这一余值被称为"索洛余值",也就是 TFP,而这一方法也成为计算 TFP 的重要方法之一。除此之外,许多学者又发展出随机前沿分析、数据包络分析等方法,成为 TFP 测度的重要方法。

8.2 全要素生产率的计算方法

8.2.1 基于生产率定义的指数法

生产率衡量单位总投入的总产量,Hicks(1961)和 Moorsteen(1961)分别提出了可以运用产出指数与投入要素指数的比值来计算生产率的思想,亦即基于生产率定义的指数法。公式如下:

$$\text{TFP} = \frac{\text{产出指数}}{\text{投入要素指数}} - 1 = \frac{Q_O}{Q_I} - 1 \tag{8.1}$$

这里的产出指数和投入要素指数的构建有多种方法,以产出指数为例,常见的物量指数构建方法有 Q 表示物量指数,上标表示相应的指数类型,下标 O

为产出指数,如 Q_O^P 为帕氏(Paasche)产出物量指数;p 和 q 分别为对应产出的价格和数量,下标为产出种类,1 为计算期,0 为基期,如 p_{m1} 和 q_{m1} 分别指第 m 种产出在计算期的价格和产量)。

Paasche 产出物量指数:

$$Q_O^P = \frac{\sum_{m=1}^{M} p_{m1} q_{m1}}{\sum_{m=1}^{M} p_{m1} q_{m0}} \tag{8.2}$$

Laspeyres 产出物量指数:

$$Q_O^L = \frac{\sum_{m=1}^{M} p_{m0} q_{m1}}{\sum_{m=1}^{M} p_{m0} q_{m0}} \tag{8.3}$$

Fisher 产出物量指数:

$$Q_O^F = \sqrt{Q_O^P * Q_O^L} \tag{8.4}$$

Tornqvist 产出物量指数:

$$Q_O^T = \prod_{m=1}^{M} \left(\frac{q_{m1}}{q_{m0}} \right)^{\frac{w_{m0}+w_{m1}}{2}} \tag{8.5}$$

其中,

$$w_{m0} = \frac{p_{m0} q_{m0}}{\sum_{m=1}^{M} p_{m0} q_{m0}}, w_{m1} = \frac{p_{m1} q_{m1}}{\sum_{m=1}^{M} p_{m1} q_{m1}} \circ$$

Divisia 产出物量指数:

$$D_o = \exp \left\{ \int \left(\sum_{1}^{n} \frac{P_i(t) q_i(t)}{\sum p_j(t) q_j(t)} \frac{\mathrm{d}q_i(t)}{q_i(t)} \right) \right\} Q_O^D = \exp \left\{ \sum_{m=1}^{M} \left[\int_{q_m(0)}^{q_m(t)} \frac{P_m(t) q_m(t)}{\sum_{m=1}^{M} p_m(t) q_m(t)} \frac{\mathrm{d}q_m(t)}{q_m(t)} \right] \right\} \tag{8.6}$$

其中,下标 m 为产出品种,t 为时期。

选取相应的产出和投入要素指标,利用定义就可以直接测度 TFP。这种方法可以相对直观地测算 TFP,但难点在于如何获取全面价格信息向量来构造指数。需要说明的是,指数的构造对于下文所要提到的增长核算法中要素投入量和产出量的度量同样重要。在实际研究中,很少有学者直接运用指数法来测度 TFP,但是指数法的思想与其他测度方法有着内在的联系,可以说,任何一种测度 TFP 的方法,在考虑产出增长、投入要素增长时,都必然要涉及相关指数的构造。

8.2.2 基于索洛模型的增长核算法

Solow(1956)利用柯布-道格拉斯生产函数进行研究,用产出增长率扣除要素增长率来计算索洛余值,即 TFP。具体方法如下:

设定希克斯中性技术进步生产函数 $Y = AK^\alpha L^\beta$(技术进步不改变劳动与资本的边际替代率,即技术进步使得劳动与资本的效率同步提升),其中,α、β 分别为资本产出弹性、劳动产出弹性,当规模报酬不变($\alpha + \beta = 1$)时,α、β 分别是资本和劳动分配占总产出的比重。对生产函数取对数并对时间求导得 $\frac{d\ln Y}{dt} = \frac{d\ln A}{dt} + \alpha \times \frac{d\ln K}{dt} + \beta \times \frac{d\ln L}{dt}$,则 TFP 的计算公式为:

$$\text{TFP} = \frac{d\ln A}{dt} = \frac{d\ln Y}{dt} - \alpha \times \frac{d\ln K}{dt} - \beta \times \frac{d\ln L}{dt} \tag{8.7}$$

需要说明的是,在上一部分指数法的计算中,在一定条件下,$Ln \frac{Q_0}{Q_1} \approx \frac{Q_0}{Q_1} - 1$,在 Divisia 指数下利用 $\text{TFP} = \ln \frac{Q_0}{Q_1}$,可以得到与索洛余值法具有相同经济学含义的结果,即索洛余值法可以看成 Divisia 指数法的一种具体应用。早期基于增长核算法测算 TFP 通常只界定实物资本与劳动为要素投入,由于通常忽略人力资本等投入要素,其面临的质疑是 TFP 作为一种"黑箱",可能只是忽略投入变量的计算误差。如果所有投入要素变量能得到考虑及准确计量,就可能解释大部分的 TFP(Jorgenson & Griliches,1967)。Mankiw et al.(1992)引入人力资本,扩展了索洛模型,以入学率作为人力资本的代理变量,基于增长核算法测算了 TFP,通过对比没有人力资本的情况,索洛余值(即 TFP)变小。此后,Koman & Marin(2005)基于 Mankiw et al.(1992)的模型,测算德国、奥地利的 TFP 时,发现与不引入人力资本相比,人力资本的引入使得两国的 TFP 测算结果差距拉大;Doménech(2006)通过构造不同的人力资本代理变量发现,差的数据质量可能是导致人力资本与经济增长研究结果异常的重要原因,以上结果都进一步说明了人力资本作为要素投入变量,可以解释 TFP 的很大一部分(Henderson & Russell,2005)。

在实际研究中利用索洛模型进行核算,可以通过非计量方法和计量经济模型方法来实现:(A)非计量方法,直接测度资本、劳动等要素的产出弹性,利用相应的统计数据,通过核算等式得到 TFP;(B)计量经济模型方法,基于不同的随机项假设建立模型,利用相应的计量方法和统计数据,估算参数,得到 TFP。具体到计量模型,Mundlak(1961)利用固定效应模型估计不同的管理水平下以色列 66 个农场的生产率,而其他计量方法诸如工具变量(IV)估计、广义矩(GMM)估计等,也常被用于解决回归中诸如 TFP 与投入之间内生性、样本偏差等问题。在这些模型中,Olley & Pakes(1996)发展的 OP 模型有较大的影响力,考虑到生产率不可观测,投资被作为生产率的代理变量,资本为状态变量,利用三阶段估计方法,第一阶段引入半参数方法估算可变要素投入系数,第二阶段估算企业生存概率,第三阶段在生产率动态过程的假定下识别资本投入,最终得到 TFP。Levinsohn & Petrin(2003)对 OP 模型进行了改进,提出了 LP 模型,即利用中间投入量作为代理变量,解决投资作为中间变量的偏差(很多企业的投资为零或缺失),在此基础上,利用两阶段估计法计算 TFP。

需要说明的是,利用计量经济模型方法测度 TFP 时,要注意区分测度的对象。当研究对象是单个企业的 TFP 时,要考虑引入劳动、资本以外的中间变量作为生产函数的变量加以考虑,因为单个企业的中间投入较大,而不同企业的异质性也会对计量模型的具体应用产生影响。当研究对象是一个行业的 TFP 时,有两种研究思路:一种是在得到单个企业的 TFP 后,考虑合理的权重进行加总,得到行业 TFP;另一种是对行业投入的劳动、资本要素先进行权重加总,在抵消中间投入后,利用计量模型得到行业 TFP。当研究对象是一个国家或者一个经济体的 TFP 时,也有两种思路:一种是在测得各个行业 TFP 的基础上利用权重加权得到整体 TFP;另一种是先利用权重加总各投入要素,再抵消中间投入,以此为基础使用计量模型来得到整体的 TFP。

8.2.3 随机前沿生产函数法

Farrell(1957)在应用随机前沿生产函数测度 TFP 的方法中做出了开创性的贡献,他利用前沿生产函数研究投入产出关系,并测算技术效率。Aigner &

Schmidt(1980)引进了一种估计随机前沿生产函数的方法,在技术无效率条件下估算 TFP。Battese & Coelli(1995)利用面板数据,在随机前沿分析中引入随机无效率,从而可以测量技术进步和随时间变化的技术效率,并进一步刻画技术无效率的存在。具体来说,随机前沿生产函数方法的基本思想如下:

利用前沿生产函数 $y=f(x,t,\beta)e^{-u}$,取对数形式 $\ln y=\ln f(x,t,\beta)-u$,并对时间求导: $\dfrac{d\ln y}{dt}=\sum_n \dfrac{\partial \ln f(x,t,\beta)}{\partial x_n}\dfrac{\partial x_n}{\partial t}+\dfrac{\partial \ln f(x,t,\beta)}{\partial t}-\dfrac{\partial u}{\partial t}$。定义技术进步率为 $TC=\dfrac{\partial \ln f(x,t,\beta)}{\partial t}$,技术效率为 $TEC=-\dfrac{\partial u}{\partial t}$,则 $\dfrac{d\ln y}{dt}=\sum_n \dfrac{x_n}{f(x,t,\beta)}\dfrac{\partial f(x,t,\beta)}{\partial x_n}\dfrac{1}{x_n}\dfrac{\partial x_n}{\partial t}+TC+TEC$。定义 $\varepsilon_n=\dfrac{x_n}{f(x,t,\beta)}\dfrac{\partial f(x,t,\beta)}{\partial x_n}$,$s_n=w_n x_n/\sum_n w_n x_n$,$\varepsilon=\sum_n \varepsilon_n$,其中 w_n 为第 n 种投入要素的回报,则 $TFP=\dfrac{d\ln y}{dt}-\sum_n s_n\dfrac{\partial \ln x_n}{\partial t}=TC+\sum_n(\varepsilon_n-s_n)\dfrac{\partial \ln x_n}{\partial t}+TEC$,最终得出 TFP 的公式为:

$$TFP=TC+\sum_n(\varepsilon-1)\dfrac{\varepsilon_n}{\varepsilon}\dfrac{\partial \ln x_n}{\partial t}+\sum_n\left(\dfrac{\varepsilon_n}{\varepsilon}-s_n\right)\dfrac{\partial \ln x_n}{\partial t}+TEC \quad (8.8)$$

因此,在前沿生产函数下,TFP 可以被分解为四个部分:第一项为技术进步率;第二项为规模报酬对生产率的贡献部分,当规模报酬不变,即 $\varepsilon=\sum_n \varepsilon_n=1$ 时,此项为零;第三项为配置效率,当配置为有效时,$w_n=\dfrac{\partial f(x,t,\beta)}{\partial x_n}e^{-u}$,$s_n\varepsilon=\varepsilon_n$,则第三项为零;第四项为技术效率。可以看出,只有在规模报酬不变、资源配置有效、技术效率不变时,TFP 才与技术进步率一致。通过构造随机前沿生产函数,利用截面或者面板数据就可以对 TFP 进行分解计算。

8.2.4 基于 Malmquist 指数的数据包络分析法

1978 年,Charnes et al.(1978)引入了评价决策单元效率的数据包络分析方法,该方法后来被广泛应用于效率测算,TFP 测算即是该方法的应用。用数据包络分析方法测算 TFP 主要是基于 Malmquist 指数,该指数源自 Malmquist(1953)对不同时期消费变化的研究。Caves et al.(1982)将 Malmquist 指数引入对生产效率变动的测算,并论证了当距离函数为超越对数函数形式且规模报酬不变时,Tornqvist 指数与 Malmquist 指数一致。Fare et al.(1994)进一步分析了 Malmquist 指数,将 TFP 分解为技术效率和技术进步率两部分,其中技术效率测度的是短期内对现有生产能力的利用程度,反映的是现实经济的生产技术效率;技术进步率是较长期内测算技术效率的参照物。

具体而言,要计算 Malmquist 生产率指数,就要定义距离函数。设定生产集 $p^t(x,y) = \{(x,y) | t$ 期,x 为投入要素,利用 x 可以实现产出 $y\}$,则产出距离函数为 $d^t(x,y) = \min_\theta \left\{ \theta : \left(x, \frac{y}{\theta}\right) \in p^t(x,y), \theta > 0 \right\}$。考虑 t 期为基期,可以定义产出生产率指数为 $M^t = d^t(x^{t+1}, y^{t+1}) / d^t(x^t, y^t)$;考虑 $t+1$ 期为基期,可以定义产出生产率指数为 $M^{t+1} = d^{t+1}(x^{t+1}, y^{t+1}) / d^{t+1}(x^t, y^t)$。引入 Fisher 指数思想,即利用两期指数的几何平均来定义 Malmquist TFP 指数:

$$M(x^{t+1}, y^{t+1}, x^t, y^t) = \left\{ \frac{d^{t+1}(x^{t+1}, y^{t+1})}{d^{t+1}(x^t, y^t)} \frac{d^t(x^{t+1}, y^{t+1})}{d^t(x^t, y^t)} \right\}^{0.5}$$

$$= \frac{d^{t+1}(x^{t+1}, y^{t+1})}{d^t(x^t, y^t)} \left[\frac{d^t(x^{t+1}, y^{t+1})}{d^{t+1}(x^{t+1}, y^{t+1})} \frac{d^t(x^t, y^t)}{d^{t+1}(x^t, y^t)} \right]^{0.5} = \text{GTEC} \times \text{TC}$$

(8.9)

其中,第一项 GTEC 为规模报酬不变且配置有效率条件下的广义技术效率变化,第二项为技术进步率。由公式(8.9)可以看出,利用 Malmquist 指数方法计算 TFP 的关键是求解 $d^t(x^t, y^t)$、$d^t(x^{t+1}, y^{t+1})$、$d^{t+1}(x^t, y^t)$、$d^{t+1}(x^{t+1}, y^{t+1})$ 这四个混合距离函数,这就需要在数据包络分析框架下,构造四个线性规划问题来实现。

但是,传统 Malmquist 指数有不少局限。一方面,传统 Malmquist 指数要么从产出方面,要么从投入方面对生产率进行刻画,不能从产出、投入两个方面同时入手来构造生产率指数;另一方面,在非规模报酬不变技术下进行测算时,会存在偏误等问题,这就导致传统 Malmquist 指数受到越来越多的质疑。Bjurek(1996)提出了利用 Malmquist 产出指数与投入要素指数的比值计算生产率的方法,O'Donnell(2010)在此基础上,定义了 Hicks-Moorsteen Malmquist 生产指数,并给出了数据包络分析框架下的计算模型,弥补了传统 Malmquist 指数的缺陷。

另外,需要说明的是,基于 Malmquist 指数的数据包络分析方法与基于生产率定义的指数法具有一定的联系,Diewert(1976)证明了生产函数为超越对数

第八章 科技进步贡献率与全要素生产率：测算方法与统计现状

形式时，离散 Divisia 指数与 Tornqvist 指数具有一致性，而 Caves et al.(1982)则论证了距离函数为超越对数函数，Tornqvist 指数与 Malmquist 指数具有一致性。Pastor & Lovell(2005)进一步指出如上传统 Malmquist TFP 指数存在三大缺陷：包括相邻两期的 Malmquist 指数测算的结果通常不一致，因此需要取几何平均值；通过线性规划求解可能不可行；求得的结果不具有乘法完备性，其提出通过引入全局(global)的 Malmquist 指数来重新定义分解 TFP。

8.3 全要素生产率的测算和影响因素研究

8.3.1 我国全要素生产率的测算

基于索洛增长核算法，叶裕民(2002)利用收入法计算劳动资本弹性，同时在规模报酬不变假设下得到资本劳动弹性，测算了 1978—1998 年我国省际 TFP，认为我国经济是资本与技术双推动型，东部 TFP 低于西部 TFP，即经济增长快的区域 TFP 反而更低；张军和施少华(2003)利用计量回归估计劳动和资本的产出弹性，进一步测算了 1952—1998 年我国整体 TFP，结果发现改革开放前我国 TFP 下降，但是改革开放后 TFP 持续上升，对经济增长的作用加强；彭国华(2005)引入人力资本，基于回归估计要素产出弹性，测算了 1982—2002 年我国省际 TFP，发现 TFP 是省际人均收入差异的重要原因；郭庆旺和贾俊雪(2005)测算了 1979—2004 年我国整体 TFP，发现 TFP 对经济增长贡献较低，我国主要依靠要素投入实现经济增长；李静等(2006)对比了包含人力资本与不包含人力资本测算 1952—2002 年我国省际 TFP 的结果，发现包含人力资本的测算结果地区 TFP 差距缩小了，其得出的结论是经济发达地区的 TFP 显著高于落后地区的 TFP；王小鲁等(2009)基于内生增长模型引入人力资本，测算发现 1999—2007 年我国 TFP 增长呈上升趋势。此外，钟世川和毛艳华(2017)通过构建中性技术进步、偏向型技术进步对 TFP 增长的影响框架，利用多要素的 CES 生产函数，通过实证检验认为，2008 年金融危机形成的政府为主导的大规模公共资本支出降低了 TFP。

基于随机前沿生产函数，何枫等(2004)等通过回归估计了要素产出弹性，对我国改革开放以来 1982—2000 年近 20 年的技术效率进行了测算并分析，认为我国整体的平均技术效率水平是相对较低的，但呈现出稳步上升趋势，东部地区优于中、西部。张健华和王鹏（2012）通过测算发现，资本投入对经济增长的作用超过 TFP 的改进。余永泽（2015）利用超越对数生产函数的随机前沿生产函数建立实证模型，测算并分解了 1978—2012 年我国省际 TFP，发现 TFP 的改进主要源于规模效率改进和技术进步。

基于 DEA-Malmquist 方法，国内学者的研究几乎都是以 Fare et al.(1994) 的定义进行测算并分解的。华萍（2005）测算发现，1993—2001 年，我国 TFP 水平持续下滑；颜鹏飞和王兵（2004）测度了 1978—2001 年我国 30 个省（除港澳台，1996 年开始重庆计入四川）的 TFP，认为我国 TFP 是增长的，主要原因是技术效率的提高；孟令杰和李静（2004）对我国 28 个省（除港澳台，剔除数据不完整的西藏，海南计入广东，重庆计入四川）1952—1998 年的 TFP 的变化做了测算，发现我国 TFP 呈现地区间严重不平衡的增长趋势；在生产率增长构成方面，TFP 增长主要来源于全部时期内技术进步的改善，超过了由纯技术效率和规模效率决定的生产效率的下滑；郭庆旺等（2005）估算出我国各省 1979—2003 年的 TFP 增长、效率变化和技术进步率，认为我国各省经济增长差异较大且有逐步增大的倾向，主要由 TFP 增长尤其是技术进步率差异较大且逐步增大所致。尹向飞和段文斌（2016）发现我国 TFP 保持高速增长，主要原因是劳动生产率及技术进步推动。

综上，对于我国 TFP 的测算，不同的研究结论并不一致。一些研究认为我国经济增长源于 TFP 的持续改进（张军和施少华，2003；颜鹏飞和王兵，2004；郭庆旺等，2005；王小鲁等，2009）；一些研究则持相反观点，认为我国经济增长主要由要素投入拉动，效率改善有限甚至恶化（郭庆旺和贾俊雪，2005；彭国华，2005）。其原因可以归结如下。首先，不同研究的时间跨度不一致，而我国 40 年的改革开放中，经济结构与产业结构都经历了巨大的变化，对于不同时期的实证检验，可能导致结论不一致。如增长核算法测算 TFP 的研究的首要问题是估算要素的产出弹性，一个方便可行的方法是假设要素产出弹性在 TFP 的测算期间不变，以此利用收入弹性法或者建立计量模型进行估算。对于发达经济体，产业结构、要素投入比率都相对稳定、成熟，假设产出弹性在 TFP 测算期间为常数有其合理性，但我国历史原因造成的要素市场资本流动性受限（张吉鹏和吴桂英，2004），经济仍处于二元经济结构到新古典经济模式转变过程中的现状（蔡昉，2013），显然是不符合要素产出弹性不随时间变动的假设的。要素产出弹性是时间的函数，生产要素投入的改变会引起其产出弹性的进一步改变（陈瑾瑜，2012），将要素产出弹性设为常数用于估计 TFP 很可能是有偏的甚至有误的（章上峰和许冰，2009）。其次，不同TFP研究在测算模型、数据处理的不一致导致结果不具可比性(郑玉歆，1999)。既有文献由于测算方法、投入要素变量的确定(如是否包括人力资本)等存在差异，在测算TFP的结论方面不一致甚至相悖，张吉鹏和吴桂英(2004)认为人力资本对经济增长的影响已经得到公认，但是对人力资本存量的度量及人力资本回报率的研究却长期滞后，这是许多研究得出人力资本和TFP研究结论差异的重要原因。最后，要素度量的误差是所有测算TFP的方法共同面对的问题，Jorgenson & Griliches(1967)早就指出TFP可能是要素度量误差的表现，章祥荪和贵斌威(2008)认为国内学者测算结果不一致较多是由于资本存量数据差异(期初资本、价格指数、折旧率等选取不同)导致的。

8.3.2 全要素生产率的影响因素

TFP衡量的是不能归因于劳动、资本等有形要素的增长部分，因而TFP这个概念本身包含了很多因素，许多研究对TFP进行分解，考察TFP所涵盖的内容，或者说探讨了影响TFP提高的主要因素。Hulten(2000)对影响TFP的可能原因进行了总结，包括技术创新、组织和制度创新、社会观念变动、需求变化、要素份额变动、变量缺失、计量误差等。本小节把影响TFP的因素总结为四类：

第一类，技术和人力资本因素，具体包括：

(A)研发支出。Hall & Mairesse(1995)的研究发现，研发支出对制造业企业TFP有显著的正向影响；Doraszelski & Jaumandreu(2013)发现，研发支出是企业自身TFP变化和企业间TFP差异的主要原因，但这种影响具有非线性和不确定性。然而，对我国问题的研究却得出了不同的结论，夏良科(2010)基于2000—2007年我国大中型工业企业的行业数据进行研究，发现R&D投入对技术进步及TFP增长都有正向作用，赵志耘和杨朝峰(2011)则认为，1979—2009年研发投入带来的知识存量增长并没有有效提高TFP。

(B)技术进步和技术效率。Jerzmanowski(2007)指出，技术效率低下造成了低收入国家较低的TFP；Prescott and Lawrence(1998)认为国家间TFP存在差异的主要原因是一个国家采用并有效利用新技术的阻力大小。具体到我国，颜鹏飞和王兵(2004)测度了1978—2001年各省市的技术效率、技术进步和Malmquist生产率指数，指出我国TFP增长的主要原因是技术效率的提高；孟令杰和李静(2004)在测算28个省1952—1998年TFP的基础上，发现TFP增长主要来源于技术进步的改善,超过了由纯技术效率和规模效率决定的生产效率的下滑;赵志耘和杨朝峰(2011)认为技术引进是我国改革开放以来 TFP 增长的主要原因;郭庆旺等(2005)则指出,技术进步率和技术效率低是我国 TFP 对经济增长贡献率低的原因。

(C) 人力资本。Miller & Upadhyay(2000)的研究表明,人力资本是影响 TFP 的重要因素。何元庆(2007)实证研究了 1986—2003 年我国 28 个省(除港澳台,剔除海南和西藏,重庆计入四川)的人力资本、国际进出口及外商直接投资对技术效率、技术进步和 TFP 增长的影响,结果表明,人力资本对技术效率的提高有正向作用,且对外开放对 TFP 增长的促进作用远远不及人力资本。

第二类,市场和贸易因素,具体包括:

(A) 要素市场和资源配置效率。Hsieh & Klenow(2009)认为资源错配导致了中国、印度制造业 TFP 水平的下降;Miao & Wang(2011)研究了资产价格泡沫与企业 TFP 波动的关系,泡沫积聚时,更多资金流入有效率的企业,导致 TFP 上升,泡沫破裂则会带来 TFP 的下降;Petrosky-Nadeau & Nicolas(2013)研究了 2008 年金融危机对 TFP 的影响,认为经济体的 TFP 受到企业 TFP 分布及信贷和劳动力市场结构的影响。具体到国内研究,叶裕民(2002)的研究表明,资本深化速度的差异是我国东、中、西部 TFP 差异的重要原因;盖庆恩等(2015)研究了要素市场扭曲对 TFP 的影响,强调要素市场扭曲不仅通过影响在位企业的资源配置效率直接降低 TFP,而且会通过垄断势力改变企业的进入和退出行为,从而间接降低 TFP;刘晗等(2015)基于 1990—2013 年我国省级面板数据对农业 TFP 增长进行实证研究,结果表明,要素配置效率是影响农业 TFP 增长的主要因素。

(B) 贸易。Miller(2000)研究了贸易导向和人力资本积累对 TFP 的作用,更高的经济开放度有利于 TFP 的提高。简泽等(2014)在一个自然实验的框架下,考察了我国加入 WTO 后进口自由化带来的进口竞争对本土企业 TFP 的影响,研究发现,进口竞争促进了本土企业平均 TFP 的增长,但却对效率不同的企业有不同的影响,阻碍了低效率企业 TFP 的增长,促进了高效率企业 TFP 的增长。他还发现,进口竞争对本土企业 TFP 的影响是激励效应和规模效应综合作用的结果。何元庆(2007)的实证研究表明,出口对技术效率的提高有正向作用,进口负向影响技术效率,外商直接投资的影响不显著,对外开放对 TFP 增长的促进作用远远不及人力资本。

(C)市场规模等其他因素。陈丰龙和徐康宁(2012)使用2001—2010年我国制造业分行业数据,实证分析了本土市场规模与TFP之间的关系,发现本土市场规模每增加1%,会促进生产率指数增长0.021%、效率改进指数增长0.023%、技术进步指数增长0.018%。同时,本土市场规模作用的发挥更依赖于行业的技术密集程度和资本密集程度,但对行业的劳动密集程度则并不敏感。余泳泽和张妍(2012)的研究表明,市场化程度、创新能力投入与企业规模对高技术产业生产效率有正向影响。

第三类,制度和政策因素,具体包括:

(A)改革和经济结构。Kalirajan et al.(1996)研究了1970—1987年中国农业TFP在改革开放前后的变化,发现改革开放前TFP在大多数省份为负,改革开放中TFP在几乎所有省份为正,改革开放后很多省份的TFP又变为负。叶裕民(2002)测算了全国及各省市1979—1998年的TFP,发现经济结构的显著变动是TFP提高的重要原因。易纲等(2003)基于克鲁格曼(Krugman)对新兴经济体经济增长缺乏效率的批评,提出了我国经济存在效率提升的证明,改革带来的制度变迁、技术进步、人力资本积累都反映在了TFP上。赵志耘和杨朝峰(2011)估算了1979—2009年我国的TFP,提出1994年以来制度变迁开始推动TFP增长。

(B)政府政策与治理。Hall & Jones(1998)认为政府治理水平和社会基础设施是生产率水平存在差异的根本原因。王欣亮和严汉平(2014)测算了1952—2012年我国的TFP,发现TFP的变动与经济体制的变动及宏观政策的调控相切合。但是,也有研究表明,政府的政策支持对高技术产业TFP增长率变化的影响具有不确定性(余泳泽和张妍,2012)。

第四类,其他因素。比如基础设施,刘秉镰等(2010)运用空间面板计量方法研究了我国交通基础设施与TFP增长之间的关系,发现2001—2007年铁路基础设施对TFP有着持续显著的正向影响,1997—2000年高速公路基础设施对TFP有着持续显著的正向影响,其他等级公路基础设施的影响则没有显示出这种持续的显著性。

综上,国内学者对于TFP影响因素的研究结论仍存在争议,其原因主要有三点。首先,各个研究的时间跨度并不一致,而这一时期正是我国经济、产业结构发生巨变之时,实证的结论可能并不一致;且由于我国二元经济结构的特征,如工业与农业在资本、技术条件上,在特定时间并不均衡,因此行业间的研究结论可能存在差异。其次,对于 TFP 影响因素的分析要以合理测算为前提,而 TFP 的测算因各种因素导致测算结果并不一致。最后,不同研究在计量模型设定、控制变量与工具变量选择上存在差异,也是造成影响因素分析不一致的重要原因。

8.4 全要素生产率的统计现状

受到数据获得和语言限制,我们在这部分中仅整理和分析若干国家和国际机构对 TFP 的统计情况。

8.4.1 部分国家全要素生产率的统计现状

美国劳工统计局从 1987 年开始公布 TFP(用 MFP 表示)的数据,每年发布一次,测算方法基于索洛模型,即 MFP 为产出增长扣除劳动、资本及其他生产要素贡献后的剩余部分,并把资本细分为八大类,劳动细分为两大类。2016 年 5 月 5 日,美国劳工统计局发布了《MFP 增长的初步估计》(Preliminary Estimates of Multifactor Productivity Growth),公布了最新的 MFP 数据。

日本经济产业省从 2006 年开始发布 TFP 数据,每年发布一次,测算方法同样是基于规模报酬不变的柯布-道格拉斯函数的索洛模型。在《日本科学技术吸收指标 2015》(Digest of Japanese Science and Technology-indicators 2015)中有日本最新的 TFP 数据。

澳大利亚国家统计局从 2004 年开始每年公布 MFP 数据,MFP 为扣除资本、劳动等要素集合所带来的生产率,模型是基于 KLEMS 模型的索洛余值。《KLEMS MFP 的实验估计 2015》(Experimental Estimates of Industry Level KLEMS Multifactor Productivity 2015)是最新的 MFP 数据。

英国国家统计局发布的 MFP 数据分为两个版本,一是先前的版本(previous version),包括 1970—2013 年的 MFP 数据;二是最新的版本(latest version),有 1970—2014 年的数据。2016 年 5 月 6 日,最新报告《MFP 估计:截至 2014 年的实验估计》(Multi-factor Productivity Estimates: Experimental Estimates to 2014)发布,报告中明确提出 MFP 即索洛余值,并提及其与以往报告的不同在于,对产出的核算采用总产出增加值法(gross value added),对劳动投入的核算采用质量调整劳动投入法(quality adjusted labour input)。

第八章 科技进步贡献率与全要素生产率：测算方法与统计现状

墨西哥国家统计局从2013年开始发布TFP数据,目前共有两份报告,第一份报告是2013年发布的《1990—2011年墨西哥国民账户体系之TFP》,包括1991—2011年的TFP数据;第二份报告为2014年发布的《墨西哥国民账户体系之TFP》,虽然没有给出具体数据,但介绍了计算方法,其计算依据也是基于KLEMS模型的索洛余值。

总体来看,世界各国对于TFP(或MFP)的计算和发布主要基于索洛模型的增长核算,但在具体运用中会基于自身情况做一些改进:(A)测算资本存量时,对当年新增投资利用价格指数平减,扣除资产折旧,同时加入对无形资本、人力资本的考虑;(B)测算劳动存量时,不仅将劳动力人数作为变量,还引入劳动时间,同时对劳动力质量进行校准,从而综合考虑劳动投入;(C)引入中间变量,如能源、物质资料、服务等;(D)对要素的收入弹性进行不同的估计。

8.4.2 国际组织TFP的统计现状

目前,大部分的国际组织或机构都没有定期的系统报告来披露相应国家的TFP数据,一些关于创新、科技的报告中,也没有TFP对经济增长贡献率的指标。[①] 一个例外是OECD,在其发布的《生产率测算手册》(Measuring Productivity-OECD Manual)中,给出了TFP的测算方法——基于索洛模型的增长测算,同时给出了劳动投入、资本投入、要素收入弹性的测算指导。

8.5 本章小结

TFP的影响因素包括技术创新、组织和制度创新、社会观念变动、需求变化、要素份额变动、变量缺失、计量误差等。我国政策文件中经常使用的概念科技进步贡献率,其实际内涵为TFP对经济增长的贡献。因此,科技进步贡献率,其实际统计内容不仅包括科技进步,还包括市场、贸易、制度、政策、人力资本等因素。科技进步贡献率这个统计指标并没有准确考察科技进步的增长作

---

① 比如,世界经济论坛的《全球竞争力报告》(Global Competitiveness Reports)、瑞士洛桑国际管理学院的《世界竞争力记分牌》(The World Competitiveness Scoreboard)、WIPO的《全球创新指数》(Global Innovation Index)等关于竞争力、创新指数化数据的报告,都没有披露具体的TFP数据。世界银行从1997年开始每年发布的《世界发展指标》(World Development Indicators),欧盟从2001年开始正式发布的《欧盟创新指数报告》,也没有TFP的直接披露数据。

用,以此来判定科技进步对经济增长的贡献,常常会夸大科技进步的实际作用。TFP 是国际通用的概念,TFP 对经济增长的贡献率与我国政策文件中常用的科技进步贡献率的统计内容一致,用 TFP 替代科技进步贡献率作为统计指标,有助于概念上的清晰,从而在进行政策考量时更为精准和严谨,同时,也可以与国际通用概念保持一致,增强可比性。

目前,TFP 主要有四种计算方法:基于生产率定义的指数法、基于索洛模型的增长核算法、随机前沿生产函数法和基于 Malmquist 指数的数据包络分析法。在学术研究上,后三种方法均有采用;但在统计实践中,虽然各国及国际组织会有细微差异,但主要采用基于索洛模型的增长核算法,即计算扣除劳动、资本贡献之后的索洛余值。

梳理我国 TFP 的测算现状发现,不同的研究结论并不一致,其原因可以归结如下:首先,不同研究的时间跨度不一致,而我国 40 年的改革开放,经济结构与产业结构都经历了巨大的变化,对于不同时期的实证检验,可能导致结论不一致;其次,不同 TFP 研究在测算模型、数据处理的不一致导致结果不具可比性;最后,要素度量的误差是所有测算 TFP 的方法共同面对的问题。国内学者对于 TFP 影响因素的研究结论同样存在争议,其原因包括各个研究的时间跨度、涉及行业并不一致,不同研究 TFP 的测算方法不同,计量分析模型差异等。

参考文献

[1] 蔡昉:"中国经济增长如何转向全要素生产率驱动型",《中国社会科学》,2013 年第 1 期,第 56—71 页。

[2] 陈丰龙,徐康宁:"本土市场规模与中国制造业全要素生产率",《中国工业经济》,2012 年第 5 期,第 44—56 页。

[3] 陈瑾瑜:"全要素生产率与技术进步间的差别及测算——几何微分法的应用",《数量经济技术经济研究》,2012 年第 6 期,第 48—60 页。

[4] 陈颖,李强:"索罗余值法测算科技进步贡献率的局限与改进",《科学学研究》,2006 年第 S2 期,第 414—420 页。

[5] 傅勇,白龙:"中国改革开放以来的全要素生产率变动及其分解(1978—2006 年)",《金融研究》,2009 年第 7 期,第 38—51 页。

[6] 盖庆恩,朱喜,程名望等:"要素市场扭曲、垄断势力与全要素生产率",《经济研究》,

2015年第5期,第61—75页。

[7] 郭庆旺,贾俊雪:"中国全要素生产率的估算:1979—2004",《经济研究》,2005年第6期,第51—60页。

[8] 郭庆旺,赵志耘,贾俊雪:"中国省份经济的全要素生产率分析",《世界经济》,2005年第5期,第46—53页。

[9] 何枫,陈荣,郑江绥:"对我国技术效率的测算:随机前沿生产函数的应用",《科研管理》,2004年第5期,第100—103页。

[10] 何元庆:"对外开放与TFP增长:基于中国省际面板数据的经验研究",《经济学》(季刊),2007年第4期,第1127—1142页。

[11] 华萍:"不同教育水平对全要素生产率增长的影响——来自中国省份的实证研究",《经济学》(季刊),2005年第4期,第151—170页。

[12] 简泽,张涛,伏玉林:"进口自由化、竞争与本土企业的全要素生产率——基于中国加入WTO的一个自然实验",《经济研究》,2014年第8期,第120—132页。

[13] 李静,孟令杰,吴福象:"中国地区发展差异的再检验:要素积累抑或TFP",《世界经济》,2006年第1期,第12—22页。

[14] 李兰兰,诸克军,郭海湘:"中国各省市科技进步贡献率测算的实证研究",《中国人口·资源与环境》,2011年第4期,第55—61页。

[15] 刘秉镰,武鹏,刘玉海:"交通基础设施与中国全要素生产率增长——基于省域数据的空间面板计量分析",《中国工业经济》,2010年第3期,第54—64页。

[16] 刘晗,王钊,姜松:"基于随机前沿生产函数的农业全要素生产率增长研究",《经济问题探索》,2015年第11期,第35—42页。

[17] 鲁晓东,连玉君:"中国工业企业全要素生产率估计:1999—2007",《经济学》(季刊),2012年第2期,第541—558页。

[18] 孟令杰,李静:"中国全要素生产率的变动趋势——基于非参数的Malmquist指数方法",《产业经济评论》,2004年第2期,第14页。

[19] 彭国华:"中国地区收入差距、全要素生产率及其收敛分析",《经济研究》,2005年第9期,第19—29页。

[20] 史丹,吴利学,傅晓霞等:"中国能源效率地区差异及其成因研究——基于随机前沿生产函数的方差分解",《管理世界》,2008年第2期,第35—43页。

[21] 王小鲁,樊纲,刘鹏:"中国经济增长方式转换和增长可持续性",《经济研究》,2009年第1期,第44—47页。

[22] 王欣亮,严汉平:"我国全要素生产率的测算、分解及演进研究:1952—2012",《人文杂志》,2014年第3期,第38—44页。

[23] 吴建宁,王选华:"中国科技进步贡献率测度:一种视角",《科学学与科学技术管理》,2013年第8期,第10—17页。

[24] 夏良科:"人力资本与R&D如何影响全要素生产率——基于中国大中型工业企业的经验分析",《数量经济技术经济研究》,2010年第4期,第78—94页。

[25] 颜鹏飞,王兵:"技术效率、技术进步与生产率增长:基于DEA的实证分析",《经济研究》,2004年第12期,第55—65页。

[26] 杨汝岱:"中国制造业企业全要素生产率研究",《经济研究》,2015年第2期,第61—74页。

[27] 叶裕民:"全国及各省区市全要素生产率的计算和分析",《经济学家》,2002年第3期,第115—121页。

[28] 易纲,樊纲,李岩:"关于中国经济增长与全要素生产率的理论思考",《经济研究》,2003年第8期,第13—20页。

[29] 尹向飞,段文斌:"中国全要素生产率的来源:理论构建和经验数据",《南开经济研究》,2016年第1期,第95—116页。

[30] 于洁,刘润生,曹燕等:"基于DEA—Malmquist方法的我国科技进步贡献率研究:1979—2004年",《软科学》,2009年第2期,第1—6页。

[31] 余泳泽,张妍:"我国高技术产业地区效率差异与全要素生产率增长率分解——基于三投入随机前沿生产函数分析",《产业经济研究》,2012年第1期,第44—53页。

[32] 余泳泽:"中国省际全要素生产率动态空间收敛性研究",《世界经济》,2015年第10期,第30—55页。

[33] 张德霖:"论生产率的内涵",《生产力研究》,1990年第6期,第19—26页。

[34] 张吉鹏,吴桂英:"中国地区差距:度量与成因",《世界经济文汇》,2004年4期,第60—81页。

[35] 张健华,王鹏:"中国全要素生产率:基于分省份资本折旧率的再估计",《管理世界》,2012年第10期,第18—30页。

[36] 张军,施少华:"中国经济全要素生产率变动:1952—1998",《世界经济文汇》,2003年第2期,第17—24页。

[37] 章上峰,许冰:"时变弹性生产函数与全要素生产率",《经济学》(季刊),2009年第2期,第551—568页。

[38] 章祥荪,贵斌威:"中国全要素生产率分析:Malmquist指数法评述与应用",《数量经济技术经济研究》,2008年第6期,第111—122页。

[39] 赵志耘,杨朝峰:"中国全要素生产率的测算与解释:1979—2009年",《财经问题研究》,2011第9期,第3—12页。

第八章　科技进步贡献率与全要素生产率：测算方法与统计现状

[40] 郑玉歆:"全要素生产率的测度及经济增长方式的'阶段性'规律:由东亚经济增长方式的争论谈起",《经济研究》,1999 年第 5 期,第 55—60 页。

[41] 钟世川,毛艳华:"中国全要素生产率的再测算与分解研究——基于多要素技术进步偏向的视角",《经济评论》,2017 年第 1 期,第 5—16 页。

[42] Aigner, and J. Peter, Schmidt, "Econometrics 13", *Elsevier Sequoia Lausanne*, 1980: 1—138.

[43] Battese, G. E., and T. J. Coelli, "A model for technical inefficiency effects in a stochastic frontier production function for panel data", *Empirical Economics*, 1995, 20(2): 325—332.

[44] Bjurek, H., "The Malmquist total factor productivity index", *Scandinavian Journal of Economics*, 1996, 98(2): 303—313.

[45] Caves, D. W., L. R. Christensen, and W. E. Diewert, "The economic theory of index numbers and the measurement of input, output, and productivity", *Econometrica: Journal of The Econometric Society*, 1982: 1393—1414.

[46] Charnes, A., W. W. Cooper, and E. Rhodes, "Measuring the efficiency of decision making units", *European Journal of Operational Research*, 1978, 2(6): 429—444.

[47] Cobb, C. W., and P. H. Douglas, "A theory of production", *The American Economic Review*, 1928, 18(1): 139—165.

[48] Diewert, W. E., "Exact and superlative index numbers", *Journal of Econometrics*, 1976, 4(2): 115—145.

[49] Doménech, R., "Human capital in growth regressions: How much difference does data quality make?", *Journal of the European Economic Association*, 2006, 4(1): 1—36.

[50] Doraszelski, U., and J. Jaumandreu, "R&D and productivity: Estimating endogenous productivity", *Review of Economic Studies*, 2013, 80(4): 1338—1383.

[51] Fare, R., S. Grosskopf, M. Norris, and Z. Zhang, "Productivity growth technical progress and efficiency change in industrialized countries", *American Economic Review*, 1994, 84(1): 66—83.

[52] Farrell, M. J., "The measurement of productive efficiency", *Journal of the Royal Statistical Society*, 1957, 120(3): 253—290.

[53] Hall, B. H, and J. Mairesse, "Exploring the relationship between R&D and productivity in French manufacturing firms", *Journal of Econometrics*, 1995, 65(1): 263—293.

[54] Hall, R. E., and I. C. Jones, "Why do some countries produce so much more output per worker than others?", *Quarterly Journal of Economics*, 1998, 114(1): 83—116.

[55] Henderson, D. J., and R. R. Russell, "Human capital and convergence: A production-frontier approach", *International Economic Review*, 2005, 46(4): 1167—1205.

[56] Hicks, J. R., *The Measurement of Capital in Relation to the Measurement of Other Economic Aggregates. The Theory of Capital.* Palgrave Macmillan UK, 1961.

[57] Hsieh, C. T., and P. J. Klenow, "Misallocation and manufacturing TFP in China and India", *The Quarterly Journal of Economics*, 2009, 124(4): 1403—1448.

[58] Hulten, C. R., "Total factor productivity: A short biography", *Social Science Electronic Publishing*, 2000, 51(3): 3—16.

[59] Jerzmanowski, M., "Total factor productivity differences: appropriate technology vs. efficiency", *European Economic Review*, 2007, 51(8): 2080—2110.

[60] Jorgenson, D. W., and Z. Griliches, "The explanation of productivity change", *Review of Economic Studies*, 1967, 34(3): 249—283.

[61] Jorgenson, D. W., and Z. Griliches, "The explanation of productivity change", *Review of Economic Studies*, 1967, 34(3): 249—283.

[62] Kalirajan, K. P., M. B. Obwona, and S. Zhao, "A decomposition of total factor productivity growth: The case of Chinese agricultural growth before and after reforms", *American Journal of Agricultural Economics*, 1996, 78(2): 331—338.

[63] Koman, R., and D. Marin, "Human capital and macroeconomic growth: Austria and Germany 1960-1992", *Economics*, 2005: 12.

[64] Levinsohn, J., and A. Petrin, "Estimating production functions using inputs to control for unobservables", *The Review of Economic Studies*, 2003, 70(2): 317—341.

[65] Malmquist, S., "Index numbers and indifference surfaces", *Trabajos De Estadistica Y De Investigacion Operativa*, 1953, 4(2): 209—242.

[66] Mankiw, N. G., D. Romer, and D. N. Weil, "A contribution to the empirics of economic growth", Nber Working Papers, 1992, 107(2): 407—437.

[67] Miao, J., and P. Wang, "Bubbles and total factor productivity", *American Economic Review*, 2011, 102(3): 82—87(6).

[68] Miller, S. M., and M. P. Upadhyay, "The effects of openness, trade orientation, and human capital on total factor productivity", *Journal of Development Economics*, 2000, 63(2): 399—423.

[69] Moorsteen, R. H., "On measuring productive potential and relative efficiency", *The Quarterly Journal of Economics*, 1961: 451—467.

[70] Mundlak, Y., "Empirical production function free of management bias", *Journal of Farm*

Economics, 1961, 43(1): 44—56.

[71] O'Donnell, C. J., "Measuring and decomposing agricultural productivity and profitability change", *Australian Journal of Agricultural and Resource Economics*, 2010, 4(54): 527—560.

[72] Olley, G. S., and A. Pakes, "The dynamics of productivity in the telecommunications equipment industry", *Econometrica: Journal of the Econometric Society*, 1996: 1263—1297.

[73] Pastor, J. T., and C. A. K. Lovell, "A global Malmquist productivity index", *Economics Letters*, 2005, 88(2): 266—271.

[74] Petrosky-Nadeau, Nicolas, "TFP during a credit crunch", *Journal of Economic Theory*, 2013, 148(3): 1150—1178.

[75] Prescott, E. C. and R. Lawrence, "Klein lecture 1997needed: A theory of total factor productivity", *International Economic Review*, 1998: 525—551.

[76] Solow, R. M., "A contribution to the theory of economic growth", *The Quarterly Journal of Economics*, 1956: 65—94.

[77] Tinbergen, J., "Zur Theorie Der Langfristigen Wirtschaftsentwicklung", *Weltwirtschaftliches Archiv*, 1942: 511—549.

第九章 专利制度设计及其激励效果研究

专利制度是鼓励创新、促进技术进步的重要制度安排。专利制度最根本的特征在于通过授予发明人短时期内的垄断权利,实现以下两个社会目标(Scotchmer & Green,1990;Hall & Harhoff,2012):第一,鼓励发明创造(incentive to invent),即专利制度通过法律的手段实现对技术实施的垄断,从而激励创新者进行研发投资,促进技术进步;第二,鼓励技术信息公开(incentive to disclose),即专利制度以书面的方式实现对技术信息的公开,从而促进社会技术知识传播,既能减少创新活动中的重复投资,又能为后续研发提供更好的技术平台。从社会契约的角度看,专利权相当于社会和创新者之间签订的一种合同(contract),创新者同意从事发明创造活动,并且将自己的技术秘密公之于众,作为回报,社会以专利保护的形式让创新者在专利保护期内垄断经营其发明,免受模仿产品的侵害(Lerner,2002)。

专利制度是一架平衡各方利益的天平,如何判断和权衡专利制度的得失并由此做出有效率的制度安排,一直是经济学中贯穿于专利研究的主线。

关于最优专利制度设计的理论研究通常关注如何通过选择最优的专利政策工具,例如专利长度、专利宽度、专利公开政策等,以在私人利益和社会利益之间、短期利益和长期利益之间取得平衡。具体的,理论研究中专利制度中的权衡(tradeoff)主要体现在以下三个层次:第一,社会的短期静态利益与长期动态利益的权衡。专利保护一旦实施将有损市场竞争,但从长远看会促进发明者的创新积极性。最优专利制度设计应在静态损失和动态收益之间取得平衡。第二,专利制度鼓励发明创造和鼓励信息公开这两个社会目标之间的权衡。专利技术信息的公开对社会而言是有益的,但由此产生的技术外溢可能加剧竞争，降低创新者的商业回报，降低其从事发明创造的积极性。第三，在累积性创新框架下，不同代际创新者的利益权衡。关于专利保护有效性的经验研究则关注专利制度及其变革在专利申请总量（Hu & Jefferson，2009）、企业创新产出（Sakakibara & Branstetter，1999）、创新效率（叶静怡和宋芳，2006）、外商直接投资（Branstetter et al.，2007）、促进技术知识传播（叶静怡等，2012）等方面的影响。

9.1 最优专利制度设计理论研究综述

9.1.1 短期静态利益与长期动态利益的权衡

专利制度设计首先反映了社会的短期静态利益和长期动态利益之间的权衡（Nordhaus，1969；Ordover，1991；Scotchmer，2004；Hall & Harhoff，2012）。专利制度通过给予创新者在一定时期内垄断经营其发明的权利，以促进创新和技术进步。从短期看，专利保护造成了垄断，限制了竞争，会造成社会的"无谓损失"（dead weight loss），但是从长期看，创新活动有利于整个社会的技术进步和经济增长。因此，对创新活动的激励关系到经济增长的长期动态效率，对竞争的限制则影响到资源配置的短期静态效率。关于专利制度设计的理论研究通常着力于寻找最优的专利长度和专利宽度组合，以在短期利益和长期利益之间取得平衡。

Nordhaus（1969）最早构建了最优专利长度的理论模型。专利长度（patent length or life）指专利的法定保护期。在法定保护期内，创新成果受专利保护；在法定保护期外，专利失效，创新成果进入公共领域，其他人使用该技术不会造成侵权。Nordhaus模型的前提假设为不存在模仿，或者模仿的成本无穷大，专利保护期的长短决定了创新者所能获得的垄断利润。专利保护期越长，创新者享有垄断利润的时间就越长，专利制度为创新者提供的研发激励就越大，但同时造成的社会无谓损失也越大。当社会从创新中获得收益与垄断造成的无谓损失在边际上相等时，专利长度就是最优的。

其他学者从模仿成本角度对诺德豪斯（Nordhaus）最优专利长度模型进行了扩展，并且在模型构建中加入了另一个专利政策工具——专利宽度。专利宽度（patent breadth，patent scope）指专利的保护范围，新的发明必须与原发明有足够大的差异，否则就会对原发明构成侵权，这里的差别程度的下限就是专利宽度(Scotchmer,2004)。专利宽度决定了替代品与原专利的相似程度、替代程度；专利宽度越窄，替代品与原专利相似程度越高，对原专利的利润侵蚀越严重；专利宽度越宽，替代品与原专利相似程度越低、替代性越低，专利制度对原发明创造保护的有效性就越高。

Klemperer(1990)、Gilbert & Shapiro(1990)在最优专利制度讨论中引入了专利宽度概念，重在考察如何选择最优的专利长度和专利宽度组合，以在研发投资激励和限制市场势力之间取得平衡。克伦佩勒(Klemperer)考虑了两类社会成本：一类是消费者退出市场造成的无谓损失，另一类是消费者放弃最优选择转而购买其他替代品所要付出的替代成本。较宽的专利降低了消费者的替代成本，但增加了社会的无谓损失。如果不同消费者关于某类产品具有相似的替代成本，则长而窄的专利是最优的；如果不同消费者关于是否购买此类产品具有相似的偏好，那么短而宽的专利是最优的。

Gilbert & Shapiro(1990)将专利宽度定义为专利保护期内专利保护每期能够为专利权人带来的利润。专利越宽，垄断力量就越强，每期利润就越高。该模型认为，当专利宽度增加时，无谓损失的增加超过了社会收益的增加；而当专利长度延长时，社会收益与无谓损失同步增加。因此，最优专利设计要求专利宽度充分窄而长度无穷大。

9.1.2 专利私人价值与专利社会价值的权衡

专利私人价值和专利社会价值的权衡，实质为专利制度两个社会目标的权衡。既有研究中，通常将专利制度在促进研发投资方面的激励效果称为"专利私人价值"，将专利在促进信息公开方面的激励效果称为"专利社会价值"。具体的，专利私人价值指专利保护能够为创新者带来的商业回报，即在有专利权保护和无专利权保护这两种状况下，创新者从其发明创造中所获得的收益差异(Lanjouw et al.,1996)。也有学者将专利视为创新者所拥有的商业资产，将专利私人价值定义为创新者如果出售其专利所能接受的最低售价(Harhoff et al.,2003)。专利私人价值的大小反映了创新者能够从专利保护获得的商业收益高低，它是反映专利保护有效性的重要指标，与专利制度的第一个社会目标(激励研发投资)密切相关(Schankerman & Pakes,1986)。专利社会价值则强调专利在促进后续发明创造方面所起的作用(Trajtenberg,1990;Johnson &

Popp,2001),即既有专利作为巨人的肩膀为其他社会成员带来的信息正外部性,或称技术知识的外溢。专利社会价值与专利制度的第二个社会目标——促进技术知识传播密切相关。经验研究中通常以专利的前向引用次数(forward citations),即专利被引用的次数来反映专利社会价值。[1]

专利私人价值和社会价值的权衡,实质上体现了专利制度鼓励研发和鼓励公开这两个社会目标之间的冲突。信息公开对社会而言是有益的,越来越多的知识进入公有领域有利于促进后继创新,避免重复投资。但信息公开对创新者而言可能是不利的。技术信息的公开为竞争对手提供了正的信息外部性,可能帮助竞争对手开发出替代品,加剧竞争,降低创新者的商业回报,进而降低创新者的研发投资激励。侧重于此种权衡的专利制度设计研究通常着力于寻求最优的专利高度和最优的专利公开时间,以期在专利制度两个社会目标之间取得平衡。

Scotchmer & Green(1990)探讨了专利新颖性标准,或称专利高度[2](patent height)对专利制度两个社会目标的影响。专利高度即专利局专利审查的严格程度,或专利申请获得授权应满足的新颖性标准的高低。专利高度决定了专利申请要对现有技术做出多大改进才能获得专利授权。他们认为,专利保护带给创新者的收益取决于技术更新换代的速度,技术更新换代越快,现有技术越容易被淘汰,第一代创新者获得的研发投资回报就越低。而技术更新换代的速度在一定程度上取决于专利局设定的新颖性标准,如果新颖性标准较低,那么对现有技术的微小改进也能够获得专利,技术更新换代就比较快。较高的新颖性标准有利于实现专利制度鼓励研发投资的社会目标,因为高新颖性标准下,技术更新换代较慢,既有专利的实际保护期较长。但是,较低的新颖性标准有利于促进信息公开的社会目标。如果新颖性标准较低,每一个微小的改进都会申请专利并向社会公开,从而加快了技术信息的传播和共享。如果新颖性标准较高,创新者将不会公开其处于中间阶段的微小发明。他们认为,一个可行的解决方法为通过技术许可(licensing)来实现不同代际创新者的合作,从而实现技术的共享和利润的合理分配。

---

[1] Johnson & Popp(2001)认为,专利引用反映了技术知识从既有专利向后继专利的传递,反映了既有专利对未来创新活动的贡献,因此专利被引用得越多,其社会价值就越大。

[2] van Dijk(1996)最早明确提出了专利高度的概念。

Aoki & Spiegel(1999)从专利公开角度探讨了研发投资激励和信息公开激励这两个社会目标之间的权衡。专利公开指创新者向社会披露专利的技术细节。专利公开是创新者行使专利权的必要条件。专利制度中关于专利公开有两种规定,一种是自申请日起 18 个月公开,另一种是授权后公开。18 个月公开规定的公开时间较早,有利于专利制度鼓励技术信息传播这一社会目标,但如果专利申请公开之后没有获得授权,创新者的技术也已进入公共领域,无法作为技术秘密受到保护,那么早公开就不利于专利制度鼓励研发投资的社会目标。授权后公开规定的公开时间较晚,而且如果专利申请没有获得授权则不必公开技术信息,创新者仍可将技术作为秘密加以保护。授权后公开制度更强调创新者的利益(Ordover,1991),有利于鼓励研发投资的社会目标,而不利于鼓励信息公开的社会目标。Aoki & Spiegel(1999)构建了两企业研发竞赛模型,探讨了专利制度设计对创新者专利申请行为和社会福利的影响。模型将创新活动分为研究和开发两个阶段,研究阶段结束之后,领先企业可决定是否将发明创造申请专利。如果申请专利并获得授权,落后企业在产品开发阶段就可能对领先企业构成侵权。但申请专利的弊端在于,专利信息公开降低了落后企业在开发阶段的成本。研究发现,两种公开模式对创新活动、社会福利的影响取决于专利保护的强度,特别是专利保护的高度和宽度。在专利保护非常弱的情况下,创新者将技术作为秘密加以保护,不会申请专利。当专利保护非常强时,18 个月公开制度有利于增加产品开发阶段的投资,增大新产品投入市场的可能性,从而有利于增加消费者剩余和社会福利。当专利保护处于中等水平时,创新者则只在授权后公开情况下才申请专利,如果专利局要求 18 个月公开,创新者将不会申请专利。从这个角度讲,早公开制度导致创新者将发明作为技术秘密保护起来,反而不利于技术知识传播。

9.1.3 累积型创新框架下不同代际创新者收益的权衡

累积型创新框架下不同代际创新者收益的权衡体现了创新收益在各代创新者之间的最优分配。Scotchmer(1991)最早提出了累积型创新(cumulative innovation)框架下不同代际创新者之间的利益权衡问题。科学技术的发展是具有累积性的(cumulative),早期的发明为未来的发明创造奠定了不可或缺的技术基础,许多研发人员需要"站在巨人的肩膀上"。此种情况下,最优专利制度设计不但要考虑几代创新者的联合收益能否弥补其总成本,而且要考虑创新收益在不同代际创新者之间的分配。如果专利制度对第一代创新者的保护过强，那么第二代创新者的产品将面临较大的侵权风险，第二代创新者从事研发活动的积极性将降低。如果对第一代创新者保护较弱，那么第一代创新者可能因研发激励不足而放弃研发，后继发明创造也无从谈起。两代创新者在投入研发固定成本之前就签订合约(ex ante contract)，或者第一代创新者对第二代创新者进行技术许可，都有利于解决两代创新者的利益分配问题(Scotchmer,1991；Gallini & Scotchmer,2002)。

O'Donoghue et al. (1998)构建了质量阶梯模型，从专利的滞后宽度(lagging breadth)和领先宽度(leading breadth)角度研究累积型创新中的利益权衡。滞后宽度规定了同代产品中，其他产品与既有专利产品应满足的最小差异，相当于其他研究中的专利宽度。领先宽度则表明后续创新需对既有创新做出多大改进才能不侵权，相当于其他研究中的专利高度。研究表明，仅仅考虑滞后宽度难以为第一代创新者提供足够的研发激励。但加入领先宽度这一新的政策变量之后，创新者通过选择最优的创新度(inventive step)来实现收益最大化，社会也能在此基础上获得合意的研发投资水平。

Bessen & Maskin(2009)在累积型创新框架下探讨了专利保护的社会福利效应。研究表明，在静态、非累积型创新情况下，专利保护有利于增进社会福利。但在累积型创新情况下，如果创新价值呈厚尾分布，那么专利保护反而会降低社会福利。

综上所述，既有研究表明，专利制度是包括专利长度、宽度、高度、公开政策等多种工具的政策组合，专利制度也需要在研发投资激励、信息公开激励、消费者剩余等多方面利益之间进行权衡，最优专利制度设计应根据社会目标的不同而有所侧重。从专利政策工具角度看，既有研究对专利长度、宽度、高度的讨论较多，对专利公开的讨论较少。从研究内容角度看，对静态短期收益和动态长期收益之间的权衡、累积型框架下的各代创新者收益权衡研究较多，对专利私人价值、社会价值的权衡研究较少。

9.2 专利保护与研发投资激励

关于专利制度在鼓励研发投资方面激励效果的经验研究可分为三类：一是以调查和访谈的方式向企业了解专利保护的重要性；二是通过估计专利私人价

值以评价专利保护的有效性;三是研究专利制度变革对研发投资和创新活动的影响。三类代表性研究总结归纳如下:

第一,对企业进行问卷调查,以了解专利保护的有效性(Mansfield,1986;Cohen et al.,2000)。例如,Cohen et al.(2000)于1994年对美国制造业1 478家研发机构的调查研究表明,企业会采用专利保护、商业秘密、领先时间、配套营销策略等多种方式来保护其创新收益。在以上各种方式中,专利保护的重要性最低,商业秘密和领先时间的重要性最高。另外,专利保护在制药、生物科技、医疗仪器、化学等领域更为重要。

第二,利用专利维持时间数据对专利私人价值进行估算(Schankerman & Pakes,1986;Sullivan,1994;Euguet & Iung,1997;Lanjouw,1998)。此类研究基本结论如下——首先,专利私人价值分布偏斜程度较大(highly skewed)。大多数专利私人价值较低,极少数专利私人价值较高,中位数专利私人价值约为均值的1/10(Euguet & Iung,1997)。其次,专利私人价值存在国别、技术领域差异。例如,Schankerman & Pakes(1986)的估计表明,对于1970年申请的维持到5岁的专利,英国中位数专利私人价值为1 861美元[①],法国为897美元,德国为5 710美元;均值依次为,英国6 963美元,法国6 656美元,德国19 124美元[②]。制药、化学行业专利私人价值均值低,但衰减较慢;电子行业专利私人价值高,但衰减快(Lanjouw,1998;Schankerman,1998)。最后,专利保护对研发投资的激励作用有限。社会以专利形式取得的商业回报占研发投入的5.5%(Schankerman & Pakes,1986),10%(Lanjouw,1998),15%—25%(Schankerman,1998)。

第三,研究专利制度及其变革对创新活动的影响(Sakakibara & Branstetter,1999;Lerner,2002;Moser,2005;Branstetter et al.,2006;叶静怡和宋芳,2006;Branstetter et al.,2007;Hu & Jefferson,2009)。Sakakibara & Branstetter(1999)、Hu & Jefferson(2009)探讨了专利保护的增强对专利申请量的影响。Sakakibara & Branstetter(1999)对307家日本企业数据的经验研究表明,1988年日本专利法改革增大了专利保护的宽度,在一定程度上促进了企业研发投入和创新产出,但作用非常有限。Hu & Jefferson(2009)对1995—2001年中国大中型企业的专

---

① 以1 980美元为基准。
② 寿命至少为5岁的专利。

利申请数据分析表明,2000年我国专利法改革在一定程度上促进了我国专利申请的快速增长。Moser(2005)探讨了专利制度的建立对创新活动行业分布的影响。对1851年和1876年两次世界博览会上展出的发明产品数据的分析表明,没有专利保护的国家所展出的发明多数来自技术秘密能够提供有效保护的行业,而有专利保护的国家所展出的发明则更多样化,说明专利制度的建立吸引了更多行业的技术人员从事创新活动。专利保护可能会影响一国创新的行业分布,进而影响该国在国际经济合作中的比较优势。叶静怡和宋芳(2006)探讨了专利保护的增强对企业创新效率的影响。通过对我国1989—2003年时间序列数据和1995—2003年动态面板数据的分析,发现以产权变革为主要特征的第二次专利法修改,显著促进了企业发明创新的边际产出,并推动了高技术行业的技术创新;国有企业对于我国创新产出的贡献率很小,外资企业存在显著的正向效应。Branstette et al.(2007)探讨了专利保护的增强对国际技术扩散的影响,他们对1982—1999年16个进行过知识产权改革国家的跨国企业子公司面板数据的分析发现,专利保护的增强促进了跨国企业内部的技术转移,这一效应在专利密集企业中更为明显。

综上所述,尽管调查研究和专利私人价值估计研究都认为专利制度在鼓励研发投资方面的作用有限,但既有研究也表明专利保护的增强至少促进了研发投资和专利申请量的增长。关于专利保护在鼓励研发投资方面的激励效果的经验研究,之所以各研究的结论有所差异,一个可能的原因是各类研究对专利保护有效性的度量指标有所不同:调查研究基于企业的主观判断,专利私人价值估计基于专利维持时间,第三类研究则以专利申请量作为创新活动的代理变量。

9.3 专利公开与技术知识传播

9.3.1 专利公开与专利技术溢出

关于专利公开、专利技术溢出的研究始于法学界和经济学界对专利制度合理性的探讨。通过专利公开以促进技术知识传播,是诸多学者重要的前提假设(Hall & Harhoff,2012)。专利制度设计理论模型通常假设专利公开产生的技术溢出对累积型创新有重要影响,能够降低后继创新的研发成本或缩短后继研发时间(Scotchmer,1991;Aoki & Spiegel,1999)。

也有学者对专利公开的技术溢出效果提出质疑。第一,由于创新者能够在商业秘密和专利保护之间进行选择,专利公开所能产生的技术溢出效应极其有限(Moser,2011)。创新者是否申请专利取决于其发明被竞争对手以逆向工程(reverse engineering)破解的难易程度。申请专利保护的发明,往往是容易被破解的,即使没有专利文件的公开,其他研发人员也能够获得这些技术。而一些技术复杂、难以破解的发明,则会以技术秘密的形式被保护,不会申请专利,社会也无法获得此部分技术信息。第二,专利文献提供的有价值信息有限。专利文献可能刻意隐藏关键的技术秘密和诀窍,或者撰写得艰涩难懂,使其他研发人员无法获得有效信息(Roin,2005)。

尽管存在上述质疑,仍有学者肯定专利公开对促进技术溢出的作用:第一,逆向工程是需要成本的,专利公开能够减少重复研发活动,提高技术知识传播的效率(Toffel,2004);第二,在制药领域,创新者通常在研发的早期阶段就已申请专利,而逆向工程往往要等最终产品上市才能进行,专利公开有利于社会较早获得最新的技术知识(Federal Trade Commission,2003)。

9.3.2 专利公开制度的历史演变

各国专利法都要求申请专利的发明创造必须清楚、完整地公开其申请专利的全部细节,否则该申请将因公开不充分而被驳回。各国专利法都规定了专利的公开时间。从世界范围来看,专利公开可分为授权后公开和18个月公开。目前,大多数国家的发明专利都采用了18个月公开制度。

20世纪60年代之前,大多数国家的专利法都实行授权后公开制度,即只公开已获得授权的专利,对于尚在申请过程中的专利暂不公开。授权后公开所对应的专利审查制度为即时审查制,其操作步骤大致如下:专利局接到专利申请后,立即进行形式审查,然后自动启动实质审查程序进行新颖性、创造性和实用性审查,对通过审查的申请案则予以公告授权。采用即时审查制对于申请人较为有利。如果专利申请未获批准,申请人还可将该方案作为技术秘密加以保护。授权后公开的主要弊端在于,由于专利审批时间较长,各国专利局都积压了大量待审批专利。社会无法获知这些未授权专利的相关信息,容易出现重复投资、重复申请,也容易出现潜水艇专利①的现象。授权后公开更侧重创新者的个体利益,有利于专利制度鼓励研发投资这一社会目标的实现,却不利于鼓励技术信息传播这一社会目标(Ordover,1991;Aoki & Spiegel,1999)。

为了克服授权后公开制度的种种弊端,荷兰首先于1964年实施了18个月公开制度,相对应的专利审查制度为早期公开延迟审查制。其基本操作步骤为:在申请案通过形式审查后,将申请案的内容公开(公开的日期通常为申请日后第18个月②),待一定期限后再做实质审查,审查通过之后再行授权。在申请公开后至专利授权期间,对于他人的制造、使用、销售或进口行为,申请人将享有要求获得适当使用费的临时权利,即已公开但尚未授权的专利享有一定的临时保护期。与即时审查制只要求公开授权专利不同,早期公开延迟审查制要求公开处于申请过程中的专利。18个月公开制度一方面引导申请人撤回商业价值较低的专利,以减轻专利局的工作量,另一方面有利于社会及时了解技术发展现状,以避免重复投资。继荷兰之后,其他国家也陆续采用了这一制度,例如德国(1968)、日本(1970)、英国(1978)等(Adams,2003)。我国专利法自1985年颁布以来也采用了早期公开延迟审查制。相对于授权后公开,18个月公开是不利于创新者利益的,因为早期公开延迟审查制在实质审查之前已经将申请案公开,因此如果专利申请被驳回,也不可能再将已公开的技术作为技术秘密来保护了。但从公共利益考虑,早期公开延迟审查制提前了新技术公开的时间,在一定程度上可避免重复研发投资,减少了社会财富的浪费;同时便于充分发挥公众的监督作用,使公众在实质审查前即可就申请案提出意见,这可适当减少专利局的工作量;另外,这一制度还给申请人充分的时间考虑其申请案的前途,对于没有市场前景的发明,申请人可以不再提出实质审查,从而节省了一大笔经费(Adams,2003)。因此,18个月公开制度更侧重于专利制度促进技术知识传播这一社会目标(Ordover,1991;Aoki & Spiegel,1999)。

美国是最晚实行18个月公开制度的发达国家(Johnson & Popp,2001)。1999年以前,美国专利法一直实行授权后公开制度。1999年11月29日,美国

---

① "潜水艇专利"(submarine patent)指企业提出专利申请后,在非公开状态下潜伏数十年后突然生效的专利。此种专利在市场形成之前一直不为世人所知,而在市场形成后,专利权人却突然开始要求使用者支付授权费的专利,此种专利损害了其他创新者的研发积极性,也不利于整个社会技术传播(Johnson & Popp,2001)。

② 也可以应创新者的请求早于18个月公开,即提前公开。

颁布了《美国发明人保护法》(American Inventors Protection Act of 1999, AIPA)，对发明专利和植物专利(不包括设计专利)施行早期公开延迟审查制度。但美国的18个月公开制度与其他国家也有所不同。一般的18个月公开制度中，专利公开是进行实质审查的先决条件。而根据AIPA的规定，专利公开与实质审查的工作是平行的，尚未公开的专利申请也可以进入实质审查阶段。另外，AIPA规定，如果申请人不愿意未经审查公开，可以在申请时提出请求和证明，保证该申请只在美国及其他非18个月公开国家提出申请，对于此类申请则不予公开直至批准(Adams, 2003)。

9.4 专利公开、研发投资激励与专利私人价值

9.4.1 研发投资激励与专利私人价值

专利私人价值的度量及其影响因素分析一直是许多学者共同关注的问题。研究专利私人价值不但能够为评估专利保护的有效性提供经验证据，而且能够为度量研发投入的产出、研发投资效率提供更好的指标(Lanjouw et al., 1996)。现有研究通常通过以下三种方式来考察专利私人价值及其影响因素。第一，通过问卷调查的方法向企业了解专利保护为其带来的商业回报(Harhoff et al., 2003; Gambardella et al., 2008)。Harhoff et al. (2003)对1 325件德国专利[①]的专利权人(主要为企业)进行了追踪调查。该研究通过向企业询问以下问题而了解专利价值：假设你于1980年出售你的专利，考虑到该专利为企业带来的贡献，你能够接受的最低售价是多少？作者将问卷调查数据作为专利价值的度量指标，考察了专利前向引用次数、专利族[②] (patent family)等变量与专利价值的相关性。第二，考察企业经济绩效与企业专利数量、专利质量等指标的相关性(Hall et al., 2005; Hall, 2007)。Hall (2007)对1991—2002年1 060家欧洲上市公司数据的分析表明，企业专利存量、经过质量加权的专利存量与上市公司股

[①] 1 325件在德国专利局申请的专利，这些专利具有优先权日(priority date)并且于1995年因法定保护期满而失效。

[②] 专利族表明同一项发明在多少个国家申请了专利，见国家知识产权局网站定义：由至少一个共同优先权联系的一组专利文献，称一个专利族。在同一专利族中每件专利文献被称作"专利族成员"，同一专利族中每件专利互为同族专利。在同一专利族中最早优先权的专利文献称"基本专利"。http://www.sipo.gov.cn/wxfw/zlwxzsyd/zlwxjczs/zlwxyxxmcjs/200807/t20080701_409517.html。

票市值均正相关。第三,从专利维持(patent renew)角度来考察专利私人价值(Schankerman & Pakes,1986;Maurseth,2005;Svensson,2011)。根据各国专利法的规定,专利获得授权之后,专利权人必须定期缴纳专利维持费以保持专利权的有效性。专利维持费可视为持有专利的成本,专利维持得越久,说明理性的专利权人愿意支付的维持成本越高,专利私人价值越高。因此,专利维持时间及专利维持费费率可作为推断专利私人价值的依据(Schankerman & Pakes,1986)。相对于调查问卷方法和考察专利指标与企业经济绩效相关性的方法,专利维持时间数据较易获得,也是对专利私人价值较为客观、直接的度量数据。

9.4.2 专利私人价值与专利维持时间:理论研究综述

9.4.2.1 Schankerman 和 Pakes 专利维持决策成本收益分析模型

Schankerman & Pakes(1986)最早从持有专利的成本和收益分析角度构建了关于专利维持的理论模型。该模型的核心观点为,专利维持时间越长,专利权为专利权人带来的商业回报越大,专利私人价值越高。该模型认为,在专利有效期内,专利权每期都能够为专利权人带来一定的收益,专利权人持有专利的成本为每期要缴纳的专利维持费。专利权的收益取决于专利的初始收益(即刚获得专利权时能够带来的收益)和专利收益的衰减率。当持有专利的收益低于维持专利的成本时,理性的专利权人将停止缴纳专利费,放弃专利权,即专利权失效。

具体的,以 R_0 表示专利获得授权当年能够为专利权人带来的收益,授权后专利每年产生的收益为 R_t。$T \in [0,\cdots,\overline{T}]$,其中 $\overline{T}$ 为专利的法定保护期。假设授权专利每期收益以固定速率 δ 衰减,即 $R_t = R_0 e^{-\delta t}$。专利初始收益 R_0 的分布函数为 $f(R_0)$。

为了维持专利权的有效性,专利权人必须每年缴纳年费,记为 C_t。如果专利权人没有按时缴纳年费,则专利权失效,专利技术进入公共领域,失效专利的收益为 0。专利权人根据持有专利的成本与收益决定专利的最优维持时间 T^*,以最大化持有专利的净贴现收益 V,如(9.1)式所示:

$$T^* = \mathrm{argmax} V = \mathrm{argmax}_{T \leqslant \overline{T}} \int_0^T (R_t - C_t) e^{-r\tau} d\tau \qquad (9.1)$$

其中,V 为专利最优维持模型中专利保护的价值,T^* 为专利最优维持时间,r 为贴现率，$\overline{T}$ 为专利的法定保护期。由于专利收益 R_t 随时间递减，当且仅当专利收益不低于专利维持费时，理性的专利权人才会缴纳专利维持费以维持其专利权。当 $R_t<C_t$ 时，专利权人会放弃其专利权。

9.4.2.2 关于 Schankerman 和 Pakes 模型的评价及扩展

Schankerman 和 Pakes 的决系成本收益分析专利维持模型在专利私人价值及其影响因素研究领域具有重要的意义。一方面，该模型为专利维持时间作为专利私人价值的度量指标提供了理论支持。专利维持时间越长，专利私人价值越高，这成为专利私人价值影响因素分析类经验研究的共同假设前提。另一方面，该模型提供了估算专利私人价值的方法。Schankerman & Pakes（1986）假定专利初始价值 R_0 满足对数正态 Log-Normal 分布，即 $\log(R_0) \sim N(\mu,\sigma^2)$。利用专利申请及授权数据、有效专利数据估计出参数 μ,σ 及衰减率 δ，再结合专利维持费费率计算专利私人价值 V。许多学者利用此种方法对不同国家的专利私人价值进行了估计（Sullivan，1994；Lanjouw，1998；Grönqvist，2009；张古鹏和陈向东，2013）。

但该模型也存在不足。首先，该模型假设专利收益以固定速率递减，即专利权人能够准确知道专利的未来收益，没有考虑到专利有效期内其收益可能是不确定的（Pakes，1986）。Lanjouw（1998）认为，创新者可能在创新活动的早期就申请专利，此时专利的商业前景尚不明朗，创新者对专利私人价值的认识存在一个挖掘和学习的过程。因此，从专利权人的角度看，专利未来收益是不确定的。其次，虽然专利费是随专利维持时间的延长而累进的，但仅从专利维持费的差异难以解释极少数具有重大价值的、维持至法定年限才失效的专利（Hall & Harhoff，2012）。

考虑到专利收益的不确定性，一些学者放松了专利以固定速率递减这一假设，对 Schankerma 和 Pakes 模型进行扩展。Pakes（1986）在专利维持的成本收益模型中引入了不确定性，利用最优停点（optimal stopping）的方法求解专利最优维持时间。Lanjouw（1998）在动态随机模型中加入了专利侵权诉讼（litigation）这一新变量，专利权人针对专利侵权所提起的诉讼只能以一定概率获得胜诉，这一方面增大了专利收益的不确定性，另一方面增加了专利维持的成本。

9.4.2.3 其他理论研究

Crampes & Langinier(1998)从博弈论的角度研究专利维持,将专利维持视为一种信号传递机制(signaling)。该模型认为,专利权人和潜在的模仿者对市场需求信息的掌握是不对称的,专利权人拥有关于其专利市场前景的更为全面的信息,而处于信息劣势的模仿者可能将专利权人的专利维持决策作为市场需求是否乐观的信号。如果专利权人放弃其所获得的专利,模仿者可能认为该市场无利可图,从而放弃进入该市场;反之,如果专利权人一直缴纳专利维持费,模仿者则可能做出市场利好的判断,从而开发替代品进入该市场。在该模型中,专利维持决策不再是成本收益之间的权衡,而是垄断权利和更多的模仿者之间的权衡。

9.4.3 专利私人价值与专利维持时间:经验研究综述

关于专利维持的经验研究可分为两类:一类在 Schankerman 和 Pakes 的模型的基础上,通过对结构方程(structural model)的估计来计算专利私人价值;另一类则将专利维持时间作为专利私人价值的代理变量,通过简约型回归(reduced form regression)探讨专利私人价值的影响因素。

9.4.3.1 专利私人价值估算

关于专利价值的估算,一般在 Schankerman 和 Pakes 专利维持的模型的基础上,结合各国专利费率对专利价值进行。本部分对此类文献的整理如表 9.1 所示。

表 9.1 专利私人价值估算文献

文献来源	样本	主要研究内容
Schankerman & Pakes(1986)	1950—1976 年英国、法国、德国专利局受理的专利申请	专利私人价值估算。研究发现,专利私人价值差异很大。大多数专利私人价值较低,极少数专利私人价值较高。专利总价值大部分来自私人价值处于上 5%分位数的专利。所有 5 岁以上的总贴现价值为,英国 23 400 万美元,法国 21 760 万美元,德国 38 170 万美元。通过专利形式的 R&D 回报占研发总支出的 5.5%

(续表)

文献来源	样本	主要研究内容
Sullivan(1994)	1852—1876年英国和爱尔兰受理的专利	专利私人价值估算。研究发现,1852—1876年申请的单件专利平均价值高于1970年申请的专利平均价值。沙利文(Sullivan)认为,1970年申请的专利私人价值之所以有所下降,是由于专利维持费的下降吸引了更多低质量的专利
Euguet & Iung(1997)	1978—1994年欧洲企业在法国申请并获得授权的6 673件专利	专利私人价值估算。专利私人价值分布极不均匀,偏斜程度较大,中位数专利私人价值约为均值的1/10
Schankerman(1998)	1953—1980年联邦德国授权专利	考察专利私人价值的行业差异。研究发现,专利私人价值分布极不均匀,行业间差别极大。制药、化学行业专利私人价值均值低,但衰减较慢;电子行业专利私人价值高,但衰减快。专利回报占研发投入的15%—25%,说明专利保护很重要,但不能提供完全的保护
Lanjouw(1998)	1953—1988年联邦德国授权专利	考察专利私人价值的行业差异及侵权诉讼对专利私人价值的影响
Deng(2007)	1978—1996年欧洲专利局受理的专利申请	考察专利私人价值的行业差异、国别差异,以及国家经济规模对专利私人价值的影响
Grönqvist(2009)	1971—1989年芬兰专利局授权专利	考察专利私人价值的行业差异。化学、制药、电子专利私人价值高。芬兰单件专利的平均价值为7 550.5欧元。专利维持年限每增加一年,专利私人价值增加150%
张古鹏和陈向东(2013)	1985—2009年中国国家知识产权局受理的发明专利申请	考察专利私人价值的国别差异。专利的平均价值远大于样本中专利私人价值的中位数,这说明大部分专利的私人价值处于极低水平,只有极少部分专利的私人价值极高。中国本土申请专利的私人价值显著低于美国、日本、欧洲国家等技术强国

资料来源:作者根据相关文献整理。

9.4.3.2 专利私人价值影响因素研究

关于专利私人价值的另一类研究则采用简约型回归,考察专利私人价值的影响因素。此类文献基本信息如表9.2所示。

表9.2 专利私人价值影响因素文献

文献来源	样本	主要研究内容
Euguet & Iung (1997)	1978—1994年欧洲企业在法国申请并获得授权的6 673件专利	考察专利特征变量、企业和行业特征变量对专利维持时间的影响。研究发现,专利族和合作申请对专利寿命没有显著影响;来自研发型企业的专利维持时间长;行业模仿率[①]越高,专利维持时间越长。作者认为,行业模仿率越高,说明专利保护宽度越窄,专利权人不得不增加专利维持时间以回收研发成本。另外,专利维持时间的延长也能增加模仿者开发替代品的成本
Thomas(1999)	1980—1985年美国专利及商标局授权的189 359件专利	考察专利技术影响(technological impact)与专利维持时间的相关性。作者将前向引用次数作为专利技术影响的代理变量,研究发现前向引用次数和专利维持时间正相关,说明对后继创新有更大技术影响的专利维持时间越长,价值也越大
Maurseth(2005)	1980—1994年挪威专利局受理的23 000件专利申请	考察技术外溢对专利维持时间的影响。作者将前向引用次数作为技术外溢程度的代理变量。研究发现,被同行业引用次数多的专利维持时间短,被其他行业引用次数多的专利维持时间长。说明同行业间的技术外溢在一定程度上加剧了竞争,降低了专利商业价值
van Zeebroeck (2007)	1998—2000年欧洲专利局专利受理的1 188 907件专利申请	考察专利审批时间、专利申请策略对专利维持时间的影响。专利审批时间与专利维持时间正相关,申请人可能刻意拖延审批时间,以增大竞争对手面临的不确定性,在竞争中赢得主动。专利的前向引用次数、专利族所包含的国家数目对专利维持时间有显著的正向影响

---

① 行业模仿率定义为该行业生产(非侵权)替代品的企业所占比重,数据来自行业调查。

(续表)

文献来源	样本	主要研究内容
Liu et al.(2008)	1990—1993年美国专利及商标局授予制药和化学行业企业的3 041件专利	考察序贯创新(sequential innovation)对专利维持决策①的影响。作者认为,专利维持时间除了受专利自身特征的影响,也取决于该专利是否属于序贯型创新的环节。研究发现,属于序贯创新系列的专利维持时间较长,不属于序贯创新系列的孤立专利(stay alone patents)维持时间较短
Svensson(2008)	1998年瑞典专利注册局授予小企业和个人的867件专利	考察政府贷款对企业专利维持时间的影响。研究发现,研发阶段获得的政府贷款资助对专利维持时间有显著的负向影响,研发阶段获得政府资助专利的失效风险比未获得政府资助专利的失效风险高出47%。专利商业化阶段获得的政府贷款对专利维持时间则没有显著影响。瑞典政府的贷款政策规定,如果专利没有市场化,那么研发阶段的贷款无须偿还,此种政策导致了企业的道德风险行为
Nikzad(2011)	1990—2009年加拿大知识产权局受理的659 018件专利	考察专利技术特征、专利申请策略对专利审批时间、专利维持时间的影响。作者将专利所涉及的技术领域数目作为技术复杂程度的代理变量。研究发现,技术越复杂,专利审批时间越长,维持时间也越长。另外,非PCT专利维持时间长于PCT专利②
Svensson(2011)	1998年瑞典专利注册局授予小企业和个人的867件专利	考察专利的商业化、专利权人的防御性动机对专利维持时间的影响。研究发现,旨在商业化的专利、具有防御性动机的专利维持时间更长。用于商业化的专利失效风险比非商业化专利低48%、防御性动机专利失效风险比普通专利低70%。另外,专利商业化的模式(例如自己生产、技术许可或者卖掉专利)对专利维持时间也有不同的影响

① 维持决策为0-1变量,维持取1,反之取0。
② 《专利合作条约》(Patent Cooperation Treaty, PCT)有关专利的国际合作条约。根据PCT的规定,专利申请人可通过PCT途径递交国际专利申请,向多个国家申请专利。——编者注

(续表)

文献来源	样本	主要研究内容
宋爽和陈向东（2016）	中国国家知识产权局 1985—2009 年授权的战略新兴产业专利	区域技术差异对专利价值生成具有显著且稳定的影响，区域技术优势能够促进专利维持并最终提升专利价值

资料来源：作者根据相关文献整理。

从研究内容角度看，这些研究均将专利维持时间作为专利私人价值的代理变量，假设前提为专利维持时间越长，专利私人价值越大。学者们所探讨的专利维持时间的影响因素包括：专利特征变量，例如专利族、专利所包含的技术领域的数目、专利是否属于序贯创新序列等；企业研发活动和专利战略变量，例如企业从事研发的资金来源，专利是否用于商业化、是否出于防御性动机[①]等；技术外溢效应变量，例如行业模仿率、前向引用次数等。

从研究方法角度看，由于专利维持时间数据的右截断特征，上述研究多采用生存分析方法（survival analysis），包括非参数模型（K-M 模型）、半参数模型（Cox 比例风险模型）、参数模型（Weibull 模型、Log-Normal 模型等）。

9.4.4 专利公开、技术溢出与专利私人价值

专利公开在多大程度上促进技术知识传播，以及专利技术溢出如何影响专利私人价值，学界也取得了一定实证研究成果。

一些基于制度安排视角的研究肯定了专利公开对技术溢出的促进作用。Johnson & Popp（2001）研究了 1999 年美国的 AIPA 对专利技术溢出的影响。该法案将专利由授权后公开改为自申请日起 18 个月公开，加快了需要较长审批时间的重大发明的公开，从而促进了技术信息的传播。Khan（2014）对专利、奖励两种创新激励机制的比较研究表明，由于专利机制有利于技术信息成体系地汇报、检索、扩散，专利保护显著促进了创新的地区间传播，奖励则没有明显的地区间溢出效应。叶静怡等（2012）对我国发明专利的研究表明，较早公开的专利质量优于较晚公开的专利，说明我国允许专利提前公开的政策有利于优

[①] 防御性动机专利的目的不在于将发明投入生产，而在于防止竞争对手使用该技术，防止竞争对手对自己的专利形成包围（Svensson, 2011）。

质技术知识的传播。

基于企业调查数据的研究则表明,专利技术溢出存在较大的异质性。Cohen et al.(2002)对美国、日本制造业企业研发实验室的调查研究表明,美国企业通常通过非专利渠道获取信息,专利文献作用不大;而专利显著促进了日本的行业内技术溢出。Nagaoka & Walsh(2009)则指出专利申请的早期公开能够促进日本企业间的研发合作。Harhoff(2011)向23个国家的22 000位发明人调查了专利信息的重要性,即阅读专利文献能节省多少研究时间。研究表明,专利公开节省的研究时间呈高度偏态分布,中位数节省时间为5.9小时,均值为12.2小时。不同的技术领域也呈现出极大的异质性,化学、制药等专利保护有效性较强的领域,专利文献节省的研究时间更多。

专利技术溢出也可能对创新活动产生抑制效应,对研发投资激励有负向影响。一方面,专利技术溢出降低了竞争对手开发替代品的成本,加剧了竞争,降低了原专利商业价值,进而降低了创新者研发投资激励和专利申请意愿(Scotchmer,1991)。Maurseth(2005)以专利被引用的次数度量技术溢出,发现专利被同一技术领域内的其他研发人员引用得越多,商业价值越低。Kang(2015)发现,华为、中兴这两家竞争度较高的中国企业之间,存在较高的专利互相引用率。另一方面,企业可能出于专利防御战略而较早公开其专利申请,使同领域专利申请丧失新颖性、创造性,阻碍同领域竞争对手获得专利授权(Li et al.,2015)。李晨乐和叶静怡(2016)基于1993—2007年我国专利数据的研究表明,专利技术溢出对专利私人价值有显著负向影响,且同领域专利技术溢出的负向影响随着技术领域规模的扩大而增强;在规模较大的技术领域中,企业专利技术溢出的负效应强于高校技术溢出。

9.5 本章小结

专利制度是一架平衡各方利益的天平。专利制度有两个社会目标,一是通过赋予创新者一定时期的垄断权利以鼓励研发投资,二是通过强制公开专利的技术信息以促进技术知识传播。专利制度能够为创新者提供的研发投资激励体现了专利的私人价值,专利制度通过促进技术知识传播而产生的社会长期收益则体现了专利的社会价值。

专利公开的技术溢出效应是一把双刃剑。从专利制度鼓励技术知识传播的社会目标角度看,技术溢出使既有专利较早进入公共领域,客观上有利于整个社会技术知识的共享和传播。但是,从专利制度鼓励研发投资的社会目标角度看,技术外溢降低了既有专利的私人价值,可能降低创新者研发投资和申请专利的积极性。专利技术溢出与专利宽度、高度设计,专利保护强度密切相关,专利制度在鼓励技术知识传播的同时,也应加强对已授权专利的保护,有利于实现鼓励研发投资和鼓励技术信息传播这两个社会目标的平衡。

专利制度是各种政策工具的组合,同一政策工具对不同的社会目标有不同的影响,不同的政策工具对同一社会目标也可能有不同方向的影响。因此,专利保护政策也不应简单地以强弱而论,而应结合一国经济、技术发展水平,对专利制度不同的社会目标有所侧重,并且选择最优的专利政策工具组合。

参考文献

[1] 李晨乐,叶静怡:"专利公开、技术溢出与专利私人价值",《中央财经大学学报》,2016年第9期,第112—121页。

[2] 宋爽,陈向东:"区域技术差异对专利价值的影响",《科研管理》,2016年第9期,第68—77页。

[3] 叶静怡,李晨乐等:"专利申请提前公开制度、专利质量与技术知识传播,《世界经济》,2012年第8期,第115—133页。

[4] 叶静怡,宋芳:"中国专利制度变革引致的创新效果研究,《经济科学》,2006年第6期,第86—96页。

[5] 张古鹏,陈向东:"基于专利存续期的专利价值研究——一个基于收益服从指数分布假设的模型重构,《管理工程学报》,2013年第4期,第142—149页。

[6] Adams, S., "A comparison of early publication practices in the United States & Europe", *World Patent Information*, 2003, (25): 117—122.

[7] Aoki, P., and Y. Spiegel, "Public disclosure of patent applications, R&D & welfare", The Foerder Institute for Economic Research Working Paper, No. 30—98, Tel Aviv University, 1999.

[8] Bessen, J., and E. Maskin, "Sequential innovation, patents, & imitation", *The RAND Journal of Economics*, 2009, 40 (4): 611—635.

[9] Branstetter, L., R. Fisman, et al., "Do stronger intellectual property rights increase international technology transfer? Empirical evidence from u. s. firm-level panel data", *Quarterly*

Journal of Economics, 2006, 121（1）: 321—349.

［10］Branstetter, L., R. Fisman, et al., "Intellectual property rights, imitation, & foreign direct investment: Theory & evidence", SSRN Working Paper Series, 2007.

［11］Cohen, W. M., A. Goto, et al., "R&D spillovers, patents & the incentives to innovate in Japan & the United States", *Research Policy*, 2002, 31（8）: 1349—1367.

［12］Cohen, W. M., R. R. Nelson, et al., "Protecting their intellectual assets: Appropriability conditions & why us manufacturing firms patent（or not）", NBER Working Paper No. 7552, 2000.

［13］Crampes, C., and C. Langinier, "Information disclosure in the renewal of patents", *Annals of Economics & Statistics*, 1998,（49/50）: 265—288.

［14］Deng, Y., "Private value of European patents", *European Economic Review*, 2007,（51）: 1785—1812.

［15］Euguet, E., and N. Iung, "R&D investment, patent life & patent value", Malakoff Cedex: Institut National de la Statistique et des Etudes Economiques, Working Paper No. G9705, 1997.

［16］Federal Trade Commission, "To promote innovation: the proper balance of competition & patent law & policy", available at http://www.ftc.gov/os/2003/10/innovationrpt.pdf

［17］Gallini, N., and S. Scotchmer, "Intellectual property: When is it the best incentive system?", *Innovation Policy & the Economy*, 2002, 2（1）: 51—77.

［18］Gambardella, A., and D. Harhoff, et al., "The value of European patents", *European Management Review*, 2008, 5（2）: 69—84.

［19］Gilbert, R., and C. Shapiro, "Optimal patent length & breadth", *The R& Journal of Economics*, 1990, 21（1）: 106—112.

［20］Grönqvist, C., "The private value of patents by patent characteristics: Evidence from finland", *The Journal of Technology Transfer*, 2009, 34（2）: 159—168.

［21］Hall, B. H., and A. Jaffe, et al., "Market value & patent citations", *The R& Journal of Economics*, 2005, 36（1）: 16—38.

［22］Hall, B. H., and D. Harhoff, "Recent research on the economics of patents", NBER Working Paper No. 17773, 2012.

［23］Hall, B. H., "Patents &patent policy", *Oxford Review of Economic Policy*, 2007, 23（4）: 568—587.

［24］Harhoff, D., F. M. Scherer, et al., "Citations, family size, opposition & the value of patent rights", *Research Policy*, 2002, 32（8）: 1343—1363.

[25] Harhoff, D., "The Social Value of Patent Disclosure", presented at Oxford Intellectual Property Invited Speaker Seminar Series, Ludwig-Maximilians-University Munich, 2003, http://www.law.ox.ac.uk/event=11054

[26] Hu, A. G., and G. H. Jefferson, "A great wall of patents: What is behind China's recent patent explosion?", *Journal of Development Economics*, 2009, 90(1): 57—68.

[27] Johnson, D. K. N., and D. Poop, "Forced out of the closet: The impact of the American inventors protection act on the timing of patent disclosure", NBER Working Paper No. 8374, 2001.

[28] Kang, B., "The innovation process of Huawei & ZTE: Patent data analysis", *China Economic Review*, 2015, 36 (C): 378—393.

[29] Khan, B. Z., "Of time & space: Technological spillovers among patents & unpatented innovations during early U. S. industrialization", NBER Working Paper No. 20732, 2014.

[30] Klemperer, P., "How broad should the scope of patent protection be?", *R& Journal of Economics*, 1990, 21 (1): 113.

[31] Lanjouw, J. O., and A. Pakes, et al., "How to count patents & value intellectual porperty: Uses of patent renewal & application data", NBER Working Paper No. 5741, 1996.

[32] Lanjouw, J. O., "Patent protection in the shadow of infringement: Simulation estimations of patent value", *The Review of Economic Studies*, 1998, 65 (4): 671—710.

[33] Lerner, J., "150 years of patent protection", *The American Economic Review*, 2002, 92(2): 221.

[34] Liu, K., J. Arthurs, et al., "Internal sequential innovations: How does interrelatedness affect patent renewal", *Research Policy*, 2008, 37(5): 946—953.

[35] Li, Y., J. Youtie, et al., "Why do technology firms publish scientific papers? The strategic use of science by small & midsize enterprises in nanotechnology", *Journal of Technology Transfer*, 2015, 40 (1): 1—18.

[36] Mansfield, E., "Patents & innovation: An empirical study", *Management Science*, 1986, 32 (2): 173—181.

[37] Maurseth, P. B., "Lovely but dangerous: The impact of patent citations on patent renewal", *Economics of Innovation & New Technology*, 2005, 14 (5): 351—374.

[38] Moser, P., "Do patents weaken the localization of innovations? Evidence from world's fairs", *The Journal of Economic History*, 2011, 71 (2): 363—382.

[39] Moser, P., "How do patent laws influence innovation? Evidence from nineteenth-century world's fairs", *The American Economic Review*, 2005, 95 (4): 1214—1236.

[40] Nagaoka, S., and J. P. Walsh, "Who Invents? Evidence from the Japan-U. S. inventor survey", RIETI Discussion Paper Series 09-E-034. 2009.

[41] Nikzad, R., "Survival analysis of patents in Canada", *The Journal of World Intellectual Property*, 2011, 5 (14): 368—382.

[42] Nordhaus, W., *Invention, Growth, & Welfare*. Cambridge, MA: MIT Press, 1969.

[43] O'Donoghue, T., and S. Scotchmer, et al., "Patent breadth, patent life, & the pace of technological progress", *Journal of Economics & Management Strategy*, 1998, 7 (1): 1—32.

[44] Ordover, J. A., "A patent system for both diffusion & exclusion", *The Journal of Economic Perspectives*, 1991, 5 (1): 43—60.

[45] Pakes, A., "Patents as options: Some estimates of the value of holding European patent stocks", *Econometrica*, 1986, 54 (4): 755—784.

[46] Roin, B., "The disclosure function of the patent system (or lack thereof)", *Havard Law Review*, 2005, 118 (6): 2007—2028.

[47] Sakakibara, M., and L. Branstetter, "Do stronger patents induce more innovation? Evidence from the 1998 Japanese patent law reforms", NBER Working Paper No. 7066, 1999.

[48] Schankerman, M., and A. Pakes, "Estimates of the value of patent rights in european countries during the post-1950 period", *The Economic Journal*, 1986, 96 (384): 1052—1076.

[49] Schankerman, M., "How valuable is patent protection? Estimates by technology field", *The R& Journal of Economics*, 1998, 29 (1): 77—107.

[50] Scotchmer, S., and J. Green, "Novelty &disclosure in patent law", *The R& Journal of Economics*, 1990, 1 (21): 131—146.

[51] Scotchmer, S., *Innovation & Incentives*. Cambridge, MA: MIT Press, 2004.

[52] Scotchmer, S., "Standing on the shoulders of giants: Cumulative research & the patent law", *The Journal of Economic Perspectives*, 1991, 5 (1): 29—41.

[53] Sullivan, R. J., "Estimates of the value of patent rights in Great Britain & Irel&, 1852-1876", *Economica*, 1994, 61 (241): 37—58.

[54] Svensson, R., "Commercialization, renew & quality of patents", IFN Working Paper No. 861, 2011.

[55] Svensson, R., "Renewal of patents & government financing. research institute of industrial economics", Working Paper No. 759, 2008.

[56] Thomas, P., "The effect of technological impact upon patent renewal decisions", *Technology Analysis & Strategic Management*, 1999, 11 (2): 181—197.

[57] Toffel, M. W., "Strategic management of product recovery", *California Management Review*, 2004, 46 (2): 120.

[58] Trajtenberg, M., "A penny for your quotes: Patent citations & the value of inventions", *The R& Journal of Economics*, 1990, 21 (1): 172—187.

[59] van Dijk, T., "Patent height & competition in product improvements", *The Journal of Industrial Economics*, 1996, 44 (2): 151—167.

[60] van Zeebroeck, N., "Patents only live twice: A patent survival analysis in Europe", Centre Emile Bernheim Working Paper No. 07—028, 2007.